帝制中華之庶民倫理

葉保強 著

中華書局

自序

我對庶民倫理的關注，是對中國社會興趣的自然延伸。大學時期副修社會學，閱讀過不少當時有關中國社會的中文著作，如費孝通的《鄉土中國》、《鄉土重建》、《江村經濟》等經典，對上世紀初的中國農村社會稍有認識。外國學者，包括 Mary Rankin, William Rowe, Frederic Wakeman, Philip Huang（黃宗智）等，近年對帝制中華晚期的民間社會的研究發現，鄉紳帶領鄉民，自發組織互助共濟，不必求助於官方，反映了民間社會的公共領域 (public sphere) 不受朝廷的控制。然而，帝制中華二千多年的其餘歲月，古代民間社會完整的真相，仍有待發掘重整[1]，庶民倫理的面貌，難免模糊不清。

探討庶民倫理，迫使我離開了舒適區域，闖進了不熟悉的學術領域，包括古代契約文書、禪門清規、明清善書、鄉規民約、家法族規、關公信仰等，它們像橫亙在面前有待攀越的重重高山，陌生而不可測試，令人望而生畏，焦慮不安，幸好不熟悉及不可預測性，卻激發了好奇心，啟動學習的動力，決心冒險一探究竟。決心已定，心情由焦慮轉為興奮，作好心理準備，迎戰不少預期的困難。研究從開始到成書就像背着重裝縱走秦嶺大山脈一般，從起步到終點，穿越無數高低起伏不平的地表，走過不少曲折陡峭的山徑，攀越數不清的大小山峰稜線，大量體力消耗外，意志力不斷受到考驗，箇中遇到困難險阻，只有親歷者才能體會。慶幸的是，旅途中不斷有令人驚喜的新發現、新視角、新景觀、新天地！「山外有山，天外有天」，令人謙卑！學海廣大無邊，使人折服！將行程的部分發現化成文字，算是一點收穫，重要的是，新天地仍有很多未深訪的幽山美地，奇峰異谷，有待日後再來探索。知識的追尋，從問題開始，以新問題告終，是永不休止的探索。總之，這次探索拓視野，長見識，帶來求索的無比喜悅及滿足感。

這漫長探索慶幸得到很多先行學人的協助，在重重大山中開拓了安全易辨的路徑，並充當嚮導沿途熟練地引領，令行程順利，令我感恩不已。這些先行學人的名字，已一一記錄在書中的參考文獻之內，在此不予逐一臚列。多名昔日同窗好友赤子之心猶如昔日，關懷社稷之情未減，能跟他們經常的坦誠深談，是人生一大福氣。好友區結成、余錦波、高漢深、林德深、石丹理、何順民、張越華等，分別閱讀或討論過部分書稿，並提出寶貴的意見，我深表感謝。我感謝中華書局（香港）有限公司副總編輯黎耀強先生的推薦，策劃編輯吳黎純小姐的協助及黃杰華先生的細心編校，令商業價值不高的學術專著得以出版。

本書涉及的範圍甚廣，且議題複雜多樣，錯漏不足是意料中事，盼有識之士不吝賜教。

葉保強

二〇一八年十二月廿四日於雲起居

1 近年出版的明清社會史，包括陳鋒主編，《明清以來長江流域社會發展史論》，武漢：武漢大學出版社，二〇〇六；楊國安，《明清兩湖地區基層組織與鄉村社會研究》，武漢：武漢大學出版社，二〇〇六。但很少涉及庶民倫理。

目錄

第五章 禪門規約與庶民倫理

第六章 善書與庶民倫理

第一章

尋找
庶民倫理

人類群居而活，聚族而居，總會涉及對錯、是非、好壞、善惡，即，人類群居生活離不開倫理道德。大小社群能世代生存繁衍，不同族群能和諧共存，統治者與被統治者能互信合作，反映了倫理道德的重要作用，包括制定行為約束與指引，建立人際社會聯繫，構建集體合作的規則，令社會能彼此互信，互惠合作，團結一致，和平共存。換言之，倫理道德是有助於建立穩定的合作秩序，加強社群的互信互惠，和諧共存的關鍵元素。若將社會分為統治者及被統治兩大階層，兩者的倫理生活是否一樣，還是存在差異？前者在正史都有詳細記錄，後者只零星存於野史。明代詩人曹學佺有流行民間的對聯，前聯「仗義每多屠狗輩」常被人另作發揮[1]，指市井粗夫多守義行義，隱含的概括是：庶民社會存道義。是耶？非耶？這肯定是簡單化及理想化的論調。簡單化只會製造假象，理想化容易產生迷思。古代社會的小民，究竟是否真的和衷共濟還是自私自利？有情有義還是寡情薄義？有恩必報還是忘恩負義？勤儉憨厚還是懶奢狡詐？都是經驗問題，必須以經驗方法解答，不宜作隨意主觀臆測。事實上，庶民倫理是個長久被忽略的議題，就社會倫理史的研究而言，接近一塊尚未開發的處女地，雖然近年有相關的研究（王笛，一九九六，二〇〇六a，二〇〇六b；王雅，二〇〇八；肖群忠，一九八九，二〇〇六；賀賓，二〇〇六a；郭清香，二〇〇六；唐凱麟，二〇〇八；唐凱麟，二〇一五；劉新城，二〇〇六）[2]，但數量少，難成氣候。尋找、發掘、重組中華帝國的庶民倫理，填補中華倫理史中之平民篇的空白，是本書寫作的目的。

1 對聯的原來典故，講述一宗書生被狗咬的官司所帶出涉案的書生的不義與屠夫之善。

2 唐凱麟（二〇一五）研究範圍自先秦到清代，共八卷：先秦卷、秦漢卷、魏晉南北朝卷、隋唐卷、宋元卷、明清卷、近代卷、現代卷。

第一節 官史無庶民

自秦國統一諸國、建立帝國以來，歷朝歷代的生存及延續，庶民的勞動及臣服居功厥偉，但卻少被承認。若說官史無庶民，似乎有點誇大，但說官史輕忽庶民，雖不中亦不遠矣！事實上，沒有庶民勞動所提供的物質基礎，沒有廣大平民的臣服所產生的政治穩定，帝國是無法存活及延續千年的。古語云：「皮之不存，毛將焉附」。庶民及其勞動與服從是皮，權力精英是毛，誰依賴誰不言而喻。無奈的是，歷史總是為統治者而編纂的，官史只記錄了帝王將相事跡，百姓生活卻少能進入史家的視野，平民倫理篇章是蒼白一片。只重帝王將相士人而輕庶民百姓的官修帝國史，是不全面不客觀的，還原庶民的歷史面貌，包括庶民倫理是應有之義。

歷朝歷代的平民百姓究竟過着怎樣的倫理生活？不同的平民族群如何相處？不同鄉村的村民如何彼此對待？士、農、工、商四民之間如何互動合作？帝王貴族士宦如何對待庶民？這些問題的答案，肯定有助於呈現庶民倫理生活之歷史。庶民倫理史應連同帝王將相的倫理史，才能構成較全面的國家倫理史。

帝制中華的官史的分類，並無倫理史這一門。當然，沒有倫理史分類不表示沒有倫理史的論述。事實上，中華倫理史大致可分為倫理思想史及倫理生活史。倫理史的主要內容是少數具影響力之聖賢鴻儒，如孔子、孟子、老子、莊子、朱熹、王陽明等的思想，倫理史其實就是倫理思想史。而倫理生活史（假如有的話）則記載統治集團及社會精英的倫理生活，如漢武帝、唐太宗、朱元璋、康熙帝、乾隆帝、韓愈、王維、李白、杜甫、王安石、蘇軾。現時流行於華人社群的倫理史幾乎就是倫理思想史。相比之下，政治精英及文化精英的倫理生活尚未成為研究的重點，除了個別零散的論述外，尚未成為一個獨立的研究領域。結果是，一個地方的倫理史變成了少數文化思想精英的思想史、權力精英的倫理生活史，而佔人口數目絕大多數的庶民階層（士、農、工、商）卻少有現身於其中，或根本成為隱形族群。主流倫理史顯然是片面的歷史，是不客觀的歷史。不幸的是，長久以來卻主導華人社會及學界的倫理史。

如上所言，平民百姓在歷朝歷代都是扮演着生產者、勞役者、政治服從者的角色，支撐着帝國的生存與延續。庶民的生活，尤其是倫理生活直接影響到政權的穩定與安危，一個違法亂紀不守倫理秩序的基層，足以動搖及摧毀一個政權，歷朝歷代的衰敗及崩坍的前夕，無不出現國家全面禮崩樂壞，社會失序。換言之，精英倫理崩壞，庶民倫理崩解，政權亦難逃滅亡之災。庶民倫理長期被忽略，妨礙民眾認識歷史的真相。庶民倫理的發掘與梳理，是扭轉這片面史觀的開始。

第二節 如何發掘庶民倫理

然而，對文首有關庶民倫理所提的問題找到精準的答案並不容易。困難之一是相關的史料不足，困難之二是古代史家鮮有從倫理角度來書寫歷史的傳統，遑論有關庶民的倫理生活了。史料不足包括兩方面，其一，有關記載倫理生活的原始材料缺乏，其二，帝制中華由朝廷之專職史官來編寫歷史，史官編史自然採用統治者的角度，編製一朝一代興衰史。由這種視角編製的歷史，平民百姓就算能入史，只能佔有邊緣位置，面目模糊難認。困難之二，史家編寫歷史，主要從政治角度出發，歷史的倫理素材會被排除於視角之外，很難被察覺，因而被流失或隱沒。當然，史家不採取倫理框架編史，不表示史家不對歷史作道德判斷，事實上大史家治史，對歷史的治亂興衰都會帶有更隱或現的道德判斷，司馬遷寫《史記》，司馬光撰《資治通鑑》，用心不純是史實的排列，亦包含了史實的道德教訓。無論如何，歷史的道德判斷與倫理歷史兩者基本上是兩回事，不可混為一談。前者是對朝廷的治亂作是非對錯的判斷，後者是對民眾的倫理生活作經驗的記錄。基於這些原因，發掘庶民倫理的真相並不是一件簡單的工作。除了史料不足之外，方法論上亦須比較複雜的設計。

假設歷史上存在有關庶民的倫理史料，史料多屬史家或書寫人個人的主觀感知、印象或倫理判斷，不一定是客觀事實的記錄，或經驗觀察的結果。原因是，經驗觀察及實證方法是近代才面世的社會科學方法，古代史家無此方法，就算古代有近似的田野調查方法，除了少數如司馬遷之史家會使用外，大部分的治史者都可能少用。因為對過去的事物無從作社會科學的直接觀察，只能依靠遺留下來的文獻或其他證據，因此印象式的圖像縱有不足，但仍是值得參考的歷史素材。

明乎此，挖掘古代的倫理生活雖然要參考這些主觀感知或判斷，但在方法論上，研究者必須有所自覺，認清感知不等於事實，主觀判斷與客觀知識是兩回事，不應以感知的論述等同於客觀的描述，將感知世界視為真實世界。雖然如此，在建構知識時，感知知識的重要性不能輕易抹殺，若配合適當的檢證方法或多方面的相互佐證 (corroboration)，佐證的感知亦是建構客觀知識的關鍵元素。在閱讀古人對倫理生活的陳述或判斷時，研究者不應只停留在感知的層面，當累積足夠的佐證感知時，便以感知作為踏板，往前躍進，作合理的猜想 (reasoned conjecture)，並以此建構迫近真相世界 (proximate truth)。建構迫近真相而不是最後真相 (final truth)，是成就知識的一個適當的方法論。什麼是最後的真相，尤其是對久遠的年代的真相，是虛無飄渺很難達到的目標。迫近真相所呈現的都是依證據配合合理的猜想而構建的，若有新的證據出現，原來的迫近真相就要被修正甚至推翻，一個新建構的迫近真相出現，真相會再一次被接近，如此類推。這個過程不斷重複着，是個不停的接近真相的過程。總之，與其將歷史的目標定為尋找最後真相，不如將獲得迫近真相視為目標更為穩妥。基於這個理解，本書力圖揭示的古人倫理生活、社會道德秩序，應被視為迫近真相，而不是最後真相。

第三節 誰是庶民？

要了解庶民倫理，首先要了解「庶民」的涵義。「庶人」，是古代無官爵的百姓的通稱。古時的庶人，即今天的平民。周代有國人與非國人之分。居在城內的稱為「國人」。國人分為卿、大夫、士、庶（瞿同祖，一九七一）。前三類是居於社會上層之國人，庶人居於社會最低層。大部分庶人居於城郊，由貴族分給土地耕種，並為貴族服兵役及其他勞役、賦稅。庶人還包括自由身份的勞動者及取得自由身份的奴隸。

周代以降，社會分五個階層：天子及王室、諸侯、卿大夫、士、庶。五階層中人數最多是庶人。字義上，「庶」是眾多之意思。古時，庶人指力役以事上者，庶人是勞役的來源，勞役有所分工，成為四民。四民是士、農、工、商。四民之士並非統治階層的官吏之士，庶民之士稱為士民，是被統治的階層。士民以學問為事，不耕不作，不納賦役，是為諸侯、卿大夫治理封邑的小吏的來源，即小吏之準備階層，他們專研治理政務，以備諸侯卿大夫所用，成為家臣或為邑宰。學不成不為官便是庶民，而被諸侯卿大夫任用，成為官吏，變成治人者。四民之第二類是農民，人數最多，各分田百畝，耕種為業，是天子、諸侯、其他庶民糧食的提供者，並為統治者提供勞役及賦稅。農民有自由身的，也有因耕地之關係間接屬於地主的。工匠、商販兩個階層主要為貴族階層所用，為他們製造器具及物品。工商屬於官，食於官，商人隨商業活動到處遊走，居於市井，工匠則居於官府，為貴族製造器具生產物品。

四民之外，還有為數不少的奴隸。奴隸族群沒有自由身，身體是屬於主人的。從來源分，奴隸有五種：一、戰敗的俘虜；二、由人質而淪為奴隸；三、以犯罪而淪為奴隸；四、自賣為奴；五、奴隸後代。前三種都不是生而為奴的，在被俘或為人質之前多是異族的自由民，且多為貴族，以罪沒為奴者多是貴族或自由民。第四種主要因貧窮而賣身為奴，但若賣身契約有贖回條款，日後贖回後可獲自由身。第五種是出生後即為主人的所有物，一輩子人身依附於主人，沒有自由，子孫世代為奴，由主人任意役使呼喚，形同牛馬畜牲。

秦統一中國以後，除奴婢外，無官、爵者均稱庶人。魏晉南北朝時期，受九品中正制之影響，門閥士族大興，上品無寒門，下品無士族，社會門第深嚴，豪門跟寒門之間有無法跨越的鴻溝。大族豪門歧視無官爵者，卑視低級小吏或門第不顯的小官，貶稱他們為「寒庶」。唐代以後，門閥消失，庶人有多種名稱：「民」、「百姓」、「黎庶」、「庶民」等。一言之，凡在民間社會的老百姓都是庶民；帝王，王族，貴族，將相、士宦所構成的權力精英，都不是庶民。庶民生活涉及倫理道德的部分，就是庶民倫理。如上言，群體生活處處涉及對錯是非，跟倫理息息相關，庶民生活的內容滲透着不同厚度的倫理，只是世人缺乏適當的觀察工具而已。從本書各章的討論，讀者可清楚地認識庶民生活中處處都有倫理。[3]

3 本節的討論主要參考瞿同祖，一九七一，第五章。關於庶民的義務，見第六章第四節。

第四節 何處尋找庶民倫理

人類群居合作才能存活，有序的合作靠規範，規範多涉及倫理，因此群體生活與倫理關係密不可分。分散及滲透到生活各層面的倫理元素，眼看不見，手觸不到，是不能直接觀察到的抽象元素，必須借助適當的視角，才能加以辨認、發掘、拼合，整合成完整的拼圖，才能較完整認識倫理真相。如上文言，正統史家少用倫理框架編寫歷史，致令社會的倫理隱晦不彰，就算稍有觸及，材料亦多碎片化、不完整，內容粗糙或不足。正史如果不是索尋庶民倫理元素的好地方，就應往別的領域去尋找。既然倫理滲透及分佈到民眾的生活之各層面之中，自然會留下或顯或隱的痕跡，直接或間接的證據。事實上，只要採用適當的觀察框架細心觀察，就會發現庶民倫理足跡不單到處可見，且種類繁多，數量龐大，顯眼的包括各個朝代不同地域的家法族規、北宋以降的鄉規民約、敦煌的契約文書、唐代會社的社條、四川自貢鹽業的商業契約、徽州由宋代到民國的契約文書、貴州苗族的山林契約、明代的五花八門的日用類書（魏志遠，二〇一二）、明清時期的勸善書（包筠雅，一九九九；王有英，二〇〇五；袁嘯波，一九九五；范麗珠，二〇〇七）、民間處世書等。另一方面，民間信仰如關公崇拜，禪宗寺院維繫僧團生活的百丈清規，亦包含了豐富的庶民倫理元素。本書用七章分別從上述的源頭，發掘及梳理帝制中華的庶民倫理。

明清流行小説、民間故事，都是庶民倫理有用的文獻。明末民間流行章回小説：「三言」、「二拍」就是佼佼者。「三言」包括了三部小説：《喻世明言》、《警世通言》及《醒世恆言》，作者是馮夢龍。「二拍」由《初刻拍案驚奇》和《二刻拍案驚奇》所組成，是凌濛初的著作。這些流行小說都是寫明代社會生活，倫理或明或隱寓於各個故事之中。清代小說《儒林外史》是著名的諷刺儒林章回小說，作者吳敬梓用五十六回的篇幅，詳細描寫了清代士人追求功名的眾生相及科舉制的黑暗腐敗，隱藏着不少倫理教訓。除了小說，供民間娛樂的戲劇也含豐富的庶民倫理。

若歷史文獻有民間故事這類別的話，亦應是閱讀庶民倫理的好素材，問題是正式的文獻是少有這種分類的。在浩如煙海的歷史文書中，官修的正史不說，有關老百姓事跡的記述是存在的，但大部分都流傳在野史中，散落在包括個人日記、文集、遊記、縣志、村志、風俗志等文書之內（胡樸安，二〇一一），經過整理自可成為不少老百姓的故事，故事中不難發現內含的倫理故事（白庚勝，二〇一二）。近年有名為《中國的脊樑》叢書（王春瑜，二〇〇九；王秀麗等，二〇〇九；沈重，尚田，二〇〇九；董迎建，二〇〇九 a，二〇〇九 b；鄧占雲，二〇〇九 a，二〇〇九 b），全套書共七部，其中六部是帝國中華期間七百名老百姓的故事，亦可視為發掘庶民倫理的材料。[4]

4 此組叢書的對象主要是一般讀者，故沒有列出各故事的文獻出處，否則對庶民倫理的研究價值更高。

第五節 庶民倫理之特性

「倫理」一詞含義很廣。人的思想行為、團體組織規範、社會風俗習慣，國家政策制度等，當涉及善惡時，都跟倫理有關係。倫理的範圍包含個人、群體、組織、社會、國家。為善的人是倫理的人，作惡的團體是不倫理的團體。另外，「倫理」的用法亦等於「符合或遵守倫理」的意思，「不倫理」是指「不符合、不遵守、違反倫理」。例如，倫理的個人是符合倫理的個人，不倫理的群體即不遵守倫理的群體，如此類推。上文用「善惡」來界定倫理，其實是一個簡約的定義，因為善、惡分別涵義豐富，通常包含了是非、對錯、好壞、義與不義的意思。這裏的是非、對錯、好壞是道德方面的，非知識，技術方面的，後者是關於客觀知識上的真假，或在操作上的可行與否的問題，前者主要涉及是否造成傷害或促進幸福方面。由倫理為中心所構成的觀念家族成員眾多，主要分為德性及規範兩類。德性類的代表包括禮、義、廉、恥、溫、良、恭、儉、讓等人之美德，而規範類如己所不欲，勿施於人；滴水之恩，湧泉相報等善良規則。倫理觀念家族的大小德性，大小規範都可用作辨識及判斷倫理。本書將道德與倫理不作區分，視兩者意義等同。

庶民即平民，庶民倫理即平民倫理，或民間倫理。本書書名採用「庶民倫理」這個名詞，因「庶民」是平民的古稱。「庶民倫理」、「平民倫理」、「民間倫理」意義相等，行文所需，三詞會交替使用。相應於「庶民」有廣義狹義之別，「庶民倫理」亦有廣義狹義之分。廣義的庶民包括了士人階層，士人多同是朝廷官員，因此是屬於官家人員，但士人亦指無官職者之民間鄉紳或士人，他們由於有文化及擁有土地，自然成為地方領袖，有明顯的民間性，可視為民間士族，與官宦士族不同。狹義的庶民倫理將仕官排除於四民之外的倫理。本書以廣義的庶民倫理為主，範圍包含了士大夫。在論家法族規時，司馬光的家訓及家規被納入庶民倫理之內。鄉紳士族雖有家族成員是朝廷官員，然其倫理的訓示或願景，主要是以民間社群一員的立場出發，朝廷意味輕，民間氣色重。再者，庶民倫理中不少的規範及理念，都是統治集團的意識形態的民間化，而將其民間化的正是士人族群，因此將士人社群納入是適當的。

若從倫理的行為主體而分類，可分為治人倫理、治於人倫理，前者是統治階層的倫理，而後者即是被統治者倫理，即庶民倫理。不管是治人或治於人的倫理，都屬於人類倫理，而人類倫理的功能亦會展現於其不同類別中。未論庶民倫理特性之前，先簡要論述庶民倫理的主要功能。[5]

1 行為約束及指引

庶民倫理的基本是約束、指引 (constraining/ regulating/ guiding/ motivating) 行為的文化規範系統，包含了行為的是非、對錯、善惡、義與不義的規範、戒律，美德、價值。倫理的基本

5 庶民倫理的對象是庶民，一般倫理的對象是所有人。這節論述的庶民倫理功能，同時適用於一般倫理。

性質亦同是其基本功能，對人行為的約束與指引。約束是對不應為不可為的行為作出禁止，如不可殺人、不可搶掠、不可欺騙、不可奢華等，約束是倫理的消極的功能。指引是應作及要作的行為制定方向，如迎善去惡、進德修業、待人以誠、成人之美、勤儉持家等，或推崇包括仁、義、禮、義、智、信等善的價值及美德，並且提出相關論述，作為為善行德之本，及個人品德修養的楷模，激勵民眾向善好義；指引是倫理的積極的作用。民眾遵守倫理規範而行為互動，成為個人及集體生活習慣或規律，經此形成的倫理秩序，回頭維繫及促進倫理的互動合作，倫理的良性循環打造了良好的倫理社群，民眾和諧共生，雨露均沾。倫理社群出現紛爭衝突，可藉倫理來排解、疏導，不致造成嚴重對立、破壞和諧、損害團結。

2 人際社會聯繫

除了約束及指引行為之外，倫理有助人與人之間建立聯繫及綑綁 (connecting & binding)，像一條紐帶將人綑綁成小團體或社群。家族是自然的團體，由血緣聯繫，倫理加強了自然的聯繫，令其更牢固。倫理亦可將不同血緣的人連結，組成社群。不同血緣的人包括了熟人及陌生人（生人），生人可以是鄰近的鄉里，也可以是居於遠處的人。只要團體或社群成員共同遵守倫理，倫理中的規範、戒律、善惡、價值是團體或社群的無形連結劑的功效，將團體或社群密切地聯繫成一體。緊密的社會聯繫代表頻繁的面對面的互動，由此而產生的情感聯繫導致成員互信，情感愈深互信愈高。換言之，倫理促進了社會網絡的發展，增加了社群中的社會資本，社會資本愈厚社會互信愈高，社群因此更能發揮團結合作，共濟互助的功能。近年對社會資本的大量研究，都證實社會資本的社會支援功能。

3 社群身份認同

倫理將血親、熟人、生人聯繫成小團體或社群，成員便從團體或社群中獲取了個人身份，例如，黃一是徽州黃氏家族的族人，呂二是《陝西藍田鄉約》的約民，陳三是杭州書會的會員，李四湖南嶽麓書院的門生，張五是敦煌弓箭社的社員等；黃家族人成了黃一的身份，藍田村民則是呂二的身份，而陳三的身份是杭州書會會員，李四的身份是嶽麓書院的門生，張五的身份是敦煌弓箭社的社員等。身份將個人安置在社會網絡的一個位置上，身份承載着個人的具體獨有資訊。個人可以是不同團體或社群的成員，擁有不同的身份，而身份集合的總和大致上構成了個人外部性格（社會性格）內涵。人憑着這些身份在社群中被認識、被識別、被接納、被排斥、被尊重、被歧視、被善待、被惡整、被交往等。

團體或社群內成員遵守共同目標、共同規範、認同共同價值、履行共同義務，這些共同目標、規範、價值、義務構成了社群身份的內容，將彼此密切聯結起來，彼此以親人或朋友（倫理友人）相待，視為倫理自家人（自己人）。社群之外的人持不同身份的人，因遵守不同的規範，認同的價值不同，被視為倫理陌生人（外人）。倫理不單為個人製造個人身份，同時可為團體打造團體身份 (group identity)，將自己所屬的團體跟其他團體區分開來。總之，身份的結果產生了我們與他們之分 (We Vs Them)，自家人與外邊人之別 (Insiders Vs Outsiders)。

4 建立及維繫秩序

當倫理發揮了約束指引的功能，將不同的個體連結成團體或社群，倫理同時給予個人的身份認同，集體生活的秩序便逐漸形成及得以維持。秩序包含可預測性及重複性，有助減低群體生活的混亂，不確定性，及降低互動的交易成本，減少誤會及衝突，令集體生活利多於害，順暢方便，加強個人生活的滿足感。

人群組成倫理社群，行為受到約束，倫理規限哪些行為是不應做的，倫理亦指引成員哪些行為是應做的，這些不應做及應做的成員行為的界線，成員遵從約束及指引，在遇到相關的環境時就會做或不做，遇到類似的情況將會重複地作為或不作為，重複性便形成了可測性，即，成員在甲情況下經常會做出甲的行為，在乙狀況下經常不會做出乙行為，如此類推，秩序便因此形成。除了約束及指引外，成為倫理社群的成員而擁有其身份，身份本身包含了可做及不可做的行為，用現代語言，即成員的權利與義務，權利與義務本身代表了成員在社群中如何被對待，及成員如何對待其他成員及社群本身的具體行為清單。

5 人的能動性

庶民倫理雖然包含有宗教元素，涉及神鬼或神秘力量的成份，但基本上假定了人的能動性，認為人可用自身的力量來行善去惡，解決問題，排除困難，可以不必全借助外力或他界力量，不必全祈求神靈。這種肯定人的能動性 (human agency)，跟中華本土的儒道釋三教

所強調的主體性 (subjectivity) 是一脈相承的。孔子倡道「為仁由己，而由人乎哉」，「克己復禮為仁」，「我欲仁，斯仁至矣」；荀子雖是性惡論者，但認為「其善者偽也」，意思是善由人為，在在表現為善由我，進德由己的能動性。老子主道法自然，勸人從道而行，無為而無不為，以柔制剛，上善若水，虛懷若谷，莫不突出人的能動性。成功將佛教中土化的禪宗，創普請法耕作勞動，自食其力，「不作不食」農禪習俗同是反映能動性傳統。善由人為，為善由己的思想，貫穿到更貼近民間的明清勸善書，袁了凡的善書及其本人的經歷亦充分反映了這點。另外，清代流行的處世書，亦同樣展現了善由人為的主軸理念。

6　依附性

人類組成政治社會，減少混亂，穩定可測，依賴秩序，秩序的正當性依靠論述。文化精英是政治秩序的最佳論述者，為歷朝歷代之統治者鞏固及維繫政權，保障其權力世代延續。借用人類學家雷德菲爾德（Redfield，一九四七，一九五六）的術語，這個政治秩序是大傳統 (great traditions)，即國家的正統思想，內涵豐富，包括價值倫理道德，大傳統為帝王及統治階層所用，駕馭天下、統領百官、震攝諸侯、治理百姓。對照之下，小傳統 (little traditions) 是大傳統在民間的延伸。小傳統是官府或民間士紳階層，因應特定環境對大傳統作調整詮釋而生之民間思想，小傳統有傳承亦有創新，其創新部分是大傳統與民間元素互相激盪而生的結果，小傳統可視為大傳統的民間版。世俗性、實用性、易懂性、市井性、功利性、生活性、粗俗性等充分凸顯了小傳統的庶民性或民間性。庶民倫理正是小傳統的最佳代表。

大傳統是統治階層及文化精英的世界，小傳統是平民百姓的世界，兩個世界的對比鮮明：治人（統治者）Vs治於人（被統治者）；權力者Vs非權力者；指令者Vs被指令者；領導者Vs被領導者；主宰者Vs被主宰者；勞役者Vs被勞役者；訓導者Vs被訓導者。統治者，同時是權力者、指令者、領導者、主宰者、勞役者、訓導者。相比之下，庶民是被統治者、非權力者、被指令者、被領導者、被主宰者、被勞役者等。兩個世界涇渭分明，權力不對稱，等級不平等，貴賤有別，尊卑有差。大傳統主宰小傳統，小傳統為大傳統服務；大傳統是主，小傳統是僕；大傳統處上，小傳統居下；大傳統是中心，小傳統是邊陲，大傳統主導，小傳統依從。這些差別造就了身處小傳統的庶民對大傳統的權力者及文化精英的依附或依賴；包括人身的依附，心理的依附，文化的依附，價值的依附、倫理的依附性。然而，這種依附性並不是單面的，而是相互的。大傳統的生存與繁衍在於依賴着小傳統內的小民，沒有庶民生產與勞役，大傳統人便失去支撐的物質基礎，生存就難以為繼，可見權力精英及文化精英對庶民亦有關鍵的依附性。不過，權力的不對稱令權力者控制了話語權，泡製無權者對有權者的依附的論述，誘惑庶民相信單面依附性，確保庶民對帝王的單方面的依附。於是包括忠君愛國、順從聽命、安份守紀、上尊下卑等價值的庶民倫理便應運而生，庶民變成順民，唯上畏權、社會安定、政權穩定、江山永保。

明乎此，不難明白帝制中華之庶民倫理就內在地包含了君貴民輕、上尊下卑、貴賤有別的元素，這些元素塑造了包括對君主臣服、對權貴依從、對官府畏懼、對貴者靠攏、對長者聽命等順民。順民人格特質是，自主性低、獨立性弱、依賴性強、服從性高；行事被動、畏縮、怯懦、退讓、犬儒等，而順民性格的最壞的版本：奴才性格，絕對唯上唯主，不管是非黑白，這些都是典型的順民性格。大傳統的精英倫理連同小傳統的庶民倫理，打造了二千多年帝制中華之君貴民輕，上尊下卑，等級深嚴，親疏有別之倫理格局，及在此格局下養成的庶民性格。這種庶民倫理及人格特質的不同的呈現，在今天華人社會仍經常可見。

7 實用性

除了依附性外，民間倫理另一明顯的特性是實用主義。庶民倫理的實用主義並非源自美國的實用主義哲學，而是粗糙的實用主義，是一種將有用等於好，可用等於是好，是對的庶民哲學，這種實用至上或利益至上的價值觀，有勢利主義、拿來主義、機會主義、唯利是圖的涵義。由於這些都不為人所稱道之價值觀，因此實用主義亦背負着不好的名聲，導致不少人不願承認庶民倫理含實用主義這特性。再者，一直以來，主流的倫理學論述對利的定義過於狹窄，將利等同於不義，利與義是互不相容的，將利視為純粹負面的東西，加強了民眾對倫理實用主義的負面感覺。其實這是一種長期積累的偏見，源於對利的真正性質缺乏全面的理解。

華人文化有厚重的實用至上價值其來有自，有悠久的歷史根源。在漫長的帝制歲月中，除少數的太平盛世外，中華大地經常戰亂頻繁，烽火處處，平民百姓生活艱苦，朝不保夕，保命是百姓最大的慾望，生存不僅是最大的利益，同時是最高的倫理；活着就是最大的利，同時亦是最高的義。在人類生存的層面上，利與義是合一的，維護及延續人類的生存是義亦是利。因此，「生存是人類的基本之利及基本的義」應是庶民倫理的基本原則。事實上，日常生活裏充斥着各種大小的利益，人人各為其利，天性使然；競相護利、逐利、擴利，司空見慣。然而，利義並非經常合一，不是所有利都是符合義的要求的，有些利是合乎義的，有些則背離義，在不少情形下，義利並非合一，人們追逐背義之利亦是尋常事，因此義利合一的情況不是普遍的。雖然如此，將利等同於不義；視利為惡，將之低貶或否定，是源於理解不足，觀念出了偏差。

真實的世界中，平民每天生活都要解決食衣住行等實際的問題，柴米油鹽醬臘茶等八大民生大事都跟食有關，而食物跟生存分不開，但除了食之外，住、衣、行、教、娛等民生大事，既是生存亦是生活。另外，政府的賦稅及徭役，都是逃不了的事項。民間倫理離不開這些民生大事，民生大事都是生存及生活的基本利益，在滿足利益時不一定違反義，但也不一定符合義。倫理學承認百姓的基本利益同時，必須將合義之利與背義之利作出區分，及對利與義之複雜關係有所論述，指點及規範。以上言之，利益有正當（義）與不正當（不義）之分，真實世界的庶民倫理是否能作適當的區分，並作出適當的規範，引導民眾趨善去惡，是值得探討的。

8 包容性

庶民倫理以解決實際的生存生活問題為主，任何有用的東西都會被納入，有極大的包容性。民間倫理除了包含了中華文化中的三大支柱：儒釋道三教的倫理元素外，三教合一而衍生的教義亦在收納之列。此外，不少的民間信仰中跟善惡、仁義、對錯、禍福，是非有關的元素都會被吸納，內容駁雜繁富，如文化萬花筒一般，令人眼花繚亂。庶民倫理的包容性大，意味着內涵高度的多元，異質性強，在不一定融貫的狀況下，結構呈現鬆散、隨意、拼湊，堆砌，缺乏內在的有機連結，倫理元素的主、次、高、低不易辨識。因此，庶民倫理又呈雜碎性。

9 缺乏融貫性

如上所言，包容性大導致雜碎化的狀態下，各元素或板塊之間沒有緊密的內部連結，只是外部的堆砌拼合，換言之，板塊沒有融合成一體而是彼此分割的，如形狀有異大小不同積木般拼合在一起成一個大併盤。用者可因時因地而挑選其中一二合用之板塊，或此時用某一板塊，彼時用另一板塊，或在類似情景下不同的時間用不同的板塊，以滿足所需。倫理是否融貫的整體，元素之間是否一致性很少被關注，亦不是優先考慮項目。世俗的民間倫理其實包含了不少的內部不相容性（羅飛雁，二〇一六），例如：儒教的重義 Vs 楊朱的利己；佛教之出世 Vs 儒教之入世；道教之崇尚自然無為，儒教之重視內聖外王等。有趣的是，倫理的用者並不在意元素之間是否彼此相容，亦鮮有關心它們是否融貫；最關心的莫過於它是否解決了他們目下跟生存及生活有關的問題，滿足有關的慾望及需求：消災解難、闔家平安、健康長壽、發財富貴、多子多孫、考取功名、光宗耀祖、風調雨順、國泰民安等。

禪宗吸納了中華文化中的孝道價值，推行不作不食的農禪方式，將佛教成功地中土化。外來文化之能順利傳入中土，生根及傳播，已代表其本土化的成功。中原文化傳入地方，亦必須經歷在地化，才能生根，茁壯繁衍。庶民倫理是融合正統文化及地方習俗，中央文化與邊陲風俗，大傳統與小傳統的產品。

10 在地性

古代由於山嶽河川等地理因素的阻隔，交通不方便，運輸不發達，不同地域的住民老死不往來，在悠悠歲月中各自發展，逐漸演變成各自獨立自給自足的不同文化地域，住民在生產、飲食、居所、節日、信仰、行為、價值、倫理都各有特色，彼此互異。同一文化地域內若有高山深谷，就算相隔僅一座高山或一處深谷的兩地區，假以時日都會逐漸演變成兩個語言、風俗、文化、倫理互異的地區。此外，外來移民亦會加強「在地化」的效應。地理條件、氣候、住民、文化相約的兩個地方，若一地有大量外來新移民湧入定居，另一地人口維持原住民，前者的移民帶來的文化會深切影響原住文化而產生新的文化，經歷幾代人後，兩地文化逐漸變得同少異多。文化在地化的過程中，每一個在地的重要的特殊因素都會對文化的塑造發揮影響力。「在地」文化自然反映了在地化的效應，在地化也成就了庶民倫理的在地性特色。在地性包含了市井性，因為不少地區，除了極為偏遠的山區外，鄉鎮層面都會有市井，城市更不用說了。鄉鎮到城市都有市井生活，因此其市井倫理會是庶民倫理的部分。

11 地域性

「在地性」是空間小範圍窄的在地化結果，地域性是在地理上大範圍的文化移植與融合，由同一地域內很多的在地化的成果所構成。司馬遷在《史記》引述當時的諺語：「百里不同風，千里不同俗」，大意是指不同地域有不同文化風俗。中華帝國國土幅員廣大，地理環境多樣，包括高山、沙漠、草原、丘陵、海島、高原、盤地等，不同地區之氣候的差異性極大，產生不同的生產方式，生活習慣，物質及精神文明，形成不同的地域文化（葛劍雄，二〇〇八）。

在遼闊的土地上，自古就有南北之分，北方與南方住民在生產方式、飲食習慣、人格特質、價值信仰等方面都有差異。所謂北方南方，一般都以長江作為南北分界線，長江以北住民是北方人，江南住民是南方人。就地理而言，秦嶺其實才是真正的南北分界線，這座位於中華大地中心橫亙西東的巨大山脈，剛好將中土分成一半。另外，長江不是南北的分界，淮河才是。事實上，秦嶺南北的文化自古就分別發展，兩地域逐漸形成不同的風土人情、飲食文化等物質及精神文明。然而，這些分界只算是概括的區分，北方及南方各自內部都有地域差異。古時，齊魯文化指山東地域的文化，但齊文化跟魯文化彼此是有差別的（黃松，一九九一）。比較明顯的是，齊文化尚功利，崇實用，重視商業，行事靈活，出了如管仲的實務型政治家。魯文化尚宗法，崇禮教，重農輕商，行事保守，育成了如孔子的理想型思想家。俗語「一方水土養一方人」，指自然環境產生不同的生活及人物。同理，一方水土育成一方倫理，不同的地域文化也會衍生了不同的住民倫理，地域文化的差異導致庶民倫理的地域性差異。總之，庶民倫理具有地域性，不同地域的庶民倫理不盡相同，縱使它們之間有共同的元素。換言之，中華庶民倫理不是一套適用於所有地域的單一倫理，而是多套同中有異的多元複合倫理。

依研究民間倫理學者（賀賓，二〇〇六a，二〇〇六b；賀賓，曹月如，二〇一一）指，今天之民間倫理有幾個特性：邊緣性、實用性、包容性、地域性。這些特性，其實在古代的庶民倫理都可找到。

第六節 區分兩種倫理

倫理學分經驗倫理學 (empirical ethics) 與規範倫理學 (normative ethics)，前者是描述式倫理，記錄倫理事實 (ethical facts)。後者是制定理性規範 (rational norms)，建構倫理應有之道 (ethical oughts)。本書的重點是探討經驗的庶民倫理，不是規範式的庶民倫理。

現實世界的民間倫理，主要是世代相傳的傳統倫理習慣，不少有其時代的局限，與時代脫節，且這些傳統習慣少有通過理性批判而被接受及行使，故常出現不合情理的規則或禁忌，造成不公不義，製造無辜的受害者。換言之，傳統世俗倫理不一定正確，不一定能保證正義，防止傷害無辜。對比之下，理性的倫理則是經過批判思考而被確定具正當性的倫理，正當性是建基在理性的審視及事實證據。理性倫理的規範及原則，都必須有支持的合理理由 (reasonable ground)，而合理理由則是具備正常思維能力的人按邏輯及經驗都會接受的理由。對的倫理 (the right ethics) 或合理的倫理 (reasonable ethics) 的基本道德觀念，包括道德、對、錯、義、不義、善、惡等，作出清晰的定義，同時必須區分哪些利益屬於正當，哪些利益屬於不義，同時，如何取得利益才算正當，怎樣獲取利益會屬於不義，人應避開哪些利益或約束哪些利益的追尋或擁有，哪些利益是不用迴避，或不用壓抑對其追尋及擁有，這些元素都是合理的規範倫理中主要的成份。

第七節 庶民倫理、農耕文明、專制政治

如上所言，民間倫理離不開對實際問題的解決，跟民眾的生活息息相關。不同的環境會產生不同的生產方式，繼而塑造出相應的生活方式。換言之，人民的生活方式基本上是生產方式的結果，不同的生活方式反映不同的生產方式。不同的生產方式亦會產生不同的倫理，例如，小農業生產自然會導致農耕倫理，遊牧民族的牧放生活會產生適合於牧民的倫理生活，討海的漁民會發展出捕撈的倫理生活及規範；城鎮手工業生產者亦會有城鎮式手工業倫理的出現。生產方式對生活及倫理有深遠的塑造力，但並不表示生活及倫理完全由生產力所決定。生產雖然對倫理影響至巨，但不是唯一的決定因素，倫理的塑造還依賴其他的因素，包括地理環境、政治體制、社會結構、宗教文化等。

1 農耕文明

傳統中國以農立國，無論大傳統或小傳統都離不開農耕文化的特性。傳說中的炎黃二帝都跟農耕文明有密切關係，炎帝神農氏被奉為太陽神，黃帝軒轅氏則被尊為土地神，農耕文明跟太陽土地季節更迭息息相關。中國自古代開始的官制就按季節來編製，周禮有六官之分：天官、地官、春官、夏官、秋官、冬官，六官制一直沿用到清末，分別是，吏、戶、禮、兵、刑、工六大官制的原型。統治者還為勸農教農的農師及農官編製，推動及維護農

耕文化。自周到清末，國家隆重之吉禮之，是親耕親蠶之大國禮，由君主及皇后主禮。（梁漱溟，二〇一一；曾憲義，馬小紅，二〇〇六）。

農耕生產靠土地、氣候、雨水、勞作主宰着作物生長，作物生長收成依循季節更替，春耕，夏耘，秋收，冬藏，四季循環不息，具高度的規律性及重複性，除非受戰亂或天災而被迫遷徙，農民一輩子離不開耕土，世世代代跟土地打拼，絕少作地表上的流動；農耕生活的規律，流動是異態，固定是常態，養成了安土重遷，因循保守，熱愛安穩，避開不確定性，缺乏冒險創新的農耕文明及農民性格。中國的地名，多有以漢字安、定、平、順來命名，鮮明地反映農耕文明特性。[6] 這種農耕文化的保守性亦充份反映在中華法典之因循少變之特性。如曾憲義，馬小紅所言「自法經六篇，到秦律，到漢九章律，到魏新律十八章，到晉律二十篇，直到明清律，陳陳相因，軌跡可尋。」（曾憲義，馬小紅，二〇〇六）

2 宗法、專制、禮治、等級

除了農耕文明外，傳統中國還具備多重的性格，包括君主專制、宗法社會、禮治社會、等級社會等特性，無論代表正統倫理的大傳統，抑或反映民間倫理的小傳統，都折射這些特性（劉澤華，汪茂和，王蘭仲，一九八八；曾憲義，馬小紅，二〇〇六；瞿同祖，

6 陳正祥，《中國文化地理》，北京：三聯書店，一九八三，轉引自曾憲義，馬小紅，二〇〇六，頁四十一。

一九七一；葛承雍，一九九二）。

周滅商後，由周武王之兄周公完善了商代末年已制定的宗法制，建立井然有序的嫡長子血緣繼承法，鞏固了周王朝的統治。依宗法制，周天子是大宗，王位由嫡長子繼承。周天子將王畿以外的土地分封給其叔伯或兄弟，成為諸侯。相對於周天子之為大宗，諸侯是小宗，但在其封地上則是大宗，其位由嫡長子繼承。諸侯再將其封地分封給其兒子，成為卿、大夫。卿、大夫相對於諸侯是小宗，但在封邑內是大宗，爵位由嫡長子繼承。宗法規矩下，大宗率小宗，小宗率群弟，形成一個等級鮮明的宗族從屬系統，周天子不單分封同姓的兄弟，同時亦將土地封給異姓有功的大臣，並通過與異姓諸侯聯姻，連成宗法上的甥舅關係，將之納入宗族之一員。回報天子分封之恩，諸侯有納貢，聽命天子及保衛周王室之責。宗法制下的成員之血緣厚薄，決定了他們的權力的大小，土地臣民之多少，及宗族之間的親疏，形成了影響深遠的不平等的等級制度。（曾憲義，馬小紅，二〇〇六；瞿同祖，一九七一）。

周代的宗法制鞏固了王室統治權力，令其持續不衰，完成了家國合一、親貴合一、家天下的統治形態，奠定了往後二千多年帝制中華的政治格局。家天下是以一家之私取代天下之公，是一家一姓私吞天下，一家私天下。帝制中華政治本質是私天下，始作俑者是宗法制。一言之，二千多年的帝制政治就是私天下的落實與展示。

自秦統一六國，創立君主制，權力獨佔、唯我獨尊、君貴民賤、官威民微、上尊下卑、社會等級深嚴，權力分配按等級高低，權力差異形成經濟社會文化各方面的不平等，而宗法制度，禮治傳統，加強了深嚴等級的持續不衰。

春秋戰國時，周室式微，禮崩樂壞，諸侯常僭越周禮。孔子不能容忍魯國大夫季桓子八佾舞於庭，指他僭越了天子才可用的周禮。孔子崇尚周禮，要恢復周禮，倡治國之本在禮治。禮治治國主張其後為歷朝統治者採納及貫徹。禮治的實施製造及鞏固了等級社會，不同的等級享受差別的對待，等級之間是不平等的。

周禮是古代中華文化中最完備的禮制。按儒家親親、尊尊、賢賢、貴貴、長長的原則（《荀子．大略》），禮的功能在區分貴賤、尊卑、長幼、親疏、內外。不同身份的人各配以不同的禮，彼此不能僭越。人際關係亦由禮來界定、維繫、促進。

○ 夫禮者，所以定親疏，決嫌疑，別同異，明是非也。（《禮記．曲禮上》）

○ 道德仁義，非禮不成；教訓正俗，非禮不備；分爭辨訟，非禮不決；君臣上下，父子兄弟，非禮不定，官學事師，非禮不親；班朝治軍，涖官行法，非禮威嚴不行；禱祠祭祀，無給鬼神，非禮不誠不莊。（《禮記．曲禮上》）

○ 禮者為異，……禮辨異。（《禮記．樂記》）

按禮治秩序，對待不同身份的人，施以不同的禮，人們的行為就有所依據，社會的運行便井然有序。對禮的性質及功能，儒家經典多有論述，着重禮之教化及防惡：「禮云禮云，貴絕惡於未萌，而起敬於微眇，使民日從善遠罪而不自知也。」（《大戴禮記．禮察》）「禮之教化也微，其止邪也無形，使人日從善遠罪而不自知也。」（《禮記．經解》）孔子指出，禮是人的生活中的規範：「非禮勿視，非禮勿聽，非禮勿言，非禮勿動。」（《論語．顏淵》）

另外，孔子認為禮治理國家比法治更為優勝：「道之以政，齊之以刑，民免而無恥；道之以德，齊之以禮，有恥且格。」(《論語．為政》)漢代大儒董仲舒下引的言詞，對禮之差別化功能作精確的概括：「禮者所以序尊卑、貴賤、大小之位，而差外內、遠近、新故之級者也。」(《春秋繁露．奉本》)

秦始皇統一中國，自稱天下第一帝，奠定了中華君主專制的政治體制。君主大權獨攬，權力絕對，統領文武百官，君臨天下，成就「普天之下，莫非王土，率土之濱，莫非王臣。」(《詩經．小雅》)之天下獨佔格局。君主專制下，君尊臣卑，君貴民賤。君位世襲，由君主家族子孫世代擁有，以家代國，天下為一家所擁有。在君主專制，宗法制，禮治制互相影響而形成的社會，身份至上，等級深嚴。君主、王室、貴族、諸侯、卿大夫、士、庶，身份各異，各守禮節，不能逾越。在衣、食、住、行方面，不同身份都呈現等級的差異，君主、王室、貴族、諸侯、卿大夫、士等統治階層享有各種特權，庶民的自由處處受到限制或壓抑(葛承雍，一九九二)。等級社會產生等級的倫理，庶民倫理自然處處反映等級的元素(費孝通，一九八五)。無論如何，庶民倫理是大傳統的延伸，自然承載着大傳統的專制、宗法、禮治、等級文化元素或其變種。

第八節 庶民倫理與宗教文化

政治體制、社會結構很受生產方式影響，同時為文化（含思想宗教）所支撐而獲取正當性。帝制中華的主體文化由儒釋道三大思想系統所構成，其制度、風俗、人格、倫理、行為都深受三教所影響。直到今天，儒佛道三教在華人社會仍有很深的影響力（方立天，二〇一〇；任繼愈，二〇〇一；文史知識編輯部，《道教與傳統文化》，二〇〇五；蔣維喬，二〇一一）。上文討論宗法、禮治時已提及儒教的影響，以下簡述道教及佛教的影響。

道教的義理來自道家哲學，是華夏的本土宗教，自古流行於民間。雖然歷朝帝王多崇儒，仍有君王尊崇道教。除了漢唐一些帝王外，宋代有帝君亦是道教忠實信徒，明代篤信道教的帝王是神宗。與帝王相比，道教是民間的普遍信仰，道教廣受庶民歡迎是有其原因的。道教教義言虛靜、無為、忍讓、不爭、不為人先，主守柔去剛、以柔制剛、以退為進、大智若愚、大巧若拙、以靜制動，都非常適合無權無勢的小民百姓。道教亦講報應，積福，勸人行善去惡，追求長生不老，尋找神仙世界。二千多年的帝制期間，朝代更迭，政權爭奪，動亂頻繁，亂多於治，盛世難遇，百姓水深火熱，朝不保夕，在亂世中求自保，避開是非，衝突紛爭，在強權之下尋求人身的安全與自由，及內心逍遙自在，道教無疑是亂世求存的活命哲學。

佛教自東漢傳入中土之初，一直是王室貴族的信仰，很少流入民間，原因是印度佛教信徒出家之規定跟中土重孝悌的風俗有所抵觸。其後禪宗成功將佛教本土化，融合華夏文化，講忠孝慈愛，因此得以廣泛流傳，深入民間。事實上，佛教宣揚的教義，包括人生是苦、一切皆空、眾生平等、貪、嗔、癡之害、解脱、涅槃、成佛、破空、因緣等都相當適合於亂多於治的時代，對迷茫不安、焦慮無助的小民尤其容易引起共鳴。佛教主張人人有佛性，鼓吹行善積福，輪迴報應，滿足常人的簡單的正義、善惡觀，向善的願望，令民眾容易接近佛教。

三教之外，墨家思想其實包含不少庶民倫理的素材，可惜在歷史上未能形成持續的影響力。數先秦諸子學説，最能貼近平民百姓應是墨家學派。墨子（西元前四七六—三九〇）主張的兼愛，內容大異於儒家之仁心。兼愛是對他人無差別的愛，愛的對象超越血緣、地緣、族緣的，兼愛是普遍的愛。儒門倡議的仁愛，是以家族血緣為基礎的差別愛，對家人之愛有別於對非家人之愛，愛家人多於愛外人，愛熟人多於愛生人，愛是以宗族為中心一層層向外擴散，離中心愈遠愛的強度愈加遞減，施行仁愛有先後次序，且輕重有別。儒門之仁主要是用來維繫宗族及宗法制度，無怪孔子視孝為仁之本。「**君子務本，本立而道生。孝弟也者，其為仁之本與？**」（《學而》）孝的對象是父母先祖，孝是仁之最基本形式，一語道破仁愛的血緣本質。儒門的仁愛明顯地與墨家的兼愛有着本質上的差異。世人經常質疑，兼愛這個崇高理想，究竟在真實世界中是否能實行？平凡的人究竟有多少能施行兼愛？兼愛之外，墨家學派還有不少以平民為本的論述。

墨子要求國君做到「視人之國若視其國，視人之家若視其家，視人之身若視其身」（《兼愛》中）。又曰：「仁人之事者，必務求興天下之利，除天下之害。」（《兼愛》下）

墨子出身平民，傳聞是一名出色的工匠，對民間疾苦有親身感受，「民有三患：饑者不

得食，寒者不得衣，勞者不得息。三者，民之巨患也。」（《非樂》上）

墨子多從弱者的角度論治國，容易取得低層民眾的支持。「若大國之攻小國也，大家之亂小家也，強之劫弱，眾之暴寡，詐之謀愚，貴之傲賤，富之侮貧，此天下之大害也。……」（《兼愛》下）針對大害，墨子提出以匡正之法：「國家昏亂，則語之尚賢尚同；國家貧，則語之節用節葬；國家憙音湛湎，則語之非樂非命；國家淫僻無禮，則語之尊天事鬼；國家務奪侵凌，則語之兼愛非攻。」（《魯問》）

不難想像，墨子的主張就相當吸引無權無勢的低下階層，因為常在生存邊緣掙扎的平民，最需要的就是同舟共濟、守望相助、互相照顧。墨子的其他主張如要君主非樂、節用、節葬所包含的節儉去奢都是對庶民引起共鳴，符合小民的需求。

結語

國家倫理史或民族倫理史若忽略了民間倫理，只局限於帝王或權貴等權力精英的倫理，只是一部非常片面的統治者倫理史。將民間倫理勾劃出來，與統治者倫理整合而成的倫理史，才能更全面展示國家倫理或民族倫理的真貌。雖然民間倫理難免受權力精英的主宰或影響，但仍有其別於精英倫理的特色，不能只視為精英倫理的延伸或世俗化版。民間的價值、信仰、規範、契約、習俗、行為都是庶民對所處的特殊環境作回應的產物，有不易複製的在地性、特殊性、民間性、獨特性。

庶民倫理之能在民間生根及延續，主要是它能滿足人們對善惡是非禍福等精神上的要求。事實上，凡人一生最大的願望，莫過於富貴、功名、官位、子嗣、姻緣、健康、平安、長壽、太平、昌盛、無疾、無訟、無災、無難等，凡被視為能滿足這些慾望及需求的就被信奉，這與民間宗教之流行原因基本上十分相似。不同的文明的宗教的一個共性，就是對信徒在對生、老、死、疾病、貧窮所帶來的恐懼、無知、無助、無奈、迷茫、焦慮、不安、失落的心理及精神的需求，作出撫慰解憂；對人性的弱點：自私、作惡、奸險、欺詐、貪婪、妒嫉、殘暴，提出救贖或懲罰；同時對自然的不確定性，社會的不公不義等提出論述及解決。在這個層面上，庶民倫理跟宗教有重要的交集，兩者都發揮撫慰安心、排憂解困、稀釋恐懼之心理治療功能。此外，庶民倫理包含如上文所言之其他積極功能，亦是令其持續不衰的原因。

如上所言，本書主旨是民間倫理的經驗探討，重點在揭示庶民倫理的真相，而不是對庶民倫理作規範式的審視（normative examination），拷問其道德上的正當性（moral legitimacy）或正確性（moral rightness）。對庶民倫理的規範性探討，是日後有待開展的工程。

第二章

家法族規與庶民倫理

家族是自然形成的團體，家法族規是家族血緣紐帶之外的人為的倫理紐帶，加強團體的聯繫及團結，令其永續繁衍。家族是社會的基本單位，家法族規所代表的家族倫理，構成了民間倫理的重要部分。現存的著名家法族規文書，反映的主要是上層士宦族群的價值及倫理，而不是平民百姓，尤其是農民家庭的倫理。帝國中華是宗族社會，家與族分不開，說家其實是指族，家法族規界線並不明確。今天人們習慣將家法族規連在一起，等同視之，但兩者是有區別的。依群體人數多少及複雜性程度作區分，家法處理主要是家庭內部人倫與事務，人員數目較少，複雜性較低。比照之下，宗族不單要處理族內各房各家的人倫關係，還要兼顧與他族、鄉里、官府之間的關係，涉及人員數量較多，治理面更為複雜，需要更多的組織資源及更複雜的治理技能，包括領導才能及解決紛爭的能力。家法族規雖含有不同的治理複雜性及範圍，但目的是一致及統一的，且密切關聯着，不是彼此分離互不相涉的。在朝或曾為官之士人雖不是庶民，其家規族法不屬庶民倫理，但不仕之士人之家規族法則屬庶民倫理。值得注意的是，留存下來著名仕宦之家訓、家規、家範等，對民間社會立下楷模，民間家法族規多受其影響，因此值得討論。況且，在士人族群中，能經科舉進入仕途的畢竟是少數，餘下的絕大部分士庶，或以上層士人的家法為楷模而編寫家法族規，或自行制定家法族規，因而產生流行於民間社會以士庶群體為主的家法族規。先談家法，再論族規。

第一節 家法族規的倫理

家法主要是治理家事，包括對家人的集體生活及互動制定基本的規範，界定什麼是首要的及必須遵守的，什麼是禁止的及不得違反的，同時確認了人倫網絡的上下尊卑、禮節、職業、家產、門戶、繼承、婚姻、喪葬等。家法的應用範圍是一個家庭內所有成員。家族由同宗的不同家庭所組成，族規主要以一族之利益為出發點，規範族人之間的集體生活及互動儀禮，族規的對象是所有族人。

1 家法

以儒家倫理主導的傳統中國社會，孝悌是維繫家庭的最高道德，家法中最高的善是孝悌，孝之倫理規範子女孝順父母、祖父母等，違反者被指為忤逆，忤逆是天大的罪，受到咒罵、唾棄、制裁、懲罰，被指忤逆者在家族及鄉里面前抬不起頭。悌的倫理要求兄弟及妯娌之間的和睦相處、互相愛護、和諧相待、同心同德。

孝悌之外，家法鼓勵家人培養各種美德，包括勤儉好學、敬業樂群、尊師重道、善於擇友等。很多家法都重視勤及儉的美德，勸誡子弟不要飽食終日無所事事，或染上嫖賭奢華的惡習；也告誡他們遠離損友，嚴禁與地痞流氓交往。不少家法對子弟的職業選擇有嚴格規定。士紳家法對士農工商四行的位置高低有所界定，士農為上，工商為下。庶民家庭則沒有這類上下之分，將四者視為正業。有些家法將吏、賈、醫、卜都納入職業之選擇。不少家法明文禁止子弟操包括娼、優、隸、卒等敗壞家聲的賤業，有些家族將訟師、奴僕、婢女、理髮、屠夫、轎夫都撥入賤業，不准子弟入行。又有家法禁止族人出家當和尚、尼姑，當道士亦屬禁制之列。出家是拋棄父母，是大不孝行為；有些家族對出家族人予以革譜，懲罰相當嚴厲。

2 族規

如上所言，宗族人數眾多，必須靠有效的組織及領導才能妥善治理族事族務。一般的家族組織設族長為族的首領，及設置族務的執行小組，協助族長執行族內外大小事務。規模較大的家族分族、房，或是族、支（柱）兩層治理結構，各房或支下分別管理各家庭。族務繁多，主要包括宗祠、族產、祖墓、族譜、族學、族誼等事務。除了本族的事務外，族人與他族及鄉里如何和睦相處，家族如何與官府打交道，家族與國家之關係都屬於族規要關注的項目。

不同家族同住一地，自然對土地及周邊資源彼此競爭。然而，競爭若毫無節制，容易產生強者愈強，弱者愈弱，或勝者全取，輸者通輸，一族獨富，餘族俱貧之弊端，製造鄉里之矛盾與不和，社區不穩定。共居一地之家族群是利益共同體，一族損人利己都會破壞鄉里的和睦，挑起衝突及紛爭，引發他族怨憤，導致報復或對簿公堂；更壞的是訴訟連續不斷，互相虛耗資源或有損家族聲名。因此，家族的興隆有賴妥善處理好鄰里關係，故規族多鼓勵族人行有益鄉里、造福社區的好事，包括防災、救濟、修橋、築路、扶貧、恤孤、贈醫、施藥、助學等。換言之，要打造里仁之美，資源共用、雨露分沾、利益均分、責任分擔、認識及踐行這些道理，共住的族群才可持續生存及發展。

族規多有關如何善待鄉里的規文，規勸族人要避免紛爭衝突，不作損人利己之事，包括侵佔他人土地或家產；乘人之危，巧奪他人的家產；隨意向佃戶起息，以加重其負擔等。族規多有止訟之規條，叮囑族人避免興訟，因訴訟消耗大量錢財，勝敗無法預知，或導致兩敗俱傷，一旦訴訟失控，欲罷不能，無休止的纏訟擴日費時，費用不菲，必耗損家財，甚至毀壞家聲。訴訟中最大得益者可能是為他人操筆寫狀詞的訟師，惡訟師為了私利會教唆他人興訟而從中獲利，無怪訟師被卑視為賤業，族規明文禁止子弟當訟師。百姓深知「衙門八字開，有理無錢莫進來」，為了避此禍害，族規多有「居家戒爭訟」之規條。無訟是儒家社會理想，止訟是無訟的手段。

傳統中國的鄉村經常出現家族之間的集體械鬥，特別是在江西、廣東、福建三省，不同族群為了爭地、爭水、爭林及其他糾紛，集體暴力打鬥不斷，打、砸、燒、搶、殺人之事件常有發生。族群之間之慣性暴力事件，來自長期積怨的報復性行為，非偶然的單獨事件。然而，對這些不光榮之事件，有些家族不僅不以恥為戒，還要求族人在兩村暴力衝突時全力參與械鬥，並獎勵械鬥有功的族人，對不參與者或不提供金錢資助械鬥者予以懲罰。有的明事理的家族則認識到集體械鬥的惡果，嚴禁族人參與此類暴力行為。很多的家規都有禁止族人為匪做賊的規條，違反者會受到嚴懲，包括逐出族門，甚至送官法辦。就算不直接當賊匪，族人若窩藏賊匪或賊贓都屬有罪，受到重罰。

族規對與官府及朝廷的關係亦有相關規文。士宦之家內有族人當官，族規多有訓誡子弟盡忠職守，清廉為官，違反訓誡的子孫不管在生時或去世後都會受到懲罰，包括不得入葬家族墓地，禁止入祠或被逐出族門。君主專制下的傳統社會，庶民無言論自由保障，動輒觸犯王法，被指妄議朝政，惹來橫禍，個人不單可能掉腦袋，還會殃及全族。為了自保及避免連累族人，有些族規禁止族人議論國事，觸犯朝廷。三河口龔氏的《龔氏宗規》就此規定：「士君子不可無憂國之心，不可有愛國之言，有憂國之心而言之，已為出位。若無憂國之心而言之，更為訕上。若言及宮庭得失，人家長短，閨門隱微，便是殺身之道。」（費成康，一九九八，頁一〇二）。

第二節 家法族規的特性

家法族規的特性，可從其目的、制定者、制定過程、執行、社會功能幾方面來探討。

首先，家法族規一般反映了帝國統治者的價值與意志。自西漢王朝儒學獨專而取得正統位置以來，儒學即成為統治者的意識形態，家法族規自然依循儒學正統。事實上，中國最早的成文家法出現於統治集團之官宦之家，著名的義門陳家法就是其中的好例子。唐代任江州長史兼御史大夫陳崇，是義門陳家族的家法制定者。其他著名的家法，如北宋司馬光家法都出自尊崇儒學的士宦之家。家法的最終目的在團結族人，保障家族世代的昌盛繁衍。帝制中華的不少家法族規都得到皇帝的加持，皇帝支持士族官宦制家法有明顯的誘因，高門大族受到家法約束安份守法，敬畏皇權，肯定有利於社會穩定，皇權永續。另一方面，家法亦可視為王法在地方的延伸，彌補了王法未能在地方有效維持秩序的空隙，有利於國家對地方的控制。家法族規與朝廷的關係密切，不少望族的家法族規是經過地方官呈送到皇帝而獲得直接審批，並由官府頒佈。宋代名臣范仲淹家族的義莊規矩及其後代對規矩修訂的版本都得到宋皇帝的直接批准的。

明初，明太祖朱元璋頒佈於天下的《聖諭六言》，是民間教化的總綱領，朝廷在地方推行聖諭的效應是，大族豪門紛紛將聖諭納入成為家法族規的核心，無疑將王法變為家法（見第三章）。此外，太祖對家法族規大力支持。開國元勛宋濂為家族制定的鄭氏規範，成為明代其他家族制定家法時的重要參考。由於浦江鄭氏的家族有太祖的加持，促使明代家法族規的快速發展。清初幾代皇帝都以太祖聖諭為基礎，將之擴展成更為完備詳細的庶民倫理指引，同時被納入了無數的族規之內，代表明清時期由上而下的國家道德教化模式。

家族中享有最高權威是家長或族長，只有族長才有資格制定家法族規，因此家法族規基本上折射族長的價值及意志。有些家法是先依族中長者意見制定文字，然後公佈於族人。族規由於涉及多個家庭，大多數由數名族中長者共同商議而制定。族規的制定基本上是家長制式的，由族中德高望重的少數長者的意見集中而成，過程不會有全族人（成人）的參與。家長制下，家長級的少數之外的族人是無資格加入制定族規的，族規定稿之後，族人只有接受的份兒。帝制中國的家法族規的制定過程大致是這樣的。民國後，一些開明的家族接受了西方文明，不全用一人說了算的家長制任事，族中地位較低的族人也有發言的機會，或能參與族規的制定。一般而言，家法族規的制定經歷了醞釀、商議、制定、頒佈、宣讀、執行、修正、更新等步驟。

家法族規的執行可軟性或硬性。前者主要靠家族的群體尤其是族內的長者來監督或規勸族人遵守規條，告誡、訓斥、提醒、勸導等是常用的柔性手法。族規的硬性的執行以懲罰代替規勸，以刑罰來取代訓誡，包括設有專人專職來執行對族規違反者的處罰。一些豪門大族設有祠丁、祠壯來協助族長執行家法，例如，若有違規者不理族長的指令到祠堂受審，祠丁可將違規者用捆挷強行押送祠堂，經審理後若判定有罪，向有罪者施行家法所訂的懲罰。對違法的族人執行家法，輕者用叱責、罰跪，重則用各種刑具來懲戒，刑具包括木枷、棍棒、腳鐐、囚室等。若族人犯了重大的罪行，會被逐出族門，或將名字從族譜中刪除；若殺父或祖，甚至被處死，由家族私下執行，官府默許，其嚴厲程度不遜於國法。從家法族規普遍存在懲罰條款這點而論，其道德控制之性質甚為明顯。

家法族規都是成文規範，有文字為本。文化水準較低的家庭多用口頭代代相傳家法族規，就算是口頭家法，族人務必須遵守無違。若家族人口眾多，沒有成文家法在傳遞家法時，內容容易產生誤解、變形、扭曲、誤傳等弊病，引起爭議及不和，增加執行的困難，難以持久。因此，能留存下來的家法族規都是成文規則。

第三節 江州義門陳氏家法

陳朝末代君主陳後主之弟陳旺，唐代大和六年（八三二年）舉家遷居江州（今江西省）德安縣太平鄉。陳旺持家有道，家族繁衍，合族同居歷十三代，歷時二百餘年，宋帝賜名義門之家，至北宋嘉祐七年（一〇六二年），陳氏家族才遵從皇帝之旨分家。始遷祖陳旺所制定的家規，現已佚失，陳旺之六世孫陳崇，於唐大順元年（八九〇年）制定義門家法，是現時流存下來最早的成文家法。陳門家法基本上是部完備的家族組織法，家法三十三條對家族事務的分工作了詳細規劃，界定了各個職位及職權，及違反家法的懲罰及執行方法，有典型法令的強制性成份，儼然國法之外的準法律。義門陳家法之外，還有家訓、家規、家範，以道德訓令或規勸及約束族人的行為，形成一個軟硬兼備，情理兼施的道德控制及治理系統（廣義的家法），維繫及促進族人互助互愛，合作無間，和諧共處的秩序，造就了陳氏家族十三代之延續及繁衍，是中華家族史中顯赫的家族。陳氏家法中的家訓、家規、家範承載着繁富厚重的倫理價值及道德勸說，儼然古代家族倫理大典。[1]

1 陳氏家訓，家規及家範，「中國傳統文化資訊」，二〇一五年八月十四日；http://jiapu.91ddcc.com/c_22826.html，下載於二〇一六年十二月四日。

1 陳氏家訓

事親必孝，待長必敬。兄友弟恭，夫義婦順。
冠婚喪祭，秉禮必慎。學文必功，習武必勤。
治國必忠，治家必嚴。居功毋驕，見恩必謝。
士農工商，擇術必正。毋聽婦言，而傷同氣。
毋作非法，而犯典刑。
毋以眾而暴寡，毋以富而欺貧。
毋以賭博而蕩產業，毋以謠辟而墜家聲。
制行唯嚴以律己，處世當寬以繩人。
苟能行之於久久，當必報之以冥冥。
茲訓詞實繫廢興，誦之再三，爾其敬聽。

陳氏家訓言簡意深，告誡子弟遵守儒家倫理的忠孝、敬、順、慎、勤等美德；訓誡他們遠離犯法，賭博及謠辟等惡行；及勸諭子弟嚴以律己，寬以待人等做人道理。

2 家規二十條

家規在家訓的崇德尚禮的主軸上作擴展，喻族人敦孝悌、篤宗族、和鄉黨、尚節儉、互守望、主忠信、守本分、務謙遜、辨義利、祭祖宗、保家業、躬稼薔、置義田、贍貧乏、讀詩書、防盜賊、息爭訟等都是安家立業，忠厚傳家之大者。

○敦孝弟以重人倫。
○篤宗族以昭雍睦。
○和鄉黨以息爭訟。
○尚節儉以惜財用。
○解仇忿以重身命。
○訓子弟以禁非為。
○躬稼薔以知艱難。
○忍恥辱以保家業。
○讀詩書以明理義。
○祭祖宗以展孝思。
○親師友以成德行。
○慎交遊以免損累。
○嚴乘祧以息訟端。
○禁煙賭以杜下流。
○置義田以贍貧乏。
○互守望以防盜賊。

○主忠信以植根本。
○守本分以寡過惡。
○務謙遜以迓吉益。
○辨義利以定人品。

3 家範十二則

家範十二則可視為家規的升級版，內容包括尊朝廷、敬祖宗、孝父母、和兄弟、嚴夫婦、訓子孫、隆師儒、謹交遊、聯族黨、睦鄰里、均出入、戒遊惰十二面的價值與倫理，主軸離不開是對敬祖敦親、睦族和鄉、隆師親友、勤儉持家、戒遊戒惰等道德的重申。[2]

一、尊朝廷

○太平之世，聲教覃敷。誼降軒冕，恩徹泥塗。
○普天率土，莫不沾濡。矧吾陳宗，被澤尤殊。
○金門錫爵，玉冊蠲租。稽顙頓足，鼓腹含哺。
○何以仰答，遠著宏謨。出勵名臣，處為碩儒。
○安吾作息，急乃公輸。揚詡大化，嬉游唐虞。

二、敬祖宗

○陳氏先代，淵流宏遠。冥索遐稽，彌深繾綣。

○德為疇立，功為孰建。宜都以來，滋培不淺。

○司馬參軍，日惢流衍。補闕才高，秘監聞顯。

○著作賢嗣，廬峰絕巘。徙乎江州，始基是踐。

○自斯而遙，其緒日展。俎豆勿忘，咸相黽勉。

三、孝父母

○父母生我，鞠育劬勞。顧複之恩，自少而耄。

○幾經艱難，以養以教。冀其克遂，悲喜相交。

○興言及此，中心如刀。謂地蓋厚，謂天蓋高。

○跼蹐無報，徒屬裏毛。遐思古人，其樂陶陶。

○養惟其志，不惟其肴。致其慕者，涕泣而號。

2 原註：此家範十二則，舊譜失載，今從上保宣公房老譜查出，敬錄於此，吾宗人尚其寶諸！光緒十二年（一說十六年）六月，茂昭公派下邑庠生品金鼇識。

四、和兄弟

○鶺原志喜，雁序分行。維禮與詩，蓋有明章。

○矧躋聖世，躋乎虞唐。荊花紛馥，接葉聯芳。

○塤篪韻協，手足相將。和樂且耽，庶順高堂。

○追維先代，厥有二方。惟其難也，實至名彰。

○無歌偏及，以致缺戕。千古以來，被止眠薑。

五、嚴夫婦

○人倫伊始，兆自閨門。陰陽之義，互古常尊。

○好合可樂，狎昵宜悛。正位內外，各以其分。

○雞鳴致警，戒旦時聞。以樂鼓鐘，以友瑟琴。

○梁妻舉案，冀婦如賓。惟鴻與缺，道行於身。

○不知其然，地褻而親。脱輻至矣，則又何雲！

六、訓子孫

○緊維義族，後起聯翩。蘭含春媚，桂馥秋妍。

○何以栽培，護其性天。巍巍楨幹，飽乎雲煙。

○農畝有徑，詩書有田。耕食鑿飲，為誦為弦。

○終身遠到，基於少年。循矩斯方，受規則圓。

○非規非矩，遺羞昔賢。父兄之教，在所宜先。

七、隆師儒

○聖賢至道，孰與為明。千秋統緒，任在儒生。
○發聾啟聵，鼓振金鳴。石渠白虎，木鐸傳聲。
○惟其義備，斯感至情。遊揚二子，立雪於門。
○蘇章千里，不憚遙程。跋涉艱楚，負笈而行。
○吾陳東佳，無鶩乎名。隆寵師儒，以集群英。

八、謹交遊

○人生所忌，處獨居幽。慧無與發，思無與抽。
○士農工賈，惟其匹儔。或出或處，氣類同求。
○戒勿如已，比匪非仇。聲氣是詡，他日為憂。
○與其為濫，無寧隘收。金蘭善譜，不類盟鷗。
○少壯一諾，終當白頭。風雨契闊，致意繆綢。

九、聯族黨

○江州一族，異流同源。閱十一世，和處笑喧。
○非吾伯叔，即我弟昆。長幼上下，無寒無暄。

○馳驅皇路，退伏高原。咸敦一脈，豈有嫌言。
○二百餘口，饔飧同軒。時勤課教，李篤訓勉。
○有才足論，有動與展。何疏何戚，門庭欣然。

十、睦鄰里

○古者八家，同井相助。由近而遠，情誼攸著。
○為鄰為里，居遊與聚。疾病相持，死喪與赴。
○患難憂危，戒驚恐懼。謦欬歡逢，壽考媾娶。
○伏臘周旋，心融情豫。歲酒同甘，烹宰飽飫。
○闐闐里閭，倒屣解屨。詩稱洽比，般其景慕。

十一、均出入

○生財之難，期其互足。制用有經，積施相續。
○積而不施，施而不轂。侈靡吝慳，均為薄俗。
○生齒雲多，資用繁縟。老疾賓祭，其敢不肅？
○以贍耕稼，以資誦讀。家庭內外，持籌僕僕。
○惟均惟平，度其盈縮。乾餱以愆，為汝曹勖。

十二、戒遊惰

○凡人之生，疇無擔荷。均在四民，責無敢墮。

○行必期為，志惟務果。奮進而前，猶不與我。

○矧其嬉遊，而敢偷惰。即歷艱危，無挫坎坷。

○丈夫志雄，磅礴磊砢。進止帷幄，了如觀火。

○何乃自戕，手足委彈。家範諄諄，各為佩左。

閱讀陳氏家訓、家規、家範，就像觀賞一幅具體及完備的家族倫理圖卷。

第四節 司馬光《家範》

北宋名臣司馬光（一〇一九—一〇八六）的治家大典《家範》（又名《司馬溫公家範》），與《顏氏家訓》同被視為中國傳統家訓之典範，對後世的家訓及家庭倫理影響至深（陳延斌，二〇〇一）。《家範》乃一宏大作品，共十卷，十九篇，中心思想是齊家為治國之本，分別就治家，對祖、父、母、子上、子下、女、孫、伯叔父、侄、兄、弟、姑妹、妻上、妻下、舅甥、舅姑、婦、乳母等之間之人倫關係作規範，是一部古代中華治家寶典。事實上，中華家訓史中，鮮有如《家範》如此細緻全面地詳論家族成員之間的倫理關係的家規。《家範》列舉了不少的歷史案例、人物事蹟、聖賢語錄、修身格言，例如，卷三之「父母篇」中引用了數十個賢母教子的事例，卷四「子上」及卷五「子下」則列舉四十多個孝子故事；卷十的五篇用了親屬及夫妻妾之間的倫理，令《家範》易於理解及學習，成為實用之家族倫理指南。[3]

1《家範》

《家範》視齊家靠禮法：「治家莫如禮」。禮法之內涵是：「君令而不違，臣共而不二，父慈而教，子孝而箴，兄愛而友，敬而順，夫和而義，妻柔而正，姑慈而從，婦聽而婉，禮之善物也。……是故聖人教之以禮，使之知父子兄弟之親。人知愛其父，則知愛其兄弟矣；

愛其祖，則知愛其宗族矣。如枝葉之附於根幹，手足之系於身首，不可離也」。

齊家是治國的前提，國治必先家齊，是儒家修齊治平之道。

○治國必先齊其家者，其家不可教而能教人者，無之。

○聖人知一族不足以獨立也，故又為之甥舅婚媾姻婭以輔之，尤懼其未也。故又愛養百姓以衛之。故愛親者所以愛其身也，愛民者所以愛其親也。

○故自古聖賢，未有不先親其九族，然後能施及他人者也。

2《居家雜儀》

司馬光的《居家雜儀》假託居家日常人倫互動應有的禮儀，制定族人共同遵守的行為守則。《居家雜儀》短小精悍，容易了解，易於執行，與《家範》兩者配合成為完備的家族倫理通鑑。其後朱熹將《居家雜儀》納入《家禮》之內，其後上千年間，隨着《家禮》的影響力日隆，《居家雜儀》成為無數家族建構家法族規的藍本。[4]

《居家雜儀》倡禮法之要：「凡為家長，必謹守禮法，以禦群子弟及家眾。分之以職，

3 司馬光《家範》（ctp:work:wb762128）著作資料，中國哲學書電子化計劃。https://ctext.org/searchbooks.pl?if=gb&searchu=ctp%三Awork%三Awb762128，下載於二〇一六年十月廿三日。

4 司馬溫公《居家雜儀》亦有網路版，見「經學頻道」，http://zhonghuawm.com/content13lp1606，下載於二〇一六年十月廿三日。

授之以事，而責成其成功」。重理財、倡節約、去奢華、量入為出、積米防飢：「制財用之節。量入以為出，稱家之有無，以給上下之衣食，及吉凶之費，皆有品節，而莫不均一。裁省冗費，禁止奢華，常須稍有贏餘，以備不虞。」

父母對子女的教養，愛與教齊施，兩不偏廢：「自古知愛子不知教，使其多危辱亂亡者，可勝數哉！夫愛之，當教之使成人。……愛而不教，使淪於不肖，陷於大惡，入於刑辟，歸於亂亡，非他人敗之也，母敗之也。」

○ 以義方訓其子，以禮法齊其家。

○ 聖人遺子以德以禮，賢人遺子孫以廉以儉。

《居家雜儀》中，子女對父母，卑幼對長輩，起居生活包括蓄私財、侍奉尊上、閑居、外出、父母有疾、父母有過、父母所愛等各方面，有清晰的禮節要遵守，而貫穿其中的是孝順及服從。相關的禮節摘引如下（費成康，一九九八，頁二五五—二五九）：

○ 凡諸卑幼，事無大小，無得專行。必諮稟於家長。

○ 凡為子為婦者，毋得蓄私財。俸祿及田宅所入，盡歸之父母舅姑。當用，則請而用之。不敢私假，不敢私與。

○ 凡子事父母，孫事祖父母同。婦事舅姑，孫婦亦同。天欲明，咸起，盥洗手也。潄櫛梳頭，總所以束髮，具冠帶。昧爽，天將明也。適父母舅姑之所，省問。此即禮之晨省也。父母舅姑起，子供藥物。藥物乃關身切務。人子必當親自供進，不可但委婢僕。婦具晨羞，俗謂點心。供具畢，乃退，各從其事。將食，子婦請所欲於家長。卑幼各不得恣所欲。退具而供之。尊長舉筯，子婦乃各退，就食。丈夫婦人，各設食於他所。依長幼而坐。其飲食必均一。幼子又食於他所。亦依長幼，席地而坐。男坐於左，女坐於右。及夕，食亦如之。既夜，父母舅姑將寢，則安置而退。此即禮之昏定也。

○居閑無事，則侍於父母舅姑之所。容貌必恭，執事必謹。言語應對，必下氣怡聲。出入起居，必謹扶衛之。不敢涕唾喧呼於父母舅姑之側。父母舅姑不命之坐，不敢坐。不命之退，不敢退。

○凡子受父母之命，必籍記而佩之。時省而速行之。事畢，則反命焉。或所命有不可行者，則和色柔聲，具是非利害而白之。待父母之許，然後改之。若不許，苟於事無大害者，亦當曲從。若以父母之命為非，而直行己志，雖所執皆是，猶為不順之子，況未必是乎。

○凡父母有過，下氣怡色，柔聲以諫。諫若不入，起敬起孝。悦則複諫。不悦，與其得罪於鄉黨州閭，寧熟諫。父母怒，不悦，而撻之流血。不敢疾怨，起敬起孝。

○凡為人子者，出必告，反必面。有賓客，不敢坐於正廳，或坐書室。無書室，坐於廳之旁側。升降不敢由東階。上下馬。不敢當廳。凡事不敢自擬於其父。

○父母有疾，子色不滿容。不戲笑，不宴遊。一切不得如平時，甚則不交睫，不解衣，舍置餘事。專以迎醫檢方合藥為務。疾已，複初。

○凡子事父母，父母所愛，亦當愛之。所敬，亦當敬之。至於犬馬盡然，而況於人乎。

○凡子事父母，樂其心，不違其志。樂其耳目，安其寢處。以其飲食忠盡己之為忠，養之。幼事長，賤事貴，皆仿此。

《居家雜儀》規定，兒子的妻子若對父母孝敬不夠，先教後懲，嚴重者被逐出家門。

凡子婦未敬未孝，不可遽有憎疾，姑教之。若不可教，然後怒之。若不可怒，然後笞之。屢笞而終不改，子放婦出。然亦不明言其犯禮也。

《居家雜儀》對居庭內的空間使用及活動有嚴格規定，誰人可用某區，誰人不能入哪處，都各有規矩，反映家族中上下尊卑男女主僕間的等級對待。

凡為宮室，必辨內外。深宮固門。內外不共井，不共浴堂，不共廁。男治外事。女治內事。男子晝無故不處私室，婦人無故不窺中門。男子夜行以燭。婦人有故，出中門，必擁蔽其面，如蓋頭面帽之類。男僕非有繕修，及有大故，謂水火盜賊之類。不入中門。入中門，婦人必避之。不可避，亦必以袖遮其面。女僕無故，不出中門。有故出中門。亦必擁蔽其面。小婢亦然。鈐下蒼頭，但主通內外之言，傳致內外之物。毋得輒升堂室，入庖廚。

《居家雜儀》亦對僕妾的工作有詳細的規劃，對男僕女僕的獎懲，去留分別有不同的對待。

○凡內外僕妾，雞初鳴，咸起。櫛，總，盥漱，衣服。男僕灑掃廳事，及庭。鈴下蒼頭，灑掃中庭。女僕灑掃室堂。設椅桌，陳盥漱櫛靧洗面之具。主父主母既起，則拂床襞衾。侍立左右，以備使令。退而具飲食。得閒，則浣濯紉縫，先公後私。及夜，則複拂床展衾。當晝，內外僕妾，惟主人之命。各從其事，以供百役。

○凡女僕，同輩兄弟所使。謂長者為姊。後輩諸子所使。謂前輩為姨。務相雍睦。其有鬬爭者，主父主母聞之，即訶禁之。不止，即杖之。理曲者，杖多。一止一不止，獨杖不止者。

○凡男僕，有忠信可任者，重其祿。能幹家事者，次之。其專務欺詐，背公徇私，屢為盜竊，弄權犯上者。逐之。

○凡女僕，年滿不願留者，縱之。勤奮少過者，資而嫁之。其兩面二舌，飾虛造讒，離間骨肉者，逐之。屢為盜竊者，逐之。放蕩不謹者，逐之。有離叛之志者，逐之。

第五節 朱熹《朱子家訓》

南宋大儒朱熹（一一三〇—一二〇〇）所制的《朱子家訓》，又稱《紫陽朱子家訓》，又是另一部中華家訓的瑰寶。家訓字數雖短，然字字珠璣，彰顯五倫之至德，同時反映帝制中華的核心倫理價值。若撇除家訓中一些不合時宜的陳舊道德教條，家訓中仍有不少值得保留的歷久彌新的為人處事道理。

○君之所貴者，仁也。臣之所貴者，忠也。

○父之所貴者，慈也。子之所貴者，孝也。

○兄之所貴者，友也。弟之所貴者，恭也。

○夫之所貴者，和也。婦之所貴者，柔也。

○事師長貴乎禮也，交朋友貴乎信也。

○見老者，敬之；見幼者，愛之。

○有德者，年雖下於我，我必尊之；

○不肖者，年雖高於我，我必遠之。

○慎勿談人之短，切莫矜己之長。

○仇者以義解之，怨者以直報之，隨所遇而安之。

○人有小過，含容而忍之；人有大過，以理而諭之。

○勿以善小而不為，勿以惡小而為之。

○人有惡，則掩之；人有善，則揚之。

○處世無私仇，治家無私法。

○勿損人而利己，勿妒賢而嫉能。

○勿稱忿而報橫逆，勿非禮而害物命。

○見不義之財勿取，遇合理之事則從。

○詩書不可不讀，禮義不可不知。

○子孫不可不教，童僕不可不恤。

○斯文不可不敬，患難不可不扶。

○守我之分者，禮也；聽我之命者，天也。

○人能如是，天必相之。

○此乃日用常行之道，若衣服之於身體，飲食之於口腹，不可一日無也，可不慎哉！

《朱子家訓》內涵的基本倫理原則，是家族治家的規範框架。相比之下，朱子另一巨構《家禮》集中於家族中的冠、婚、喪、祭四項人生大禮的具體規劃，並無對五倫之間的倫理規範作全面的規定。《朱子家訓》及朱子《家禮》兩者合起來，構成完整的治家寶鑑。事實上，從禮治的角度而言，《家禮》是傳統社會的家族禮節的範本，影響極為深遠，朱子故里的徽州，《家禮》的影子在家族族譜族規家訓中隨處可見。

第六節 浦江鄭氏義門《規範》

鄭氏家族源出河南滎陽，自南宋寶慶三年（一一二七年）開始聚居，到明代天順三年（一四五九年）因火災而分居，同居共十三代，歷時三百三十二年之久；明太祖於洪武十八年（一三八五年）賜封為「江南第一家」。一個家族能持繼超過三百多年不分家的聚居，反映了家族超常的內部凝聚力，而影響此凝聚力之主要因素，鄭氏家族的家法族規應是其中之一。在漫長的歲月中，鄭氏族規因應時代變遷作了不斷的更新修訂。鄭氏家族共居六代時，鄭氏初制定《規範》五十八則，其後第七代子孫作《後錄》七十則，第八代子孫制《續錄》五十餘則。明初，宋濂將以上三個版本整合為《鄭氏規範》共一百六十則（費成康，一九九八）。跟其他著名的家訓一樣，《鄭氏規範》成為傳統中國家法族規的典範，為後代不少的家族制定家法族規時重要的參考藍本（安國樓，二〇〇五）。《鄭氏規範》內容包羅萬象，族中大小事務，包括宗祠、祖墓、祭祀、族產、尊卑、族人職責、做人禮儀、日常生活等都各有規條。[5]

5 《鄭氏規範》篇幅大，不予引述，規範文本，參考費成康，一九九八，頁二六八—二八四，或鄭定漢，〈家規族約，浙江浦江鄭義門《鄭氏規範》〉，（二〇一五年八月二十三日），http://blog.sina.com.cn/s/blog_620fc4080102wkvb.html，下載於二〇一七年四月十日。

第七節 范仲淹《義莊規矩》

在中華家族史上，義莊的創製在完善家族制度上扮演一個重要角色。而創制義莊者正是宋代名臣范仲淹（九八九—一〇五二）。皇佑二年（一〇五〇年）范仲淹返回原籍居地蘇州，將收到的一千多畝地租用來援助族人，並制定《義莊規矩》，管理義莊事務。范氏二子宰相范純仁，三子尚書右丞范純禮因應時代改變，續增義莊規條，完善其管理，令義莊持續不衰八百餘年，其規矩得到皇帝支持，影響力很大，成為日後其他家族建立義莊的楷模，間接開創了民間社會福利救濟的傳統。從家法族規的角度而言，《義莊規矩》亦豐富了族規的內容，擴展了族人之間的倫理關係與義務。

按《義莊規矩》，義莊對族人的援助，大致集中在供給衣食，借住義宅，借貸；婚嫁喪葬費用，科舉費之支助，《義莊規矩》有以下的規定：[6]

（1）口糧：凡是族人，每天可以領一升白米的口糧，糧是一月一領，即每次領三斗。米要保證是白米，如果是糙米，加領二成。每一房還可以領一個奴婢的口糧。

僕人有兒女，在范家服役十五年，年齡已到五十歲的，也按口領米。范家子弟有外出做官的，不能領口糧，但如丁憂（憂）、候選在家，或者在邊疆做官而將家屬留在鄉里的，照常支領口糧。

6 馮爾康，〈范氏義莊的公產生活，去古人的庭院散步〉，第十二節，http://www.saohua.com/shuku/fengqing/t012.htm，下載於二〇一七年二月二十日。

（2）衣料：每年冬天，一人領絹一匹，五至十歲的兒童領半匹。
（3）婚姻費：凡嫁女的領錢三十貫，這個女子若第二次出嫁，再領二十貫。凡娶媳婦的領錢二十貫，若第二次娶親就不能再領。
（4）喪葬費：族人死亡，按其輩分領取安葬費，尊長喪支領二十五貫，次長喪十五貫，十九歲以下卑幼喪七貫，十五歲以下三貫、十一歲以下二貫，七歲以下及奴婢均不能領取。
（5）科舉費：族人取得大比資格的，可領路費十貫，第二次大比，再領五貫，若無故不赴試，已領之錢交還義莊。後因物價上漲，增加給錢數目，以使「子弟知讀書」之美。另外，義莊設有義學，請本族有功名的人教育本族子弟，並給教授者束修。
（6）借住義莊房屋：義莊設有義宅，供族人借居，若房舍需要修理則自行設法，如果本人確實貧乏無力修繕，從義莊領錢修葺。若本人有餘力，在義宅地內建造房屋，聽其自便。
（7）借貸：族人一時急用，可向義莊告貸，但不得經常借，且要到時償還。若不能歸還，也不扣他的月米，以保證他的基本生活。

原規矩主要是對族人生活資源的接濟，未有涉及懲罰條款或倫理規條，但到南宋寧宗嘉定六年（一二一三年），范仲淹六世孫范良在《續定規矩》中加入對諸房不肖子弟（犯了奸盜、賭博、鬥毆、陪涉及欺騙善良等惡行）的懲罰，包括不發月米一年，再犯者除籍，永不支米。若犯者仍長惡不悛，族人會告官，要求將之驅逐出鄉。清代，范氏義莊進一步加強道德教化，《主奉能濬增定規矩》中提出「優老」條款，讓六十以上族中長者領取雙份乃至五份的米糧資助、同時亦獎勵守節寡婦，按其守節年限領取雙份乃至四份米糧資助，至於未能堅持守節、「失志不終者」，則不予資助（王衛平，二〇〇九）。

第八節　家法族規懲惡

家法族規對違反族規的族人予以懲處，是有效阻嚇族人違規犯法的機制。用懲罰誘因來約束或導引族人守規遵法，是一種道德控制。族規內臚列不少過失或越軌行為，因應過失或越軌行為的嚴重性配置不同程度的懲罰。對較輕的越軌行為，族規多以叱責、警告、立誓、罰祭、記過作為懲罰；亦有用請罪、貶抑、標示、掛額、押遊、共攻等方式來懲戒過失者（費成康，一九九八）。一般而言，家法族規使用禁戒的負面誘因，超過用規勸的正面誘因；換言之，為了令族人去惡，族規所依賴懲罰方式之多，遠勝於勸喻族人為善的方式。下面簡述各種懲處方式的內涵。

1. 叱責多施於輩分低的有過失的族人，家長房長族長對過失者當面叱責。過失稍重者由族長在宗祠內加以面斥。
2. 警告是向過失者重申族規，警告其不要再犯。
3. 立誓是要過失者在祠堂的神龕前下跪叩頭，立誓不再犯規。
4. 罰祭是要過失者在祖墓前思過認錯。
5. 記過是將過失者的姓名記錄在祠堂的粉牌上，通告族眾。或將其姓名記錄在祠堂祖宗神龕前的功過簿上。
6. 請罪是過失者向祖宗及族人登門請罪。

7. 貶抑的方式包括不讓過失者參與族中任何吉凶事，在日常生活中對過失者予以杯葛，像對待陌生人般對待，或將之視為透明人，不予理會。
8. 標示是在祠堂前或公共場所公告過失者的罪狀，讓族人知道過失者犯的罪行。對忤逆子孫，有些家族將寫上「不孝之家」之匾額掛在家門口，讓過路人看。
9. 押遊是族人押着過失者在城鎮中遊街示眾。
10. 共攻是針對過失較重但不服管教者，族人鳴鼓召集族人，當眾宣讀其罪狀，由族眾共同聲討譴責。

族規的罰則亦有涉及對過失人財物或體力的懲處，罰款數量之多少視乎過失之大小。罰物之外，過失者被罰役：罰修宗祠，罰刻祖墓的碑碣，罰修宗譜，罰請酒席等。賠償：損壞，挪用，濫用族產，宗祠或義莊公費，都得悉數賠償。若有擅自放置私人物件在祠堂，私物會被充公。有族規對為盜賊的族人行使嚴厲的懲處，將其房子拆毀以示懲戒。

有些族規對重要的過失施予體罰，包括杖責：用棍棒打過失者，次數多少視乎過失輕重，也有用皮鞭荊枝來打過失者的；或使用枷號，將過失者禁閉在寫房裏一個月到三個月不等；或用礅鎖，在過失者腳上戴上鎖鏈，鎖鏈連着沉重的石礅。

有些族規用剝奪過失者的身份作為懲戒，包括斥革：剝奪過失者擔任族內某些職位的資格，消除其某些族權，例如選舉權或被選舉權；或禁止過失者入祠堂參祭，或不許入祠，或革除輪流管理祭田祠產的職務等。此外，還可刪除過失者的族內福利，包括革胙：在祠祭後禁止過失者領取祠胙物；罰停：短期，長期或永久終止過失者由族人發放的綿、米、旅費等福利。

對於嚴重過失者(如不孝、淫亂、盜匪)族規的懲罰是極為嚴厲的。革譜：將過失者的名字從族譜中刪除，這等於將其排斥於家族之外，不承認其為族人。過失者同時失去其所有的族權及福利，有些族規連同過失人的子孫都一併視為族外人。在一般情況下，革譜等同於出族。

有些族規更有極刑的懲處，剝奪過失人的生命。有族規對如淫亂等的罪行，施予相當殘酷的刑罰，包括強制過失者自盡，等於要過失人被自殺；或私下執行絞刑，或將過失人繫上大石塊扔入河中淹死；或將過失者活埋。這些私下奪人性命的懲處，在今天重視人權的社會看來是極為殘忍及不文明，但在傳統社會中卻存在的。

王劉慧珍著的《傳統的中國族規》(一九五九)一書，是早期英語出版探討中國族規的著作，書中將民國時期一九一二年至一九三六年的一百五十一個宗族中半數以上的族規所要禁制的行為，歸納成以下八種：對族人的不規行為，與訴訟有關的不規行為(一百個宗族)，不悌不友(九十七個宗族)；遊蕩或從事賤業(九十個宗族)；對族產不規行為(八十九個宗族)；賭博(八十四個宗族)；婚嫁中的過失(七十六個宗族)；子孫不孝(七十一宗族)(表格見費成康，一九九八，頁一二六—一二七)。費成康(一九九八)就隨機抽樣的二十份清代族規的分析，發現被重罰的行為有五種：姦淫亂倫(九個宗族)、不務正業(九個宗族)、不孝不悌(七個宗族)、偷盜搶劫(七個宗族)、破壞祖墓(四個宗族)。

《合江李氏族禁》的族規用禁以圖阻塞族人惡行，重禁輕勸。族禁六條如下(費成康，一九九八，頁三五〇—三五一)：

○禁當差：皂、快、壯各班，門子、禁、卒、捕役、仵作，子孫不得充當，違者屏勿齒，譜削其名。（不能同列或不與同列，表示鄙棄）

○禁為匪：盜竊誘拐，辱宗甚大。

○禁入會：哥老、添弟、放飄、結盟、拈香等匪幫會。

○禁從教：白蓮、聞香、燈花皆被視為邪教，不可學習信從，宜守孔孟之規。

○禁出家；不能當僧為道。棄父母祖宗。

○禁自賤：優伶等諸樂戶、生、旦、淨、丑、末，均系下流，而娼妓更甚。宜世保清白，不得自甘下賤，違者譜削其名。

族規中亦有兼顧勸善及去惡的目的，制定了平衡的正面誘因及負面透因。《安徽壽州龍氏家規》內明確分開勸善及懲惡兩個部分，是少數將控制族人的正面誘因及負面誘因表達得清楚的家規。家規條列的小引明示：「用德用威，巨典行於盛世；有賞有罰，隆義著於名門」及「欲勸勉以鼓賢良，務先立法思懲戒。」（費成康，一九九八，頁三三五—三四一）

家訓勸善十二條：敬祖先，孝公母，隆師長，宜兄弟，正閨閫，慎交遊，尚勤儉，睦宗族，務讀書，重節孝，勤職業，崇陰騭。

家規懲惡十條：戒忤逆，凶橫，賭博，酗酒，盜竊，強葬，伐蔭，邪淫，抗糧，爭訟，輕佻，刻薄。

第九節 家法族規的道德控制

道德控制是指人們在集體生活中用道德規則來約束及指引成員的行為，協調群體互動，及建立尊卑上下的倫理結構，以達致團結合作，穩定和諧的秩序，有利於集體的生存與發展。家族的生存的前提，必須辨認哪些是有利集體生存的行為，哪些是有害於生存的動作，並制定機制來維護或鼓勵有利行為，消滅或壓抑不利動作。助長有利於生存依靠正面回饋手段，包括嘉獎、公開表揚、在祠堂的善籍內記錄善行、樹立牌坊、在族譜上記載好人好事等。壓抑不利行為用負面回饋方式，包括規勸、說服、斥責、訓示、杯葛、記過、罰跪、體罰、禁閉思過，甚至驅逐出族，或在族譜中除名等來對違規者作出懲處。族人制裁惡行，獎勵善行都得依循家訓家法族規，並由族人自行執行。視乎不同族規的規條，懲處多是強制性的，不管犯事者願意或不願意接受懲罰也得執行。有些族規就小過失則讓犯事者自行懲處自己，不用他人強制執行，只有犯事者不執行罰則，族人才強制執行。一般認為，道德控制是非強制式控制，但這不代表全部真實，依上文所言，不少家法族規的執行的道德控制可以是強制的。那麼，同樣是強制的執行，家族的道德控制與國家的法律控制或政治控制的區別，在於家族道德控制是家族自行制定規則及自行執行規則，不必借助任何外力（特別是公權力）介入的；國家的政治或法律控制是用家族以外的國家法律或政治規則，由官員來執行公權力來完成的。

將道德視為控制可能會引起一些人的不快，因為人們容易會將控制視為負面的東西，視被控制是不好的，但道德的執行本身就包含着控制的元素卻是事實。控制包含着將被控制者限制在某個範圍之內，依某個目的前進，或依某種方式運作，或具備某種性質或結構或傾向等。例如，人們製造機器就是為了控制，機器是對生產各種產品的更好的控制，建屋搭橋無不是對自然環境作出控制。性能良好的車子代表了優良的控制系統，治理良好的社會對治安反映了良好的控制。人們要達到不同的特定目的，都要作規劃及適當的控制。控制有正面的意義，不是只有負面的意義。道德控制不一定是壞事。其實，控制可分良性及惡性。道德是關乎人們善惡是非的行為，導人為善，勸人去惡也涉及控制。道德跟其他有意向性的行為一樣，都具有本身的目的及配套的控制，以達成目的。良性的控制是，被控制的對象是能發揮其自由意志，知情同意的狀況被控制。惡性的控制是被控制者被壓制個人自由意志，或在欺騙隱瞞或威嚇的手法下接受控制。另一方面，良性控制的手段目的具備正當性，惡性控制的目的與手段都不正當。依以上的區分，良性的道德控制是可以接受的。明乎此，我們不應對道德是控制這個提法產生過度的負面情緒抗拒，而道德控制亦不是什麼離經叛道的事了。傳統家族的威權下，個人意志難以發揮，知情同意極為稀罕，因此傳統家規的道德控制是惡性的遠超於良性的比較接近事實。

就歷史證據上，從家訓族規的目的及執行中，可以清楚地看到道德控制的足跡。古徽州是傳統中國的典型宗族社會，隨處可見家族如何通過家訓族規對族人作道德控制（陳瑞，二〇〇七a，二〇〇七b）。首先，從家訓族規的內容分析，徽州家族族規都以大儒朱子之教為教，朱子之學為學，將三綱五常，存天理、去人欲奉為族規的道德綱領，善惡之本。很多族規都將忠孝置於至高無上之位置，崇孝為百行之先，視忠為大孝，忠孝兩全是人生最高理想。此外，族規叮囑子弟要科舉入仕，報效朝廷，揚名父母，為族爭光。族規亦強調上下尊卑長幼有序的人倫秩序，要族人切實遵從，不得踰越。再者，崇尚禮法，很多徽州族規都納入《朱子家禮》有關四大家禮的規條，使族人在冠、婚、喪、祭時有所依從，淳化風俗，禮化鄉里。還有，抑惡揚善，族規列出善行，如忠、孝、節、義，並敦促族人遵守，惡行如忤逆、姦淫、盜賊、兇暴等，則予以斥責，要族人戒之。族規為善惡劃出界線，勸誡族人不得踰越。

徽州家族族規對族人的道德控制亦表現在對職業的控制上。不少的族規家訓都含有子孫擇業的規條，有些還配合相關的違規懲罰，子孫若從事族規禁止的行業會受到懲罰。對擇業選擇的控制其實是對人生發展重要的實質控制。不同的家族規限子弟擇業規條的表述都大同小異，經常出現在勸學、勸業、勵學等規條之內，例如，家訓族規都勸勉子弟務正業，而所謂正業者，士宦之家是指讀書入仕，庶民之戶則指耕作務農。而士農工商四業中，社會視士農為上，工商為下。這充份反映耕為衣食的本源，讀乃聖賢之根柢的傳統。有些家族將四業擴大為士、吏、農、工、商、貿、醫、卜八業。被禁止的行業稱為賤業，包括娼優、卒、奴等。出家做和尚、尼姑或當道士都被視為擇業不當，受到懲罰。

家訓族規無一不重視教育子弟，例如，《歙縣池墩朱氏宗譜》內的《宗範八則》就這樣教誨子孫：「繼祖宗而立門戶，子孫也。子孫之賢否，門戶之隆替因之不教，是貽衰敗也。故教之以孝悌，使知根本。教之從師，以知禮義。教之耕，使知稼穡之艱。教之讀，使知顯揚之道……」（費成康，一九九八，頁八八）

族規的勸學不單是道德的規勸，還提供實質財務之補助，資助族中清貧子弟，如《宗約二十二則》：「族中子弟有雋異天資，無力讀書者，讀論，孟時，每歲修金足錢一千二百文。

讀五經，貼一千八百文。作文者，貼筆墨費三千文，如苦志攻書而無力與考者，酌補盤費。進學者，喜金足錢三千。鄉試者，貼盤費十四千，中試者喜金二十千。所以勸學而重科名也。」（費成康，一九九八，頁八八）又如《茗州吳氏家典》：「族中子弟有器宇不凡，資稟聰慧而無力從師者，當收而教之，或附之家塾，或助以膏火，培植得一二個好人作將來模楷……」（費成康，一九九八，頁八八）

傳統中國社會，族譜及其編寫又是一種社會及道德控制。家訓族規是族譜之一部分，族譜的社會及道德控制令族規的控制效應加強。再者，大家族的頭人都是村內的鄉紳，對社會具有大的影響力，加強了族譜的控制功能，亦維繫及助長了深植於中國社會的家長制歷久不衰，深深影響着華人的個人人格、心理、行為、價值觀，及群體心理行為與價值取向。先論鄉紳的角色，再談族譜。

古代中國，國家與基層之間存在巨大的權力空隙，朝廷的治理僅到達縣級，縣以下就是幅員廣闊的農村，官府治理基層不得不依賴鄉紳力量，而鄉紳都是大家族的族長，地方有名望的士宦巨賈。朝廷官員執行地方政務：催稅、賦役、救災、扶貧、防盜、息訟、沒有鄉紳的援手及協助，官員是無法有效完成政務的。再者，鄉紳具備財力，人脈及文化水準來擔當這民間地方治理角色，因此受到官員之倚重；這種關係為鄉紳在地方帶來威望，受鄉民的敬畏及仰慕，助長其權威。鄉紳因此順理成章成為地方領導。另一方面，族長是大家長，具無比的權威，族眾必須尊敬及順從他。宗族社會就是家長制社會，宗族社會的意識形態是家族主義，家長制與家族主義是銅幣的兩面。中華文化之家族主義根深蒂固，一直延續到今天仍到處可見。

族長在地方擁有莫大的權威，族長作出的決定，無人敢質疑或不服。祠堂是家族最受尊崇的地方，最高負責人是族長，折射出族長之權威及領導地位。一族之長或是宗子或是族長，宗子是由族中長房長子來擔任，是宗法制的規矩，但宗子不一定有功名。族長是由族人推舉有文化或功名受人尊敬的族人擔當，通常宗族都由族長而非宗子來擔任領導人。族長權力很大，族中大事如祭祀及編修族譜，制定家法族規祠規等都是由他主持的，此外排解族人紛爭，對違反族規的族人作仲裁及施予家法，都是族長的職能。徽州乃朱子故里，儒學盛行。家族崇尚儒學之忠、孝、節、義等禮節，族長乃儒學之士，自然以儒學禮節之本，制定家訓族規以教化族人，和睦鄉里。

有些家族為了加強族譜家法族規的權威性，悉力爭取官府的加持，在族譜上鈐印。例如，徽州《柳亭山真應廟方氏會宗統譜》就是一例。方氏族譜共印製了六十部，卷首蓋上了徽州府衙大印外，卷尾亦蓋上縣衙官印。有了官府的加持，方氏宗族在地方的權威更為鞏固（唐力行，二〇〇五）。

族譜對族人是有重大的控制力的，原因是族譜編修者有權決定誰人能上譜，誰人不能上譜。而上譜的準則，族譜的凡例中有明示。一般而言，凡被認為是不忠不孝者都不入譜，已入譜者可被削名。有些族規將出家子孫視為不孝而將之削名。有些族譜，如《桂林方氏宗譜》嚴格規定只有嫁娶名門望族者才能上譜。其他的例子，如《祁門方氏宗譜．凡例》有六不書的規條：棄祖、叛黨、刑犯、敗倫、背義、雜賤等，凡犯這六惡者都不能上譜的（唐力行，二〇〇五，頁二二四—二二五）。對照之下，族人凡獲功名者，或有突出表現者，族譜則為之立傳，大加表揚，推之為模範，供族人景仰學習。

鄉紳族長不只藉由編修族譜來體現對族人的控制，還可通過編製村志或鎮志來實施對鄉里的控制。誰可入方志，誰被表揚，名留青史，誰被貶抑，留得罵名，都繫於方志編者所選取的準則及背後的價值觀。因此，鄉紳的個人的價值觀實質地主導了地方歷史如何撰寫。徽州的地方誌和譜牒都有很多積善好施的各種義行記錄在如《義行傳》，《尚義傳》之內（趙華富，二〇〇四，頁三七五）。如果說國族史是由勝利者所撰的，那麼，說地方史或家族史為鄉紳所書的，同樣有一定的真確性。

宋儒程頤、程顥推崇家譜有收宗族厚風俗之功能：「管攝天下人心，收宗族，厚風俗，使人不忘本，須是明譜系，立宗子法也。」徽州家族用儒家禮法來做思想控制。《績溪宅坦村胡氏親遜堂明經胡氏龍井派祠規》（簡稱《祠規》）可說是徽州地區家法族規一個典型。《祠規》包含四個綱要：彰善四條：訓忠、訓孝、表節、重義；癉惡四條：忤逆、姦淫、匪賊、兇暴。職守四條：修祭事，訓祠首，保祠產，護龍脈；名教四條：振士類、厚風俗、敬耆老、正名份。十六條《祠規》大致涵蓋了宗族生存繁衍的大事，構成相當完備的行為規範框架。

歙縣澤富王氏宗族《宗規》分別對善與惡用行為加以界定。善行是指：「恤寡憐貧而周急，救災難而資扶，處事仁慈而寬恕，凡濟人利物之事皆是也。」惡行包括：「欺孤虐寡，恃富吞貧，陰毒善良，巧施奸偽，侮弄是非，恃己勢以自強，剝人貲以自富，反道敗德之事皆是也。」（趙華富，二〇〇四，頁三八二）。

義是大德，族規多加以勸喻族人重義。重義之義所指是什麼？依《武口王氏統宗世譜・庭訓八則》：「尚義者，審事幾揆輕重，非窮理盡性不能。」《明經胡氏龍井派祠規》：「仁者正誼不謀利，儒者重禮而輕財。」（趙華富，二〇〇四，頁三八二）

第十節　族規歧視的群體

傳統中國是等級深嚴的社會，上下尊卑，男尊女卑，長幼有序，親疏有別。徽州宗族對婦女及佃僕的控制尤為嚴厲，兩者均飽受歧視及惡待。家族內男女地位不平等，婦女處處受到不平等的對待及諸多不合理的規管控制。

1 嚴控婦女

《祁門方氏宗譜》的規條三十條中有三分之一是針對婦女的，管制規條尤為苛刻，婦女被視為次等族人。[7] 宗譜內的別夫婦、嚴嫡妾、訓諸婦、肅閨門、重婚姻、事舅姑、和妯娌、植貞節、防繼庶，節婚嫁等條目中都立下規條，對婦女日常的生活設下重重的行為禁制（趙華富，二〇〇四，頁三七二—三七四）。下面摘引《黟縣環山余氏宗譜》之《余氏家規》的有關管制女族人規條：

○閨門內外之防，最宜嚴謹。古者，婦人晝不遊庭，見兄弟不逾閾，皆所以避

7　詳情見唐力行，二〇〇五，頁二三九—二四四。

鎌而遠別也。凡族中婦女，見燈毋許出門，及仿效俗世往外觀會，看戲，遊山，謁廟等項，違者議罰。

○男不言內，女不言外，凡男子言辯有議及閨內，婦人有出堂媟言及閫外之事，議罰。

○女子年及十三以上，隨母到外家，當日即回，餘雖至親，亦不許往，違者重罰其母。

○婦人親族有為僧道者，不許往來。

《歙縣澤富王氏宗族宗規》更對家族之是否和諧共處，決定於家族中是否有賢婦：「家之和與不和，皆系婦人之賢否。其賢者，奉舅姑以孝順，事夫主以敬，待妯娌以溫和，撫子侄以仁愛，禦奴僕以寬恕……其不賢者，狼戾妒忌，恃強欺弱，搖唇鼓舌，面是背非，爭長競短，任意所為，以環家政……」

貞節條目規定：「婦人之道，從一而終，一與之齊，終身不改。」

第一條將家族和與不和的原因全歸於婦女身上，顯然是過於簡化的謬誤，忽略導致家族紛爭的其他原因，不夠客觀，極為偏頗。貞節、從一而終這類封建道德只適用於女方，男方則不用遵守；男方妻在仍可立妾，妻亡即可再娶，可是夫亡遺妻卻必須堅守婦道，保持貞節，男尊女卑的等級主義莫此為甚。貞節對婦女其實是一種不人道的對待，扭曲人性，造成不少的壓抑與悲劇。

不少族規對不遵守婦道的族人予以重罰，包括驅逐出家門，廢棄之。禁制之外，婦女受到不人道的對待莫過於強迫遵她們守貞節的要求。徽州向以程朱闕里，東南鄒魯自居，服膺儒家的三綱五常，崇尚朱子家禮，將餓死事小，失節事大奉為婦人為人之金科玉律，家族鄉里為守節的婦女立貞節牌坊，大加表揚讚譽，對失節者視為罪人，大加貶抑呵責。例如，族人對夫死改嫁者予以重懲，假借所謂族人的「公論」予以羞辱及批評，甚至將其逐出族門。《桂林方氏宗譜》的懲罰更為嚴厲：「**改志轉嫁者，雖有子，止書其子，不書其母姓氏，為失節故也。**」崇尚忠、孝、仁、義、信的徽州的儒學習俗，同時包含了貞節的陳腐道德，令婦女成為長期的受害者。不單如此，程朱子闕里上的豪門大族，卻將婦女貞節視為存天理滅人欲的完美實踐，不惜動用巨資，鐫刻《女兒經》、《閨範圖說》、《烈女傳》、《朱子家禮》等儒家經典，強化男尊女卑的思想，灌輸貞節倫理給婦女，要她們「心甘情願」接受不人道的對待。另外，又配合族人的「公論」，用群體輿論令婦女不敢越雷地於半步，乖乖就範。徽州社會長期使用這種姓別歧視的倫理，誤導及扭曲婦女之心智，壓抑其個性自由及打壓其行為，導致婦女心智及人身的長期依附，成為半人、順婦，製造無數的人間悲劇。這些被魯迅痛斥的「食人的禮教」，不知斷送及摧毀了多少婦女的人生，是儒家倫理內藏的無法抹煞的殘酷及偽善的黑暗元素。徽州境內到處樹立了婦女的貞節牌坊，歙縣境內的牌坊數量尤多，正是這殘酷歷史的鐵證。馳名中外的歙縣棠越鮑氏宗族牌坊群的七座牌坊有兩座是婦女貞節牌坊，黟縣西明經胡氏宗族已拆的十二座牌坊就有九座是節孝坊。直到清代末期，貞節牌坊仍不斷增加（趙華富，二〇〇四）。非常諷刺的是，不少徽州家族卻以此為家族之光！

2 惡待佃僕

受到不義對待的群體並不限於族內婦女，家族對佃僕多有不人道的對待。佃僕是一種兼具人身依附的租佃制度（鄒怡，二〇〇六）。佃僕制起源於東晉、南朝、隋、唐，盛行於徽州。佃僕替地主耕種主田、居住主屋、葬主山，與地主的主僕關係，經由契約或宗規家法確定，實為整個宗族的家奴，受族人任意使喚，地位卑微，介於奴僕與佃戶之間，受盡歧視。[8] 佃僕名稱很多，包括地僕、莊僕、莊人、住佃、莊佃、火（夥）佃、佃民、伴當、佃童等。佃僕有多種，一、家族的奴僕被釋放後轉為佃僕，二、因佃種地主或祠堂的土地而成佃僕，三、因住無居所而居住地主莊屋而為佃僕，四、因先人葬於地主山場而淪為佃僕，五、因入贅、婚配佃僕的妻女而淪為佃僕，六、因貧困賣身為佃僕。按族規或契約，佃僕與地主是主，佃僕為僕，一切聽從地主，起居飲食各衣着小節亦受到主人束縛與管制，無論遷徙，婚配都不能自主，不能參加科舉。佃僕經常受地主的田租、山租、高利貸等剝削，還為地主之家務提供免費勞力，協助地主之冠婚喪葬及日常生活勞動。

徽州人將佃僕視為異類，要嚴加分隔。「**嚴主僕之分，數世不更其名，一投門下，終身聽役……**」（唐力行，二〇〇五，頁二四四）。徽州地區佃僕受到壓迫及欺凌司空見慣，在日常生活中，佃僕只能站立階前，未經主子呼喚，佃僕是不准進入屋內的。佃僕幹的是粗活，生活艱苦，一旦為佃僕，子孫永為佃僕。尤有甚者，佃僕主子死去，佃僕要有主人靈前手捧煙筒、茶盅，作侍候狀。主子生前擁有佃僕，死後亦得聽從他。徽州家族對佃僕行不義視為正常，反映儒家禮教中仁義的差別應用的真相，仁義是普遍價值只是個假象。仁義是對大部分族人（婦女除外）無差別地應用，對非我族類則免談。這是建基在血親關係上儒家倫理的致命弱點，一直為儒家信徒有意地忽略或掩蓋。

8 佃僕與奴僕是有區別的。一，地主對奴僕具備無限制的人身控制，但對佃僕的有一定限制的；二，奴僕是主人之「物」，佃僕則是主人的「人」；三，奴僕以口為單位計算，佃僕有家庭，有私產，以戶來計算。參「佃僕制」，百度，https://baike.baidu.com/item/佃僕制，下載於二〇一七年九月二十日。

結語

家法族規為個人、家人、族人制定共同遵守的基本行為守則，約束及規範族人的行為。家是人類社會中最基本的自然群體，家法族規是以血緣為紐帶的群體規範。這套支撐着家長制的規範系統，不單長期維繫了帝制中華之社會穩定及秩序，同時反映了傳統社會的主流價值。二千多年以農耕文化為基礎的君主專制，與家長制有密不可分的關係。帝制下的君權文化促成及延續了家長制下的父權文化，家長制反過來又支撐及維繫君主專制傳統。完整成文之家法族規是擁有土地的豪門大族或士紳階層之專有物，不是尋常百姓家輕易擁有的資源。制定家法族規需要高層次的教育文化，佔人口絕大多數的文盲農民根本無能力制定家法族規。事實上，遺留下來著名的家訓、家法、族規、祠規，絕大多數都是士大夫或顯宦望族的家法族規，農民的成文家法是稀有物。

第三章

鄉規民約與庶民倫理

早在北宋時期，中國就出現了成文鄉約。鄉約即鄉村規約。依《說文解字》的解釋，「約，纏束也。束者，縛也」。鄉約乃同鄉人彼此約束的共同規約。依《辭海》，「鄉約」是「同鄉的人共同遵守的規約」[1]，正好反映這個意思。事實上，這份歷史上首出的成文鄉里之共同規約—《呂氏鄉約》還包含了互助共濟及道德規勸的倫理特色。鄉約必須被鄉民遵守，才不會淪為具文。意思是，有效的鄉約必涉及有效的執行，確保規約被遵守；而有效的執行需要執行者及配套的機制。基本上，《呂氏鄉約》的初衷是以倫理規約為主調，配予簡單組織性的安排，制定了執行職位，以協助規約的執行。總體而言，《呂氏鄉約》以規約元素為主，組織元素為次，但基本上是民間自主執行的。宋代以後的鄉約發展，規約內包含的組織元素愈來愈重。明代帝皇大力推廣鄉約，鄉約由民治變為半官治，或民治官治並行；另一方面，鄉約逐漸演變成基層的組織，因此鄉約的規範意義逐漸稀釋，組織意味愈彰。發展到清朝，鄉約更成為官府行政機構在民間的延伸，朝廷控制基層的工具（吳曉玲、張楊，二〇一二；劉篤才，二〇〇六 a，二〇〇六 b）。本章重點是民間倫理，主要取規範意義下的鄉約來審視古代民間集體生活的規範，不是對鄉約發展作歷史分析。

1 《辭海》，(http://dict.revised.moe.edu.tw/cgi-bin/cbdic/gsweb.cgi)

第一節　鄉規、民約

一般將鄉約等同於鄉規民約，但在學術界，鄉約是否等於鄉規民約曾引起爭議。有論者認為鄉約不等於鄉規民約，鄉約是指民間基層組織（鄉約本身是職位），而鄉規民約指鄉民共同遵守的規則（董建輝，二〇〇六，二〇〇八）。其實，鄉約自北宋藍田呂氏兄弟創制以來就有規約及組織兩種元素並存，問題是彼此的輕重隨時代變化而有所不同而已，同時，規約的民間性與官治性亦隨時代不同有強弱的差異（王日根，二〇〇三；張中秋，二〇〇四；牛銘實，二〇一六；朱鴻林，二〇一六；楊一凡，劉篤才，二〇一七）。規約性輕重的鄉約的特性是民間性強、道德性強、規範性強；相比之下，組織性輕重的鄉約是官治性強、行政性強、組織性強。一言蔽之，鄉約大致可分為兩種：規範意義的規約與組織意義的鄉約。前者主要是指規範，後其主要是指組織，而前者亦含少量的組織，後者包含了少量的規範。

第二節 鄉約、社條、民間規約

鄉約原是人民集體生活的自發性規約，由於規約有連結及約束的功能，受規約約束的人民自成一個社群，社群要穩定及持續必需依賴某些組織，而規約亦提供了結構鬆散而簡單的組織，包括粗略規章法則，權力結構及入會儀式等。中國古代的社代表了這些鬆散的民間組織，而社有社條，社條是組織章程，即是社員的共同遵守的行為規約。社之社條，如鄉之鄉約，兩者都是民間共同規約，都是維繫、結連、約束社人或鄉人之規範。換言之，北宋以前雖然成文鄉約尚未出現，但類似的共同規約的社條早已存在。對社及社條，與及社條與鄉約之間異同的了解，有助於對鄉約的了解。

在中國古代，社是指土地之神，其後土地之神之祭祀之地方亦稱為社，再後民間自由聚集結社亦成為社之含義。早在春秋時期，社邑已經出現，有官社及私社之分，只有私社才是民間自發結集的組織。現存的敦煌社邑文書提供了唐代敦煌地區民間結社的記錄（孟憲實，二〇〇九）。依社邑文書，唐代敦煌地區有多種的社邑，包括女人社、親情社、兄弟社、渠社、佛社等。社邑的規模大小不同，小的只有數人，大的也不過十數人，超過百人的社是沒有的。社之成員絕大多數是貧苦農民，經濟地位相若，結社主要是為了喪葬活動的互相支援救濟。社邑有規約，即立社條件，又稱社條，明示組社宗旨、組織及活動。社條是社員共同協議的規範，可視為一種初階的社會契約。下引的社條明陳了結社的宗旨：「**至誠立社，有條有格。夫邑義者，父母生其身，朋友長其志，危則相扶，難則相救。與朋友交，**

言如信，結交朋友，世語相續，大者如兄，少者若弟。」社條對社員的行為作出規範：「社內有當家凶禍，追凶逐吉，便是親痛之名，傳親外喜，一於社格，人各贈例麥粟等。若本身死者，抑眾社蓋白聊便送。」社條又列出罰則，社員若違反則會受罰，及「不聽上下，眾社各決三十棒，更罰醲一宴，眾社破用。其身擯出社外，更無容免者。」[2]

如上文言，唐代已有私社出現，唐末五代到宋初時期，政治紛亂，戰爭頻仍，皇權衰落，無法控制地方，匪盜橫行，治安敗壞。宋初，民間自組如弓箭會等武裝自衛組織，以抗盜匪，保家衛鄉。私社在宋代的規模擴大，出現了由單個鄉或數個鄉所組成的鄉社，規模比唐代的邑社的大。隨着局勢安定，宋皇帝開始限制鄉社的武裝，並將之納入管理。熙寧三年（一〇七〇年）王安石推行保甲法，防禦盜匪，加強地方治安，政府權力直接介入基層，強化地方的控制，將鄉社去除武裝，削弱了地方的自治。站在保持地方自治的立場，蘇軾及司馬光等人對王安石的改革大力反對，蘇軾為了保留地方的防禦組織弓箭社，向朝廷兩次上疏，司馬光則指出保甲法未能加強對地方控制，反而會破壞地方自治而製造亂源，導致「驅民為盜，教民為盜，縱民為盜」等弊端（楊建宏，二〇〇五）。如上文言，藍田呂氏兄弟提出鄉約，以鄉民自發組織作自我管理鄉里事務，相互合作支援，目的是維護地方自治，抗拒官府介入地方事務。呂氏視民間自治組織的出現是很自然的：「今庠序則有學規，市井則有行條，村野則有社案，皆其比也。何獨至於鄉約而疑之乎？」其實，保留鄉約同時亦是為了保護地方鄉紳權力，因為地方自治實際上是以鄉紳為首的自治，鄉紳擁有經濟、政治、文化等優勢，自然成了地方的領袖，官府介入鄉里，紳權自然被削弱，不利鄉紳的利益，為民治鄉約辯護奔走其中的一個目的似乎是保障地方的紳權不被削弱，讓其繼續發揮影響力。

這是呂氏鄉約出現的時代背景。

同是民間的共同規約，唐代社條與宋代鄉約究竟有何異同（金瀅坤，二〇〇八）？異同如下：一、兩者的創設目的不同：敦煌社條是由社人共同協商而成，由社內有文化之社員草擬條規，條規反映社員的共同意願及需要，以及最關心的問題。鄉約的編製是由鄉內的文化精英主導，內容以士大夫的想法及價值為主導，就算蒐集了鄉民的想法及需要，都難免是士大夫對鄉民需要的解讀。二、在鄉約制定期間，精英是否有充份與鄉民溝通及共同協議並不清楚。呂氏兄弟乃宋儒張載之門人，由他們制定的鄉約自然反映士人心中的儒家禮治理想社會藍圖，重道德教化多於實質物質的救濟互助。對照之下，敦煌社條，社員由基層的貧苦大眾組成，維持生存是首要需要，社條之目的是排難共濟，救急扶危，加強社會互助之網絡，其所關心的是實際的民生問題，而不是倫理教化、移風易俗等高遠的理想。雖然如此，《呂氏鄉約》與敦煌社條並非全無交集，患難相恤正是兩者共同之處。

1 《呂氏鄉約》

北宋藍田呂氏家族兄弟制定了中國首部成文鄉約，史稱《呂氏鄉約》（又稱《藍田鄉約》），是古代中國民間自發的合作規約之典範。鄉約是在皇權法律及家法族規之外，民間

2 《上祖社條》，（文祥）斯六五三七背，見寧可，郝春文，一九九七，《敦煌社邑文書輯校》，江蘇古籍出版社，頁五十五。

自發地形成的地緣規範，為鄉民集體生活建立倫理秩序。呂大鈞（一〇二九—一〇八〇），字和叔，在呂氏家族中四兄弟排行三，師從理學家張載，踐行經世之學。周敦頤、程顥、程頤、張載、邵雍被尊為北宋五大儒，是北宋時期儒學新發展的代表人物。張載是陝西鳳翔縣（今眉縣）橫渠鎮人，故又稱橫渠先生。張載創立的學說又稱關學，主張明禮教，敦風俗，學問重經世致用，提出「為天地立心，為生民立命，為往世繼絕學，為萬世開太平」之宏願，激勵士人行經世致用之學。呂大鈞承傳張載之經世哲學，深明鄉里之間如身體與手足，利害相連：「人之所賴於鄉黨鄰里者，猶身有手足，家有兄弟，善惡利害皆與之同，不可一日而無之，不然，則秦越其視何於我哉？」[3]因此鄉里之間須建立規約，以禮教道德互助共濟打造良好的社區，於是在神宗熙寧九年（一〇七六年）與兄大防及弟大臨共同制定鄉約，期望「同約者，德業相勸，過失相規，禮俗相交，患難相恤」，成就里仁之美之理想社區。

歷史事件之發生，均有其原因，《呂氏鄉約》的出現，是有其時代背景的。宋神宗熙寧三年（一〇七〇年），王安石推行變法，旨在挽救大宋王朝的積貧積弱，諸多改革措施中之保甲法，令官府直接介入了社會基層，鄉村受到朝廷的控制，民間的自主空間受到壓縮（見下文）。呂氏兄弟身為藍田的地方權力文化精英，希望保持民間自主，自然不願見到官府過多介入地方事務。鄉約所涵蘊的高度民間自治性，反映了地方自主性的要求，雖然呂氏在制定鄉約時沒有明示這點，鄉約被視為對保甲法的隱性的抗衡，應不是不無道理的。

跟以血緣為本的家法族規最大不同的是，鄉約是地緣為本的倫理規約，為居住於同一塊土地上的住民的關係及互動制定行為守則，納入守則之內的住民包括了不同家族的族人，因此包含了不同的血緣及姻緣群組，在這個非單一血緣（含姻親）的群體裏，血緣或姻緣的並非社群成員聯繫的唯一元素，同居共住的地域元素才是彼此連結的基礎。事實上，鄉土中國的鄉民之利益及福利與土地密不可分，數個或數十個家族而組成的社群是小規模相對地封閉的熟人社會，跟主要由陌生人所構成的現代社會大異其趣。不管如何，鄉約所聯繫及約束的社群，一家一族的個別家法族規並不適用，因此有必要因應鄉村的特殊情況來制定跨家族的規約，令鄉民減少紛爭、消弭衝突、和諧共處、互助共濟。事實上，《呂氏鄉約》促進鄉里間的互助共濟是其主要使命：「凡助事，謂助其力不足者，婚嫁則供助器用，喪葬則又借人夫，及為之營幹。……凡同約者，財物，器用，車馬，人僕，皆有無相假。鄉鄰有病，……小則遣人問之，稍甚，則親為博訪醫約藥。貧無資者，助其養疾之費。」

《呂氏鄉約》包含了厚重的倫理元素，分列在四大綱要：「德業相勸、過失相規、禮俗相交、患難相恤」之內。每一綱要各含德目，集合而成一個相當完備的集體生活的倫理系統，規範鄉民的道德行為。下面陳述各綱要之要義。

德業相勸之德是：見善必行、聞過必改、能治其身、能治其家、能事父兄、能教子弟、能御僮僕、能事長上、能睦親故、能擇交遊、能守廉介、能廣施惠、能受寄託、能救患難、能規過失、能為人謀、能為眾集事、能解鬥爭、能決是非、能興利除害、能居官舉職。

3 鄉約文本，參陳俊民，一九九三。

過失相規的過是什麼？過分三類：犯約、犯義、不修。

○ 犯約之過：德業不相勸、過失不相規、禮俗不相交、患難不相恤。
○ 犯義之過：酗博鬥訟、行止踰違、行不恭遜、言不忠信、造言誣毀、營私太甚。
○ 不修之過：交非其人、遊戲怠惰、動作無儀、臨事不恪、用度不節。
○ 禮俗之交：凡行婚姻喪葬祭祀之禮，《禮經》具載，亦當講求。如未能遽行，且從家傳舊儀。甚不經者，當漸去之。施禮之大小分寸，宜量力而為，如嫁娶與慶賀所贈之禮物，總值多不過三千文，少則一二百文。

患難相恤

難有七種：水火、盜賊、疾病、死喪、孤弱、誣枉、貧乏。若鄉人遇上以上之難，鄉里應給予受難者物質（財物、勞力、工具等）援助救濟，若在鄉村之外發生類似事件，鄉民亦應本相恤之義向約外之人施予援手。若力有不逮，應向官府求援。由此可見，鄉約不完全局限於對本鄉人的協助照顧，同時亦關懷及協助鄉外的生人社群。

過錯行為

德即對的行為，過指錯的行為。誠然，鄉約所列乃宋代士大夫眼中的德與過。由於年代久遠，時代的隔閡，現代人不一定能完全理解宋代民間的德與過的具體內容，幸好「德」的各細項的涵義都大致明確，不難理解；對比之下，「過」所指的各細項的內容卻不一定容易解讀。依《朱子增損呂氏鄉約》對過的詮釋，有助現代人對過的了解。依朱子，過分兩類：

犯義之過、不修之過，分別的具體行為如下。

犯義之過有六類，包括以下的行為：

○ 酗博鬬訟：酗，謂縱酒喧競。博，謂賭博財物，鬬，謂鬬毆罵詈。訟，謂告人罪惡，意在害人，誣賴爭訴，得已不已者，若事幹負累，及為人侵損而訴之者非。

○ 行止踰違：踰禮違法，眾惡皆是。

○ 行不恭遜：侮慢齒德者，持人短長者，恃強凌人者，知過不改，聞諫愈甚者。

○ 言不忠信：或為人謀事，陷人於惡。或與人要約，退即背之。或妄說事端，熒惑眾聽者。

○ 造言誣毀：誣人過惡，以無為有，以小為大。面是背非。或作嘲詠。匿名文書，及發揚人之私隱。無狀可求，及喜談人之舊過者。

○ 營私太甚：與人交易，傷於掊克者。專務進取，不恤餘事者。無故而好干求假貸者，受人寄託而有所欺者。

不修之過分五類，具體所指如下：

○ 交非其人：所交不限士庶，但兇惡及遊惰無行，眾所不齒者。而己朝夕與之遊處，則為交非其人。若不得已而暫往還者非。

○ 遊戲、怠惰：遊，謂無故出入。及謁見人，止務閒適者，戲，謂戲笑無度。及意在侵侮，或馳馬擊鞠，而不賭財物者。怠惰，謂不修事業，及家事不治，門庭不潔者。

○動作無儀：謂進退太踈野，及不恭者。不當言而言，及當言而不言者。衣冠太華飾，及全不完整者。不衣冠而入街市者。

○臨事不恪：主事廢忘，期會後時，臨事怠惰者。

○用度不節：謂不計有無，過為多費者。不能安貧，非道營求者。

《呂氏鄉約》四大綱目下涉及的行為繁多，若無機構及人員執行事務，恐難成事，必淪為虛文。呂氏兄弟在鄉約中設置了約正一職，由鄉民推舉，相當於鄉約的執行長，統領鄉約的事務。另設值月一人，協助約正管理約中雜事。鄉約要讓鄉民有定期及經常性的活動，彼此建立經常的聯繫，減低互相疏離。入約之鄉民規定每月一聚，會中就鄉內發生的事，懲惡揚善，對犯過者作出懲罰。罰則如下：犯義之過一般罰五百文，情節較輕者可減至四百文、三百文；不修之過及犯約之過一罰一百文，嚴重犯者罰款可增至三百文；對於累犯不改的刁民，可能會被逐出鄉約。

鄉約的推廣

呂大鈞在鄉間推行鄉約並非毫無阻力，一帆風順的。大鈞在制定規約時給兄弟及友人的書信，透露了推行鄉約的困難，這些困難包括鄉里教化應由官府推行，鄉約沒有先例，缺乏社會基礎，民間私制鄉約恐會被人懷疑有結黨營私的企圖等。呂大鈞於熙寧九年（一〇七六年）推行鄉約，元豐五年（一〇八二年）去世，時間只有短短五六年，難有社會效應。南宋朱熹對《呂氏鄉約》在內容上作增損，加入儒學家禮，無疑對《呂氏鄉約》的傳承有一定的幫助。然而，對鄉約的推廣工作則是由其門人來執行的（胡慶鈞，二〇〇一）。朱子門人包括陽枋、胡泳等理學家，受《呂氏鄉約》的影響，實踐正風俗揚教化的社區建設，推行鄉約，建立社倉、書院等（楊開道，二〇一五；周揚波，二〇〇五；楊建宏，二〇〇五）。鄉民加入鄉約全是自願的，自由加入，自由退出。由於不是強制性的，入約者只是部分鄉里，而一旦未入約的鄉民作出鄉約所不容的惡行，亦會直接或間接影響到入約的鄉民，但鄉約對犯事者卻無法作出制裁或懲罰。這個問題是鄉約難以解決的，朱熹好友張栻亦洞察這困難：「（鄉約雖）甚有益於教。但鄉約細思之，若在鄉里，願入約者，只得納之，難於揀擇。若不擇而或有甚敗度者，則又害事。擇之則便生議論，難於持久，兼所謂罰者，可行否，便須詳論精處，若閑居行得，誠善俗之方。」[4]自願性是民治鄉約的優點，但同時吊詭地伴隨着弊端。（楊明，韓玉勝，二〇一三；楊亮軍，二〇一五）

值得注意的是，鄉約並不是為所有人而設的，有些族群是不容入約的。事實上，鄉約自北宋發展至清代，入約的資格是有所限制的，在同一鄉區內，不是所有住民都可成為約民（酒井忠夫，二〇一〇）。被排斥於鄉約之外的社群包括樂戶、家奴、傭工、佃戶等，及一些依附於地主的奴工。另外，一些下層勞動族群包括皂隸、快手、門禁、馬夫等，若加上相關條件，是可以入約成為約民的。撇開入約的限制，鄉約作為民間規約仍具備一些重要的特質，包括共議性、合意性、相互性、自治性、自願性等。重要的是，這些不單是良

4 張栻，《南軒集》，卷廿二，〈答朱元晦〉，轉引自楊建宏，二〇〇五，頁一二八。

好規約的性質，同時亦可視為優質民間社會的指標。

民初，藍田人牛兆濂（一八六七—一九三七），承傳《呂氏鄉約》之遺風，創建芸閣書院，用鄉約教化鄉民學子。相隔一千年的今天，牛兆濂後人重建芸閣書院，承傳《呂氏鄉約》教化之風。近年，藍田縣傾全縣之力，制定《藍田新鄉約》，並向全縣各村推廣，圖用《呂氏鄉約》精神，打造今天藍田的里仁之美。[5]

2 朱子《增損呂氏鄉約》

南宋大儒朱熹（一一三〇—一二〇〇）對《呂氏鄉約》推崇備至，在淳熙乙未（一一七五年）對之稍作修正，名為《增損呂氏鄉約》（楊開道，二〇一五；楊建宏，二〇〇五）。朱子基本上保留了《呂氏鄉約》勸善懲惡的主旨，在「德業相勸」綱目之內，納入「畏法令，謹租賦」兩項。這兩項將地方與國家作了連結，鄉民自治包括了遵守國法，繳納租稅。其次是有關對違約者之懲處的改動，原鄉約包含了開除約籍，當眾受批，罰金及記過等。朱子增損版則用較溫和之方式來處理犯約者。第三，禮俗相交這綱目上的修改幅度比較大，朱子以四個項目來整合各種禮儀，令其更有系統及精簡明白。眾所周知，朱熹編撰《朱子家禮》，對家族及鄉社影響甚深，鄉約的禮俗自然充斥儒家家禮。朱子用鄉禮要項統攝於尊幼輩行，造請拜揖，請召迎送，慶吊贈遺四大類之內：

一、尊幼輩行：「與父同行，及長於己二十歲以上，曰尊者。長於己十歲以上，與兄同行，曰長者。年上下不滿十歲，曰敵者。少於己十歲以下，曰少者。少於己二十歲以下，曰幼者。」

二、造請拜揖：「凡少者幼者，於尊者長者，歲首，冬至，四孟月朔，辭見賀謝，皆為禮見。此外候問起居，質疑白事，及赴請召，皆為燕見。尊者受謁。不報。長者歲首冬至，具牓子報之。餘令子弟以己名牓子代行。」

○凡敵者，歲首冬至，辭見賀謝，相往還。

○凡見尊者長者，門外下馬，俟於外次。升堂，禮見四拜。燕見不拜。退則主人送於廡下。

○凡見敵者，門外下馬，俟於廡下，禮見則再拜，退則主人請就階上馬，……

三、請召迎送：「凡請尊長飲食，親往投書，既來赴，明日親往謝之。召敵者以書簡，明日交使相謝，召少者用客目，明日客親往謝。」

○凡聚會皆鄉人，則坐以齒。若有親，則別敘。若有他客，有爵者，則坐以爵。若特請召，或迎勞出餞，皆以專召者為上客，如婚禮，則姻家為上客，皆不以齒爵為序。

5 二〇一八年七月筆者走訪陝西西安市藍田縣，了解呂氏鄉約的現況。從一名在地的大學生得悉，三里鎮的喬村是呂氏鄉約的發源地，該村仍重視呂氏鄉約，視為珍貴文化遺產，鎮內的五里頭小學校園內有呂氏宗祠遺址，據聞是呂氏鄉約的立約地。

○凡有遠出遠歸者，則迎送之。或五里三里，各期會於一處。有飲食，則就飲食之。少者以下，俟其既歸，又至其家省之。

四、慶吊贈遺：「凡同約有吉事，則慶之。有凶事，則吊之。每家只家長一人，與同約者俱往。其書問亦如之。若家長有故，或與所慶吊者不相接，則其次者當之。」

○凡慶禮，如常儀，有贈物。或其家力有不足，則為之借助器用，及為營幹。

○凡吊禮，初喪未易服，則率同約深衣往哭之。且助其凡百經營之事，主人成服，則相率素服，具酒果食物往奠之。及葬，又相率致賵，俟發引，則素服而送之。

○凡喪家，不可具酒食衣服以待吊客，吊客亦不可受。

除了上述的增修外，朱子對患難相恤、德業相勸、過失相規、禮俗相交的內容都分別有補充的申述。

○患難相恤：「可借而不借，及踰期不還，及損壞借物者，書於籍。鄰里或有緩急，雖非同約，而聞知，亦當救助。或不能救助，則為之告於同約而謀之。有能如此者，則亦書其善於籍，以告鄉人。」

○德業相勸：「同約之人，各自進修，互相勸勉。會集之日，相與推其能者書於籍，以警勵其不能者。」

○過失相規：「同約之人，各自省察，互相規戒。小則密規之，大則眾戒之。不聽，則會集之日，直月告於約正，約正以義理誨諭之。謝過請改，則書於籍以俟。其爭辨不服，與終不能改者，聽其出約。」

○禮俗相交：「直月主之。有期日者，為之期日。當糾集者，督其違慢。凡不如約者，以告於約正而告之，且書於籍。患難相恤。」

跟《呂氏鄉約》不同，朱熹為同約之人創制了讀約之禮。每月朔望，同約人聚會在鄉校並行讀約之禮。讀約前，值月按長幼之序引導約眾與約正見面行禮。值月讀約後，由朱熹新設的副正推說其意，如果他有申論不足之處，允許眾人質問。鄉約設有善籍及過籍，分別記錄同約人之善行及惡行。善人惡人記諸於籍，目的是抑惡揚善，去惡存善。約人知道什麼是惡，什麼是善，何人曾作惡，何人行過善，記錄在案便於學習，作為警惕或鼓勵。值月將行善者及有過者之名字入籍，記善籍內容當眾宣讀，而記過籍僅當場傳閱。對於小錯，朱子主張用規勸而放棄懲罰。但若規勸無效，在聚會日由約正以理諭之，若仍屢勸不改，才將之逐出鄉約。鄉約聚會從日出到日落，中午有飲食，費用由約民自付，下午舉行說書、習射、講論等活動。跟呂大鈞一樣，南宋士大夫在推行鄉約時遇到類似的阻力，但亦有成功的例子。如上文言，推行鄉約最力是字溪先生陽枋，陽枋在家鄉四川巴縣後覺里悉心推行鄉約，偕友人講行鄉約，當時入約人約八十多人。

3《龍祠鄉社義約》

元朝蒙古族統治漢族，朝廷未有大力推動鄉約，鄉約的發展乏善可陳。然而，上世紀八十年代發現的《龍祠鄉社義約》（簡稱《義約》），不單可以填補鄉約從宋代發展到明代中間之空白，且可有助一睹元代鄉約的特色。

唐兀氏一族原是賀蘭山一帶的西夏人，蒙古人在一二二七年消滅了西夏，建立元朝，部分西夏遺民成為被統治民族，移居中原，其後世聚居地於今河南濮陽縣一帶。至正元年（一三四一年），唐兀忠顯及兒子唐兀崇喜，聯同千夫長高公及鄰村德高望重之老人共同商議及制定《義約》，目的是為社祭、互助、教化等主要功能創立秩序：「所設之意，本以重神明，祈雨澤，美風俗，厚人倫，救災恤難，厚本抑末，周濟貧乏，憂憫煢獨。逮後因襲之弊，尚於奢侈，不究立社之義，鄉約之禮。但以肴饌相侈，宴飲為尚，甚有悖於禮。」[6]有趣的是，《義約》主要以《呂氏鄉約》為藍本，條文中有提及：

> 余觀其條目詳約備，頗增於呂氏，而其大致多與呂氏同……昔呂氏之學出程子，今崇喜之學，實得之成均。

《義約》要處理的事項包括：死喪、患難、救濟之禮；德業、過失、勸懲之道。這明顯有《呂氏鄉約》的綱目：德業相勸、過失相規、禮俗相交、患難相恤的影子。在組織方面，《義約》設社舉，社司等職位來執行社內事務：「今議此社，置立籍簿，推舉年高有德、才良行修者，俾充社舉、社司，掌管社人。斟酌古禮，合乎時宜，可行之事，當禁之失，悉載社籍，使各人遵守而行。」

《義約》的十四條主要是鄉社事務，包括齋祭、互助、德業、過失的條規，今列其中重要者如下：

○學校之設，見有講室。禮請師儒，教誨各家子弟。刱又購材命工，大建夫子廟堂，以為書院。自有交會，亦不復書。

○其社內之家，使牛一犋，內有倒死，則社人自備飲食，各與助耕地一晌。其鋤田人社，隨忙月災害，自備飲食，各與耘田一日。其助耕耘者不行，依法在意罰鈔一兩五錢。

○社內人等，不得托散諸物，及與人鳩告酒帖黍課，亦不得接散牌場，搬唱詞話、傀儡、雜技等物戲，傷敗彝倫，妨誤農業，齊斂錢物，煩擾社內。違者罰鈔十兩。

○各家頭匹，務要牢固收拾牧養，毋得恣意撒放，作踐田禾，暴殄天物。違者每一匹罰鈔一兩。若是透漏，不在所罰，香誓為准。

○倘值天旱，社內眾人俱要上廟行香祈禱。違眾者罰鈔五錢。

6 《龍祠鄉社義約》的內容均轉引自金瀅坤，二〇〇八，頁七十三，下同。

○夫社舉、社司所舉之事，務在公當。若管社人當罰而不罰，與不當罰而妄罰者，罰鈔二兩。合舉不舉及舉不當，亦罰鈔二兩。當罰者不受罰除名。社內俱與絕交，違者罰絹一疋。

○社內所罰鈔兩，社舉、社司附曆對眾交付管社人收貯營運。修蓋廟宇，補塑神像。餘者周給社內，毋得非禮花破，入己使用。

○除社簿內所載罰賞、勸戒事外，若有水火盜賊一切不虞之家，從管社人所舉，各量己力而濟助之。

○如有無事飲酒，失誤農業，好樂賭博，交非其人，不孝不悌，非禮過為，則聚眾而懲戒，三犯而行罰，罰而不悛，削去其籍。若有善事，亦聚眾而獎之。

○每設肴饌酬酢之禮，肉面止各用二十斤，造膳不過二道，雞酒茶湯，相為宴樂。蓋會數禮勤，物薄情厚。

《義約》除了吸納了《呂氏鄉約》的內容外，其制定之形態亦與之相當接近。唐兀崇喜屬蒙古侍衛的中低級武官，亦算是地方領袖，由他們主導《義約》的制定這點上，與呂氏兄弟身為藍田鄉區的文化精英之主導鄉約之制定有異曲同工之妙。《呂氏鄉約》雖然在北宋時期沒有產生即時廣泛的影響力，但元代《義約》的出現，證明《呂氏鄉約》並未湮沒於歷史之中，而是對有意打造里仁之美的後人仍有啟發力及借鑑性。至明代，經帝王的加持及推廣，《呂氏鄉約》的影響力延續不衰，廣及全國。

第三節 明代帝王推動鄉約

明太祖朱元璋重視基層民眾的教育，視教化為治國之本。洪武三十年，太祖頒佈《聖諭六言》，訓諭萬民「孝順父母，尊敬長上，和睦鄉里，教訓子弟，各安生理，無入非為」，並命各鄉定期集合鄉眾將聖諭宣讀，以傳遞及落實聖諭之微言大義，教化萬民。明代推行鄉約的一大特色是，鄉約宣讀的重頭是聖諭的宣讀，自此聖諭融入鄉約之中，成為皇帝教化萬民的工具。另一方面，皇帝的加持令鄉約的權威性大大提升，加強了鄉民對鄉約的接受。永樂年間（一四〇三－一四二四年），明成祖將《呂氏鄉約》列為性理大全書之內，頒佈天下，大力推廣，於是全國都以《呂氏鄉約》為藍本，宣讀鄉約。昔日只限於個別鄉區的民間活動，在朝廷的推動下成為全國性的官方活動（胡慶鈞，二〇〇一）。《南贛鄉約》及《泰泉鄉禮》是明代鄉約的代表，下面詳細討論兩份鄉約。

1《南贛鄉約》

贛南位於今日江西省南部，面積廣及福建、湖南、廣東三省交界，明代是贛州之地，南安二府所在地，故稱贛南。區內崇山峻嶺，地廣人稀。當地治安敗壞，盜賊猖獗，朝廷屢出兵鎮壓，然匪患不息。明王朝在弘治八年設贛南巡撫，重兵征剿強盜，然收效不佳，匪患未能根絕，朝廷對該區治安一直束手無策。盜賊剿之不絕的主因，除了該區地域遼闊，深谷崇嶺外，亦是大批流動人口（流民）聚居之地，不少流民經常結集成盜賊團夥，四出搶劫，敗壞治安。贛南之西部及南部，流民為盜之風尤盛，人人為盜，民盜不分，有盜區的惡名。正德十一年（一五一六年），大儒王陽明任都察院左僉都御史，巡撫贛南，開始規劃治理治安的策略。王陽明深明盜區匪患的根由，認為要長治久安，不能單靠國家武力，同時要有社區治理策略，善化民風，兼顧社會治安及人心的修服，弭盜及教化雙管齊下。王陽明亦理解「治山中賊易，治心中賊難」，用武力鎮匪剿盜是短線的任務，長線工作是社區教化，移風易俗。為了重建該區治安，王陽明推行十家牌法（王陽明，一九九五c，一九九五d），家家戶戶要登記戶籍資料，包括居住人口、職業、田產等，掌控基層的人口流動，凡新入區的人必須登記，如遇有疑人或事就要告知官府。十家牌法設立連坐機制，每戶互相監督，防止通匪及包庇賊人，對鄉民作出嚴密的監控。鄉民教化方面，王陽明推行鄉約，實行社會倫理的建設，治理人心（王雅克，李建軍，陳華森，二〇一六）。

（1）宗旨與執行

正德十三年（一五一八年），王陽明以《呂氏鄉約》為藍本制定了《南贛鄉約》，教諭鄉民從善去惡，目的是移風易俗，善化民風。依鄉約綱目之訓示，「同約之民，皆宜孝父母，敬爾兄長，教訓爾子孫，和順爾鄉里，死喪相助，患難相恤，善相勸勉，惡相告誡，息訟罷爭，講信修睦，務為良善之民，共成仁厚之俗。」綱目不單有《呂氏鄉約》的影子，同時吸納了洪武《聖諭六言》：「孝順父母，和睦鄉里，教訓子孫，尊敬長上，各安生理，無作非為」的精神。仿傚明太祖的聖諭無疑大大提高鄉約之正當性及權威性，對鄉約的推行助力很大。鄉約是住民共同遵守的行為規範，該區住民人口結構複雜，包括寄莊戶、本地大戶、新民、親族鄉鄰、寨民；官差方面包括了吏書、義民、總甲、里老、百長、弓兵、機快等。鄉約都為各利害關係人制定規範。此外，鄉約亦有婚嫁喪葬等規範。

王陽明開宗明義陳述制約目的：「民俗之善惡，豈不由於積習使然哉！往者新民蓋常棄其宗族，畔其鄉里，四出而為暴，豈獨其性之異，其人之罪哉？亦由我有司治之無道，教之無方。爾父老子弟所以訓誨戒飭於家庭者不早，薰陶漸染於里閈者無素，誘掖獎勸之不行，連屬葉和之無具，又或憤怨相激，狡偽相殘，故逐使之靡然日流於惡，則我有司與爾父老子弟皆宜分受其責。」（王陽明，一九九五 a）

王陽明認為，人之行惡，主要是後天導致，環境使然，如「蓬生蔴中，不扶而直；白沙在泥，不染而黑。」（王陽明，一九九五 a）家教失靈，政治失能，是惡行之因，因此鄉約要加強官府治理及家庭的教化。

如何令鄉民趨善避惡，彰善糾過？如何移風易俗，善化鄉里？王陽明倡議「先民後官，先軟後硬」技巧：

一彰善者，其辭顯而決；糾過者，其辭隱而婉；亦忠厚之道也。如有人不弟，毋直曰不弟，但雲聞某於事兄敬長之禮，頗有未盡；某未敢以為信，姑案之以俟；凡糾過惡皆列此。若有難改之惡，且勿糾，使無所容，或激而逐肆其惡矣。約長副等，須先期陰與之言，使當自首，眾共誘掖獎勸之，以興其善念，姑使書之，使其可改；若不能改，然後糾而書之；又不能改，然後白之官；又不能

改，同約之人執送之官，明正其罪；勢不能執，戮力協謀官府請兵滅之。（王陽明，一九九五a）

王陽明設置了相關的職位，加入了比宋代鄉約的更多的人力資源，負責鄉約的執行，人事開支由約眾繳納：「同約中推舉年高有德為眾所敬服者一人為約長，為鄉約的總負責人，主持彰善糾過，二人為約副，協助約長執行業務，四人為約正，四人為約史，四人為知約，二人為約贊（負責禮儀）。置文簿三扇：其一扇備寫同約姓名，及日逐出入所為，知約司之；其二扇一書彰善，一書糾過，約長司之。同約人每次聚會，出銀三分，作為飲食之用。會期以月之望，同約人務必出席，若有病事故不能出席者，得事前告知約；無故不赴者，以過惡書，及罰銀一兩公用。」（王陽明，一九九五a）

彰善糾惡主要利用組織性行為，通過精心設計的程式及儀式，強化活動的莊嚴性及權威性，加強教化之效應。《南贛鄉約》彰善糾惡的儀式相當複雜：

> 當會前一日，知約預於約所灑掃張具於堂，設告諭牌及香案南向。當會日，同約畢至，約贊鳴鼓三，眾皆詣香案前序立，北面跪聽約正讀告諭畢；約長合眾揚言約：「自今以後，凡我同約之人，祇奉戒諭，齊心合德，同歸於善；若有二三其心，陽善陰惡者，神明誅殛。」眾皆曰：「若有二三其心，陽善陰惡者，神明誅殛。」皆再拜，興，以次出會所，分東西立，約正讀相約畢，大聲曰：「凡我同盟，務遵鄉約。」眾皆曰：「是。」乃東西交拜。興，各以次就位，少

者各酌酒於長者三行，知約起，設彰善位於堂上，南向置筆硯，陳彰善簿；約贊鳴鼓三，眾皆起，約贊唱：「請舉善！」眾約：「是在約史。」約史出就彰善位，揚言約：「某有某善，某能改某過，請書之，以為同約勸。」約正遍質於眾曰：「如何？」眾曰：「約史舉甚當！」約正乃揖善者盡彰善位，東西立，約史復謂眾曰：「某所舉止是，請各舉所知！」眾有所知即舉，無則曰：「約史所舉是矣！」約長副正皆出就彰善位，約史書簿畢，約長舉杯揚言曰：「某能為某善，某能改某過，是能修其身也；某能使某族人為某善，改某過，是能齊其家也；使人人若此，風俗焉有不厚？凡我同約，當取以為法！」遂屬於其善者；善者亦酌酒酬約長曰：「此豈足為善，乃勞長者過獎，某誠惶怍，敢不益加砥礪，期無負長者之教。」皆飲畢，再拜會約長，約長答拜，興，各就位，知約撤彰善之席，酒復三行，知約起，設糾過位於階下，北向置筆硯，陳糾過簿；約贊鳴鼓三，眾皆起，約贊唱：「請糾過！」眾曰：「是在約史。」約史就糾過位，揚言曰：「聞某有某過，未敢以為然，姑書之，以俟後圖，如何？」約正遍質於眾曰：「如何？」眾皆曰：「約史必有見。」約正乃揖過者出就糾過位，北向立，約史復遍謂眾曰：「某所聞止是，請各言所聞！」眾有聞即言，無則曰：「約史所聞是矣！」於是約長副正皆出糾過位，東西立，約史書簿畢，約長謂過者曰：「雖然姑無行罰，惟速改！」過者跪請曰：「某敢不服罪！」自起酌酒跪而飲曰：「敢不速改，重為長者憂！」約正、副、史皆曰：「某等不能早勸諭，使子限於此，亦安得無罪！」皆酌自罰。過者復跪而請曰：「某既知罪，長者又自己為罰，某敢不即就戮，若許其得以自改，則請長者無飲，某之幸也！」趁後酌酒自罰。約正副咸曰：「子能勇於受責如此，是能遷於善也，某等亦可免於罪矣！」乃釋爵。過者再拜，約長揖之，興，各就位，知約撤糾過席，酒復二行，遂飯。飯畢，約贊起，鳴鼓三，唱：「申戒！眾起」，約正中堂立，揚言曰：「嗚呼！」凡我同約之人，明德申戒，人孰無善，亦孰無惡；為善雖人不知，積之既久，自然善積而不可掩；為惡若不知改，積之既久，必至惡積而不可赦。今有善而為人所彰，固可喜；苟遂以為善而自恃，將日久入於惡矣！有惡而為人所糾，固可愧；苟能悔其惡而自改，將日進於善矣！然則今日之善者，未可自恃以為善；而今日之惡者，亦豈遂終於惡哉？凡我同約之人，盍共勉之！」眾皆曰：「敢不勉。」乃出席，以次東西序立，交拜，興，遂退。（王陽明，一九九五a，頁六〇二—六〇四）

對於「難改之惡」，《南贛鄉約》的懲罰由軟而硬，甚至要動用武力加以毀滅：「若有難改之惡，且勿糾，使無所容，或激而遂肆其惡矣。約長副等，須先期陰與之言，使當自首，眾共誘獎勸之，以興其善念，姑使書之，使其可改；若不能改，然後糾而書之；又不能改，然後白之官；又不能改，同約之人執送之官，明正其罪；勢不能執，戮力協謀官府請兵滅之。」（王陽明，一九九五a，頁六〇〇—六〇一）

這種嚴厲的懲惡之法，呂坤在其《鄉甲約》中有類似的建議，對屢勸不改之刁民，州縣製作豎牌，寫上「不孝某人」、「不義某人」、「做賊某人」、「賭博某人」、「光棍某人」、「兇徒某人」、「奸民某人」、「詐偽某人」、「無恥某人」、「敗子某人」、「各用大字訂於本犯門左，每會跪約聽講，街民不與往來。」（《實政錄》卷五），以公開示眾之方式，懲罰惡民。在相對地封閉的農村社會，鄉民不是族人就是熟人，這種公開羞辱，當眾污名的懲罰手法對犯過者的心理及精神方面，肯定地有巨大的震攝效應的。

值得注意的是，宋代鄉約聚會堂上設有善惡簿，但僅限於記錄和教訓，並無彰善糾惡的儀式，到明清時期，尤其是明代，鄉約的宣讀時開始加入彰善糾惡儀式（謝長法，一九九六）。明代宣讀鄉約時，會場上設有善簿及惡簿，善惡行為都各有分類，善行分為大中小三種，小善五次等於大善一次，中善三次等於大善一次。什麼是大善？孝順父母屬大善，尊敬長上為一善，舍義學、義冢、舍飯、舍衣、舍葯、舍方及報信指路者為一善，多者為一善；勸化十人改過為大善，五六人為中善，一二人為小善，能化大惡者一人准作十人；他人告狀勸回和解者，一事為一善，能成就為善者一事為一善，大者為一大善。惡行亦有類似的分類及實指，惡行包括了自吃酒肉，父母粗茶淡飯，自穿絹帛，父母破爛裳，自騎鞍馬，父母先行；自享安閑，父母勞苦。宣讀鄉約的會堂中，設有簿書桌。桌旁設約講及約史席位，其他約眾在左右兩旁站立或坐下，彰善糾惡儀式開始時，先要按尊卑長幼互稱才開始。

（2）《南贛鄉約》Vs《呂氏鄉約》

《南贛鄉約》雖以《呂氏鄉約》為範本，但兩者有重要的差異（韓玉勝，二〇一四；趙平略，二〇一四；黃熹，二〇一六）。一、《呂氏鄉約》是民間士人精英自發制定及推行，基本上反映了民間自主之集體活動；《南贛鄉約》則是由官府主導制定及推行的，有國家力量的強力介入。二、《呂氏鄉約》的鄉人是自願入約，入約後有退出的自由。《南贛鄉約》是強制性入約的，鄉民既無入約的自由，亦無退出的自由，且鄉人必須出席每月的約會，否則記過及罰銀。三、《南贛鄉約》連同保甲制一同執行的，保甲制目的是民間控制及社會保安，有國家暴力為其後盾。《呂氏鄉約》是民間自發的倫理契約，以群體壓力及道德勸說促使鄉約的遵守及持續。四、《呂氏鄉約》是用鄉里集體力量及勸導來令鄉民改過歸善，懲罰是由鄉民自行執行，是柔性的糾過手段。《南贛鄉約》的「勸善教化」由官府執行，用懲罰來維護治安。總之，《南贛鄉約》是自上而下的行為規範，用朝廷的公權力來推行規約的遵守，這類硬性的規約雖不是正規法律，卻有法律的效果。除了上述差異外，造成《南贛鄉約》與《呂氏鄉約》之差異，跟制約時的環境有莫大的關係。呂氏兄弟及王陽明所面對的問題及環境是很不一樣的，呂氏身處的藍田則是一個相對地和平有秩序的農村社區，區內是長住人口，住民都是熟人或族人；呂氏兄弟制鄉約是要移風易俗，成就里仁之美。相比之下，贛南長期匪患頻仍，治安不佳，民風不純，且區內多是移動人口，住民有不少外地人或生人。王陽明到贛南的首要任務是消除匪亂，穩定治安，建立社會秩序。

王陽明治理贛南，是整治基層治安的十家牌法為主，善良民風的鄉約為輔（曹國慶，一九九四；程鵬飛，二〇〇〇）。王陽明為人務實，理解十家牌法較易執行，結果較能立竿見影。鄉約是治理人心，需要長期及耐性之深耕細作，效應不易量度。事實上，就留下的文獻看，王陽明就十家牌法的諭文有六篇，而鄉約只有一篇，亦可間接證明王陽明對十家牌法的重視遠大於鄉約。然而，雖然王陽明對保甲法的效果有信心，但在執行上仍遇到不少問題(黃志繁,二〇〇二)。首先是官員執行不力,經常敷衍了事,導致無法掌控精準和及時的人口資訊,對基層流動人口的監控形同虛設。其次是鄉民不願將戶籍資訊悉數報知官府,因為官員會依據戶口資訊來徵員入差,或鄉民有意規避賦役時,多會隱匿人口。這些都是令保甲法不能完全執行的原因。

(3)鄉約的推廣

王陽明在贛南推行鄉約,無疑代表了明代推行鄉約的亮眼典範(曹國慶,一九九四,一九九七)。然而,在《南贛鄉約》出現之前,明代就有鄉約建議的提出。明初,解縉率先提出效法藍田《呂氏鄉約》的建議,可惜未被明太祖接納。明成祖將《呂氏鄉約》列入性理大全書,頒佈於世,但未於實行。正統年間,吉水人劉觀、福建人王源各有推行鄉約之舉。在正統到弘治年間(一四三六—一五〇五年),官辦及民辦的鄉約均在不同地方出現。正德以後,明王朝頹敗畢露,危機四伏,儒生與官吏紛紛推行鄉約,視為治世良策。山西潞州仇氏推行《雄山鄉約》,是民間推行鄉約的著名例子(朱鴻林,二〇一三)。仇氏家族久居雄山鄉,至正德六年仇楫、森、桓、欄舉行鄉約時,已經歷五代之久。

王陽明《南贛鄉約》的推行,對贛南地區的民風及治安產生了積極的影響。區內的瑞金縣、大庾縣及贛縣都有民風變善之記載。嘉靖中葉,南安及贛州府各縣都因感念王陽明之德政,紛紛為他立祠。除了贛南外,另一個成功的例子是思恩及田州。當時兩地土酋盧蘇、王受叛變,王陽明奉朝廷之命前往鎮撫,不用一年就用和平手法降服土酋,在田州置十九巡檢司,由盧蘇及王受任之。王陽明平定叛變後即推行鄉約,興辦學校,教化住民,善化民俗。贛南及田州的成功令王陽明之聲名大噪，鄉約亦成為官員爭相倣效的鄉治模式。嘉靖（一五二二—一五六六年）及萬曆（一五七三—一六一九年）以來，鄉約的推行向全國各地延伸，鄉約不限於鄉間，城坊亦推行鄉約。嘉靖年間，贛南附近的龍岩縣的鄉約是全面按照《南贛鄉約》為藍本的。與此同時，在這段期間，各地方誌，包括萬曆年間的《休寧縣志》、《平原縣誌》、《漂水縣誌》等，都有設立鄉約的紀載。另一方面，以《南贛鄉約》為主題作論述的作品亦很多，著名的有黃佐的《泰泉鄉約》，曾惟誠的《帝鄉紀略》，呂坤的《實政錄》，劉宗周的《鄉保事宜》，陸世儀的《治鄉三約》等。此時，明王朝正值外憂內患，外有倭寇為患，內有宦官專政，賦稅繁重，民不聊生，社會矛盾加劇，民眾求治之心殷切，《南贛鄉約》鼓吹的互助、勸善、正風、弭盜、息訟之理想，正是人心所向，廣受鄉民歡迎，影響力與日俱增。其實，在嘉萬期間，鄉約的廣泛推行，衍生了其他有針對性的特殊鄉約，包括護林鄉約、禁宰牛鄉約、禦倭鄉約、禦虜鄉約、禦賊鄉約等（曹國慶，一九九七）。另一方面，嘉靖以後，隨着官辦鄉約逐漸流行，鄉約的發展跟保甲、社倉、社學的發展就更趨密切，相輔相成，形成一套彼此配合的鄉治制度。

縱使沒有推行鄉約所產生的效果之記載，其他地區的縣志都有推行鄉約之記錄。例如，康熙《南康縣志》就有鄉約遺址二十四所的記載（黃志繁，二〇〇二）。事實上，鄉約在不同地方的推行，產生的影響各異。根據有關鄉約在地方執行（Hauf，一九九六；衷海燕，二〇〇四）的研究，王陽明門人是江西吉安府鄉約的推手，留下不少有關的記錄，相比之下，贛南鄉約推行的記錄不多。原因之一，是王陽明在吉安的門人人數，遠遠超出在贛南門人人數。其次，贛南自王陽明創制鄉約以來就一直沿用鄉約，成為地方行政的一個部份，士大夫因此不用作額外的推廣，故沒有將之記錄下來（黃志繁，二〇〇二）。

自鄉約推出後，不少地區的宗族逐漸將鄉約及保甲結合起來，納入了族規家法之內。宗族勢力強大及宗族傳統悠久的徽州，鄉約跟宗族結合尤其突出，出現了宗族鄉約化的現象（常建華，二〇〇五）。自王陽明後，鄉約進一步發展，在鄉約保甲之外，納入了義倉。王廷相是這個新結合的創制者，義倉是民間的定期財務互助組織，鄉民每十至二十戶定期存小量錢財，遇到喪葬等予以援助。其後義倉得到朝廷的認可，鄉約保甲及義倉三合一的結構便納入了國家的體制，由官府執行。

明代鄉約推行一個特色，是加入了明顯的國家元素，成為國家經常性行為。嘉靖年代的鄉約主要以呂氏鄉約主，輔以聖諭六言。到嘉靖末年六言的比重開始增加，呂氏鄉約由主變輔（酒井忠夫，二〇一〇a），印證了皇權在民間道德教化上的威力大於民間自發力量。嘉靖八年，朝廷推行了以宣讀聖諭六條為主的鄉約活動，《南贛鄉約》便從原來的地方性的制度，提升到全國性的制度，其影響力是前所未有的。鄉約中一直沿用《呂氏鄉約》的「德業相勸、過失相規、禮俗相交、患難相恤」被聖諭「孝順父母、尊敬長上、和陸鄉里、教訓子弟、各安生理、無入非為。」所取代，士人的道德願景被帝王之倫理訓諭所替換，民間性逐漸退場，皇家性昂然上臺。鄉約在北宋創始時，充斥着民間地方自治自發的道德教化的色彩，明代中後期，鄉約民間自主性逐漸減弱，變成由官府主導，集治安、教化及地方基層治理的官僚體制。雖然如此，鄉約的領頭人仍由民眾推舉有德者擔任，而鄉約亦由約眾自行制定，禮教色彩比較濃厚，鄉約雖由官方主導，自治元素仍得以部分保留。

2《泰泉鄉禮》

如上文言，明太祖重視基層教化，圖以禮法控制社會，以保障政權的穩定及持續。自洪武以降的百餘年間，由官府推動的教化生效，社會穩定有序，民風儉樸循禮，百姓各安其份。明代中期，商品經濟的發展逐漸改變了明初以來的崇儉去奢，遵禮循規，重本抑末的民風美俗開始鬆動，社會從淳厚儉樸逐漸走向崇尚奢華，商宦累積大量財富，商賈地位大大提升，社會消費慾望興旺，奢侈揮霍之風甚熾。蘇州、杭州、北京等大城市，富商巨賈消費豪華，生活奢靡，上行下效，人民崇富學奢，互相攀比，禮法廢弛，捨本逐末。當時不少士紳憂心時局衰壞，民風頹廢，於是大力推動家禮、鄉禮、鄉約等民間道德教化，力圖扭轉歪風。

黃佐（一四九〇——一五六六），字才伯，號泰泉，香山（今廣東中山）人，晚年遊於王陽明，跟其辯論知行合一之學，其後獲任江西僉事，後任廣西學督。黃佐滿腔儒家淑世情懷，見時局敗壞，欲力挽狂瀾，遏止頹風之蔓延，於是參照《呂氏鄉約》、《朱子家禮》、王安石之保甲制等，於嘉靖九年（一五三〇年）制定《泰泉鄉禮》[7]（下稱《鄉禮》），旨在「……敬身明倫，講信修睦，主鄉約以勵規勸，而謹鄉校，設社倉，則豫教與養，秩里社，聯保甲，則重祀與戎。身心既淑，禮樂備舉，凡以約其情而治之，使鄉之人習而行焉，善俗其有幾乎！」藉道德教化，重建崇德尚禮的社會秩序（程時用，二〇一五）。《鄉禮》之教化着重在明倫，敬身、立教、修睦講信、倡冠婚喪祭四禮，同時推行鄉約、鄉校、社倉、鄉社、保甲五事：「一曰鄉約，以司鄉之政事；二曰鄉校，以司鄉之教事；三曰社倉，以司鄉之養事；四曰鄉社，以司鄉之祀事；五曰保甲，以司鄉之戎事。鄉約之眾，即編為保甲。鄉校之後，立為社倉，其左為鄉社。各擇有學行者為鄉校教讀，有司聘之。月朔，教讀申明鄉約於鄉校，違約者罰於社，入穀於倉。約正、約副，則鄉人自推聰明誠信、為眾所服者為之，有司不與。」

《鄉禮》着力於政、教、養、祀、戎五事，成為一個比《呂氏鄉約》及《南贛鄉約》更為完備的多功能基層治理體系。五事之中，除了保甲屬官府的事務外，其他四事主要由民間力量負責，體系雖含官治成份，但主要以民治為主，有濃厚的民間性質。《鄉禮》主要承繼了《呂氏鄉約》及《南贛鄉約》的精神及做法，尤以前者的道德教化為重點。《鄉禮》的明倫是明人倫、別親疏、崇孝敬、存忠愛、廣親睦、正內則及篤交誼。敬身之法有四：篤敬以操行，忠信以慎言，節儉以利用，寧靜以安心。立教是在鄉里廣設鄉校，推廣教育。教分三大類：小學之教，大學之教及鄉里之教。小學之教是對八歲以上小兒「教以正容體，齊顏色，順辭令。務在樸厚醇謹，事事循規蹈矩。必先孝弟，內事父母，外事師長⋯⋯。」大學之教是就十五歲以上子弟，「教以言行相顧，收其放心，以學顏子之所學。言溫而氣和，於怒時遽忘其怒，而觀理之是非，則怒漸可以至於不遷。⋯⋯」鄉里之教，以士大夫擔當鄉師，告喻鄉人「父慈子孝，兄友弟恭，夫和婦順。⋯⋯善相勸勉，惡相規戒，患難相恤，婚喪相助，出入相友，疾病相扶持。」

就教導子弟禮義方面，《鄉禮》力陳當時教育之時弊：「今人空教子弟念書對對，念得

7 《泰泉鄉禮》，《欽定四庫全書》本，諸子百家，中國哲學電子化計劃，全書連序共六卷。https://ctext.org/wiki.pl?if=gb&res=605634，下載於二〇一六年三月十二日。

對得，固是子弟聰明，但不知子弟情性何如，氣質何如，事親何如，交友何如。手不執灑掃之事，身不習趨事之勞，耳不聞正樂，目不見正禮，隨子弟自家資質做去，多有率意妄行、習與性成、惡人同歸者也。」強調教化的正道是：「社學之教，不專於念書對句，務要教其愛親敬長、隆師親友、習禮樂、養性情、守教法、禁遊逸、遠玩好、戒驕縱。如此教之，斯可變化氣質，為大學之基本。」

鄉校即社學，創設於元代，是農村的基層教育機構，教育農家子弟基本的禮儀道德。朱元璋十分重視基層民眾的教化，下令廣設社學於鄉里，於是社學遍地開花。社學初由地方官員籌辦興建，其後流弊頻生，官員從中歛財，強民入學，造成擾民，其後太祖命民間自行辦學，官府不得干預。社學不單對年青學子啟蒙養正，同時亦負責鄉民的教化，端正民風。鄉校的教讀（師）負責諭俗、勸農及提倡禮節。諭俗的工作包括：教子以興禮義，禁火化以厚人倫，辟異端以崇正道，敦樸儉以保家業，息爭訟以免刑罪，化愚頑以息盜賊。勸民則包括勸農及勸孝。宣禮節方面，教讀要於每月朔望之日，將朱子四禮向約眾宣讀及講解。同時倣效《呂氏鄉約》及《南贛鄉約》，各鄉約設有簿書制度，記錄約眾的善惡行為，作為監督及獎懲之用。

農與孝是中華農耕文明的兩大基石，農乃生存之道，孝是人倫之本。《鄉禮》的第三卷內的「勸農文」及「勸孝文」，彰顯了處於倫理核心之農與孝的價值及規範，這特色是其他鄉約論述中少見的，值得重視。

（1）勸農

「勸農文」：「民生之本在食，足食之本在農。農不力，則不足以養。養不贍，則不足以教。故先王之教其民也，因天地之性，順人物之生，分土受田，統之以鄉州黨族閭里，而導之以孝友睦婣任恤。故行不出倫理之外，士不出畎畝之間。」

「勸農文」直接引用朱熹之勸農條目：

○大凡秋間收成之後，須趁冬月以前，便將戶下所有田段一例犁翻，凍冷酥脆。至正月以後，更多着遍數，節次犁杷，然後布種。自然四泥深熟，土肉肥厚，種禾易長，盛水難幹。

○耕田之後，春間須是揀選肥好田段，多用糞壤拌和種子種出秧苗。其造糞壤，亦須秋冬無事之時預先剗取土面草根，曬曝燒灰，旋用大糞拌和入種子在內，然後撒種。

○秧苗既長，便須及時趁早栽插，莫令遲緩，過卻時節。

○禾苗既長，稈草亦生，須是放幹田水，仔細辨認，逐一拔出，踏在泥裏，以培禾根。其塍畔斜生茅草之屬，亦須節次芟削，取令淨盡，免得耗土力，侵害田苗，將來谷實必然繁盛堅好。山原陸地可種粟麥麻豆去處，亦須趁時竭力耕種，務盡地力，庶幾青黃未交之際，有以接續飲食，不至饑餓。

○陂塘之利，農事之本，尤當協力興修。趁未耕種之時，各將自己田畝開浚陂塘，修築圩岸，毋至後時，追悔莫及。如有怠惰不趁時工作之人，仰眾列狀申縣，乞行懲戒。如有工力浩瀚去處，私下難以糾集，即仰告縣官為修築。如官不即措置，即告於鄉約，約正及鄉老別為區處。

○桑麻之利，衣服所資，切須多種桑柘麻苧。婦女勤力養蠶織紡，造成布帛。其桑木，每遇秋冬，即將旁生拳曲小枝，盡行斬削，務令大枝氣脈全盛，自然生葉厚大，餧蠶有功。

○本鄉貧民往往逃在他鄉者，各家挨查招回，及時耕種。

○吃酒穿衣，甚妨農事。若不系祭祖祭社兇吉聚會，及造作屋舍之時，俱不許吃酒。其穿衣俱不許長袍大衫。

○大凡農桑之務，不過前項數條。然鄉土風俗亦自有不同去處，尚恐體訪有所未盡，更宜廣詢博訪，謹守力行，只可過於勤勞，不可失之怠惰。《傳》曰：「民生在勤，勤則不匱。」《經》曰：「惰農自安，不昏作勞，不服田畝，越其罔有黍稷。」此皆聖賢垂訓明白，凡厥庶民，切宜遵守。

（2）勸孝

「勸孝文」引用《孝經》來闡釋孝：「用天之道，因地之利。謹身節用，以養父母。此庶人之孝也。」跟着對引文再作說明。「用天之道」是指「……每到春來便耕田，夏來便耘田，秋熟及時收割禾稻，冬閑及時修整屋舍，早起便幹家事，晚睡莫出村鄉。都看天時，幹爾生計。」

因地之利的意思是：「高田種早，低田種晚，隨地所宜，栽種果菜。硬泥築作垣墻，軟泥燒作磚瓦，鋤得深闊，砌作魚塘。」

謹身之道：「又念我身父母所生，十月懷胎，三年乳哺，被人殺害，可惜父母，負了深恩，得忍且忍，莫要打人，『打人』人亦打爾。得休且休，莫要殺人，殺人人亦殺爾。常在家中，莫出外去。」

節用之方：「財物難得，常要愛惜。食足充口，不須貪味。衣足蔽體，不須奢華。莫喜飲酒，飲多失事。莫喜賭博，好賭敗家。故能謹身便不憂惱着父母，能節用便不饑寒着父母。謹身節用即是孝順。」

養父母則必做以下各事：「每日早起，帶子弟向父母前作一揖，送上新茶一盅。早飯、午飯、晚飯，都請父母上坐，與妻子旁邊看照飲食。父母夜睡，先去床前看一看。每出門，與父母說知，作一揖，歸來亦作一揖。如無父母，早起即去陰靈神座前作一揖，有茶有飯，都去供養，如在生前一般。如父母要作歹事，小心勸諫。」

與其他的鄉約不同的另一特點是，《鄉禮》提出了為官之道，告誡官員應做及不應做的事。應做的事包括律己以嚴、撫民以仁、存心以公、蒞事以勤四大官德。十樣不應做之事包括斷獄不公、聽訟不審、淹延囚系、慘酷用刑、泛濫提解、招引告訐、重疊催科、科罰取財、縱吏下鄉、低價買物。這十事都是怠忽職守、濫權瀆職、為害鄉民之惡行。

明代的皇權比前朝的更為集中，專制體制愈加鞏固，政府控制民間愈加厲害。在高度集權下，民辦鄉約自然無法擺脫朝廷的干預，為了求存，一些宗族主導的民辦鄉約便主動向朝廷尋求認可與支持，而朝廷認識到鄉約有利於基層之控制，亦樂於支持鄉約，鄉約不單能在官督的情況下得以延續，且被給予民辦時所沒有的政治正當性，提升了其在鄉民間的權威及被接受性(楊亮軍，二〇一六)。然而，這一轉變卻令明代鄉約的民間性減弱，官府性愈加增強。到清代，鄉約更演變成朝廷地方行政單位，鄉約原有的民間性全失。

明代其他著名的鄉約或有關論述，包括了葉春及(一五三二—一五九五)的《鄉約篇》，章潢(一五二七—一六〇八)《圖書編》；呂坤(一五二六—一六一八)的《鄉甲約》，陸世儀(一六一一—一六四二)的《治鄉三約》。以葉春及的鄉約論述為例，收錄在其《惠安政書》的鄉約共四十六條：冠四條、婚十二條、喪八條、祭五條、明倫五條、禁邪七條、務本三條、節用二條，對鄉民生活作頗為完備的規約。明代中期地方社區自治有以鄉約作為實踐的案例(朱鴻林，二〇一三)，如上文言，山西及河南分別有推行鄉約，著名的包括山西潞州仇氏之《雄山鄉約》，此鄉約參照《藍田鄉約》，配合仇氏家範而製成。受《雄山鄉約》之影響，呂柟於山西解州制《解州鄉約》，並於其所創立之解梁書院內行之。徽州祁門人余光於山西運城推行鄉約，相仿呂柟的做法，先建正學書院，然後在書院內推行《運城鄉約》。河南方面，呂柟門人運城人張良知為河南許州當官，在余光於運城推行鄉後五年，在許州亦行之。明代嘉靖二十三年(一五四四年)，廣東增城亦有鄉約的推行，鄉約創立者為儒官湛若水，他在退休鄉官後制定了《沙堤鄉約》，在家鄉沙貝村其所創建的天關書院內推行。

第四節　宗族鄉約化

明代朝廷利用宗族來推廣鄉約，而宗族亦借助鄉約將族人組織化，宗族鄉約化代表了明代鄉約推行的特色，亦是鄉約發展的重要階段。根據常建華（二〇〇四，二〇〇五）的研究，江浙贛地區的宗族鄉約化的情況如下。一、浙江：地方官員借助宗族力量來推行鄉約，浙江比其他地方較早出現宗族鄉約化。時任永嘉府知縣及溫州府知府的蘇州府長州人文林在任期間推廣鄉約，並模仿鄉約的模式，制定族範及設立族長，治理宗族事務。弘治十一年（一四九八年）文林在溫州府推行鄉約，要求宗族自立宗約，以治族人。文林推行鄉約主要是解決當地興訟的民風，規勸鄉民止訟。文林推廣鄉約的理論根據是來自張載、呂大鈞、司馬光、朱熹等大儒的論述，及明太祖朱元璋的《教民榜文》。二、江蘇：江蘇鎮江府丹陽縣姜寶（一五一四—一五九三）是在萬曆前十年在族內推廣鄉約的成功例子。丹陽知縣業氏推行方法是宣讀聖諭六條，及行移風易俗的事，鄉約推廣初期遇到阻力，因鄉紳不願充當約正、約副之職。跟其他鄉紳不同，姜寶在族內推行鄉約，制定家規，並借助官府之力量推行家規。官府於是與姜寶合力以其模式來推廣鄉約，官府及家族雙方都可得益。三、江西：萬曆南昌府志有南昌府大規模宗族鄉約化的記載，以撫州府樂安董氏家族最具代表性。董氏家族在弘治二年（一四八九年）已開始經營宗廟、立約亭等宗族鄉約化措施，嘉靖末年到萬曆初年是鄉約化的高潮。董燧乃江右王門後人，特尊鄉約，於萬曆二年（一五七四年）制定《董氏大宗祠祠規》，祠規十四條中含遵聖訓、供賦役、崇禮教、敦儉樸、息爭競、積陰德、修武備、勤職業、宗正學等，反映其參照了太祖之《教民榜文》，及《呂氏鄉約》等。四、安徽：皖南地區宗族盛行，是典型的宗族社會，宗族鄉約化很具代表性。嘉靖四十四年（一五六五年）徽州府推行鄉約，用鄉約組織模式將宗族組織化，設置約正、約副職，及設約所，宣讀聖諭，立遷善改惡簿等。當地的鄉紳對宗族鄉約化紛紛響應，視鄉約化有助於家族的治理，對維護社區秩序有益。休甯縣范氏於嘉靖四十五年（一五六六年）建宗祠，立《統宗祠規》，祠規首條是「聖諭當遵」。古林黃氏族譜中的祠規亦將聖諭當遵為首條。商山吳氏宗族鄉約化的過程及細則在《商山吳氏宗法規條》（成於萬曆中葉）有詳細的記載。祁門縣的文堂陳氏是將鄉約與族規結合的好範例。陳氏於隆慶六年（一五七二年）制定《文堂鄉約家法》，家法中的主體文獻：《聖諭演》及《文堂陳氏鄉約》分別佔全份家法文字的三分之一，連同家法的多篇序言是記載宗族鄉約化的珍貴文獻。至清代，徽州的宗族的鄉規民約的建設一直持續（卞利，二〇〇四 a，二〇〇四 b），鄉約化及聖諭化是其特色。

第五節 清代鄉約與社會控制

鄉約發展到清代，國家干預比起明代更上一層樓，皇權全面及徹底的介入，宣讀聖諭比前朝更加深化，名為教化鄉民實是對人民思想的箝制，鄉約的民間自治性喪失，淪為朝廷的地方行政單位。鄉約從北宋的民治經過明代的民治官治並行，演變到清代的全面官治，鄉約的共同道德規勸及相互約束的特性消失，取而代之的是國家自上而下的強制法律的懲治（常建華，二〇〇八；王廣義，二〇〇九；段自成，二〇〇八a，二〇〇八b，二〇〇九a，二〇〇九b；張德美，二〇一五）；鄉約的民間性壽終正寢，成為朝廷權力的延伸。

經歷此番巨大的變化，鄉約內含的皇權色彩愈濃。清初的帝王的聖諭都被納入地方鄉約，成為鄉約的綱要。順治九年（一六五二年）頒佈的《聖諭六言》，康熙九年（一六七〇年）的《聖諭十六條》及雍正二年（一七二四年）的《聖諭廣訓》，都成為鄉約的綱領。此外，鄉約規定約民每月塑望聚集聆聽約正宣讀聖諭，宣傳皇帝的諭訓，令皇帝的諭訓直接延展到基層。再者，宋明時代約正是被推舉的，被選的人是靠個人的品德聲望，不是靠身份。清代則以身份來選人，約正是從秀才、舉人、貢生員內挑選的。這些人都是科舉出身，深受儒學薰陶，對君王忠貞不二，服從官僚體制，不會生事叛逆。昔日鄉約內含的自治及教化元素被稀釋或消失，鄉約淪為朝廷對基層控制的工具。隨着家族的鄉約化（常建華，二〇〇六），清代的鄉約與宗族建立了前所未有的緊密連結，皇帝的聖諭不單成為鄉約的綱要，同時成為家法族規的核心，皇權跟族權互相連結，令皇權直接伸展到每一家族之內，成功地從根部對社會作全面的控制。

清代鄉約雖是官辦，但仍有少數留名後世的鄉約，如李光地的《同里公約》和陳瑚的《蔚村三約》。李光地（一六四二—一七一八），字晉卿，號厚庵，名「安溪先生」，福建安溪縣湖頭鎮人。康熙九年進士，入翰林院，後為文淵閣大學士（職級相當於宰相）兼吏部尚書。為官四十八載，政績卓著，康熙帝多次賜予御匾，以表彰其德政官品。李光地除了良政惠及鄉里外，還制定有名的家訓族規，為鄉里創立村規民約，《同里公約》是最有代表者，公約規約鄉民忌犯盜竊、姦淫、賭博、盜耕牛私宰和放火焚山等有損鄉里之事，鼓吹善良風俗。清初另一個著名的鄉約是《蔚村三約》，由太倉人（太倉今屬江蘇）陳瑚創制。陳瑚字吾夏，明末舉人，明亡後，不願出仕清廷，隱居於昆山蔚村，制定鄉約，每年元夕前後在村中公廟前聚集鄉人，用孔孟之教化之，宣讀鄉約內的孝悌、力田、為善三要：「本村有孝弟、力田、為善三約，這就是聖諭的道理。孝，便是孝順父母；弟，便是尊敬長上；力田，是各安生理；為善，就是和睦鄉里，毋作非為。」

第六節 文人社約、會約、學規

鄉約之外，社會還有多種民間規約，用作聯繫非血緣社群的行為規範。文人結社之規約就是其中一種。蕭雍的《赤山會約》、劉宗周的《證人社約》、沈鯉的《文雅社約》、顧憲成的《東林會約》、施璜的《塾講規約》、楊繩武的《鐘山書院規約》、丁奇遇的《讀書社約》都是有名的例子。跟文人社約關係密切的規約是書院私塾規約。文人多抱儒士淑世精神，冀望以教化移風易俗，設置書院私塾，訓育鄉里子弟，而書院之學規及章程，實是民間規約的表表者。著名的書院如白鹿洞書院、嶽麓書院等都有著名的學規。此外，清人余治編的《得一錄》之內所有收集民間規約，跟民間救濟互助息息相關。《得一錄》雖然收集了不少跟慈善事業有關的規約，其中最有名的如北宋大儒范仲淹創制的《范氏義莊條規》，其餘的規約，包括《同善會章程》、《保嬰會規條》、《恤嫠會條規》、《儒寡會章程》、《葬親社約》、《保墓良規》、《施棺代賒條約》、《冬月收養遺孤條程》、《救火章程》、《施藥局規條》、《棲流局章程》、《義倉章程》、《救荒章程》、《捕蝗章程》、《放生會章程》、《恤寒會事宜》、《教孝條約》、《義學章程》等都涉及葬親、保墓、救荒、救災、社倉、義學、防蝗、救濟。這類被清人視為善事類的民約，其實都同時具備了一般鄉約所包含的互助互惠，患難相恤，同舟共濟的特質。

結語

鄉約自北宋藍田呂大鈞兄弟的創制，歷近千年的流變，由明朝的興盛走到清代的衰落，由民治演變到官辦，由單功能的道德教化變成集軍事治安教化互助等多功能的體制，反映了鄉約的曲折及豐富多姿之歷史（王日根，二〇〇三；朱鴻林，二〇〇四；秦富平，二〇〇六；董建輝 二〇〇六；汪毅夫，二〇〇九；金根，二〇一四；欒淳鈺，付洪，二〇一六）。如前文所言，《呂氏鄉約》的實行限於小區域，故無直接的影響力。經朱子門人的努力推廣，鄉約與地方鄉社結合，鄉約逐漸深入鄉間。明代帝王重視民間教化，是鄉約得以深入民間的關鍵。明成祖頒佈《呂氏鄉約》於全國；之後，朝廷更將鄉約向全國推廣，隨着民間的宗族鄉約化，鄉約與族規互相結合，鄉約的推廣達到了高潮，鄉約由鄉村推廣到部分城市，此時有些鄉約已由民辦變成官辦。明代鄉約的特色，是將鄉約跟保甲、社學、社倉等連成一體，成為融合教化、政治、救濟、祭祀、軍事等的多功能體制，鄉約成為有效對社會控制與管理。經此重大的變革，鄉約原來的民間自治元素便被官府的控制所取代，鄉約從民辦變成官辦，成為朝廷行政體系的延伸。到清代，官辦的性質進一步鞏固，鄉約成為宣傳皇帝道德訓令的工具，並產生不少流弊。聖諭宣講流於形式，鮮有教化功能，且官員敷衍了事，鄉約長選人不當及胥吏對鄉約長的濫權剝削。民國初，鄉約雖有短暫的復興，但最後難逃衰敗（董建輝，二〇〇六，頁三〇〇—三〇三）。雖然如此，鄉約原初代表的民間自主自發的治理精神，在現代社會應仍有重要的價值，不應輕易抹殺。

第四章

民間契約與庶民倫理

根據楊國楨（二〇〇九）的研究，目前被發現的中國古代契約文書數量龐大，估計有超過千萬件之多，且種類豐富多樣，以明清時期契約無論在數量及品種都比其他時期多及豐富，因此，無怪學者都稱明清社會為契約社會。契約文書不單呈現了古代的經濟活動及人們經濟關係，同時展示了社會中各式各樣的人際關係，其中倫理的含量相當豐富，代表中國社會的民間倫理形態不單是以德性為主導，同時包含了深厚契約倫理的成份。德性訴諸個人的道德品格及美德，契約倫理展示倫理含共同協議，彼此同意及承擔的成份。「二十畝地，一頭牛，老婆孩子熱炕頭」是古代社會的百姓生活寫照，此句未說的是，百姓生活多方面都涉及契約，透視了人們的共同協議、承諾（馮學偉，二〇一一）。田地及耕牛是生產資料，老婆孩子是家庭生活，熱炕頭是庶民遮風擋雨溫暖的居所。無論從土地、生產、家庭、住所等民生大事，都滲透着契約的元素。民間契約內涵的倫理，是反映庶民倫理的一面鏡子。

第一節　契約與生活

在傳統中國，契約的使用並不局限在土地買賣、租賃、典當等經濟生活上，同時廣及家庭及社會生活，涉及面甚廣。與經濟生活及生產資料有直接關係的契約有土地契約、賣田契、典田契、租佃契等；而賣田契本身可分為活頂田面（正契）、活頂田面（副契）、活賣契、賣契（絕賣契、賣斷契、永遠賣斷契、杜賣契）等。不同的契約分別代表了經濟活動中的不同關係與安排。家庭生活的契約亦種類繁多，與婚姻有關的契約就有十餘種，包括求婚書、允婚書、答未許書式；定帖、擇吉喜帖、親迎帖、聘禮單、妝奩單、婚書、紅帖；夫妻關係的就有賣妻文契、典妻文契、賣妻找價書、放書、休書、男子再婚書、再婚再嫁書。其他如自行出嫁書、室女招婿、養老婿贅書、自己成家進贅字、坐產招夫、招婚合約都是跟婚姻有關的契約。家長跟子女關係的契約涉及分產的有鬮書、分單、分關字；賣女的有賣女文約、轉賣女文約、出抱親女文約、賣姪女文約等，反映出家族差別對待子女，只出賣女兒的惡劣習俗。人們與居所的契約，包括賣房契、賣契、加契、絕契、門房上下契、歎契、升高起造契；典租房屋：典房契、租房文契。商業活動的契約：指地借錢文約、出賣生意文約、出頂腳力生意文約，加頂價銀文約，允讓承還約等。東主與僱工之間有勞務契約、僱長工契、芒工文字、守僱契、僱船夫契、僱腳夫契、承領造作字、包攬挑貨帖、攬載貨物文書式、看約、當身文契、年限僕婿約等。

第二節 契約簡史

遠至西周時期，古中國就有契約的記錄（張傳璽，一九九五；霍存福，二〇〇八；隆奕，姚茗川，二〇一四；阿風，二〇一六；乜小紅，二〇一七）。《周禮》「六日聽取予以書契」、「七日聽賣買以質劑」（《周官．小宰》）中的書契及質劑，跟今天的契約相當近似。在一般的財物交易中，古人都用書契為依據。《周禮．地官．司市》有「以質劑結信而止訟」之説，意思是，有契約為依據就可以為訴訟結案。鄭玄解書契：「凡有責者，有判書以治則聽」，判書是指契約，能拿出契約的申訴，官府才予以受理。屬於判書形式的古代契約分三類：傅別、質劑、書契。傅別是借貸契約；質劑是買賣契約，大型交易（如田地或房舍）用的長形契約，稱之為「質」；小買賣（家用器物）用的短形契，稱為「劑」。書契狹義上指契約，又分兩種：契約憑證，不付利息的賒貸契約。古人書契寫在簡牘上，將交易細則一式兩份記錄在簡牘的兩邊上，及在中間寫上「同」字，將簡牘從中間一分為二，兩家各得一半，將來若要核實時將之合起來，若「同」字的左半與右半契合則證明交易屬實，稱之為「契合」。

唐宋時期，民間借貸、租賃、買賣、僱傭等私契，都為法律所承認，是民間財物所有權的證明。若遇到所有權的訴訟時，是否擁有契約是決定所有權的依據。認領遺失物，契約亦是必要的依據，只要「券證分明」，就會物歸原主。

民間自立私約有二千多年的歷史。依出土的唐代契約文書，民間確有立私契的習慣。民間立私契的目的主要是防偽。紙張發明後，契書寫在紙上，一式兩份的做法從此一直保持不變。變化者是，將二契各折疊一半合起來，在兩契的背面寫上「合同」二字，「合同」二字各一半分別在兩契紙的背面。檢證時，若兩契背面的「合同」字吻合就是真契。這種書寫契書的習慣一直沿用到明清時期。

契書必須有交易人的簽名或畫押，契約才屬可信及有效。今天的契約都沿用這個習慣，契約必須有當事人的簽名，印章或指紋才算有效。此外，契書上必須有簽約時在場的見證人，並在契約上列明見證人。漢魏以後，契書簽約的見證人又稱「時人」、「書卷」等。到唐代，稱為「知見人」、「見人」。另外，契約還多了保人的創制，保人不單見證簽約同時是交易的擔保人，保證契約的人會遵守契約，及承擔被擔保人毀約時的責任。再者，契書有違契受罰的條款，在十六國時有紙本契書出現時，罰條款就開始出現。

契約跟皇權是有密切關連的，皇權是立契雙方是否忠誠地執行契約的仲裁者，對違約者作出制裁，皇權的介入因此賦予契約權威性。唐代用國家法制嚴懲「負債違契不償」者：「諸負債違契不償，一匹以上，違二十日笞二十，二十日加一等，罪止杖六十；三十匹，加二等；百匹，又加三等。各令備償。」（《唐律疏議》卷二十六雜律）國家力量介入私契，目的是防止違約行為，確保契約必須遵守（佚名，二〇一四）。

從東漢至唐五代，北宋、金、元、明收藏到的三十九件買地券中，分別出現了「如律令」、「以為析（律）令」、「一如律令」、「有私約者如律令」、「民有私約，如律令」等文字。這都表示契約如同國家的律令一樣，結約者必須遵守。買地券是為死者虛擬的買賣土地契約，其中使用「如律令」片語，學者認為是模仿真實的契約而作的。理由是，從吐蕃佔領時期的敦煌的五張便麥契，都有「仍任將此契約為令六（律）」、「仍任將契為領（令）

〔律〕」等文字。依王國維的考證，《觀堂集林》卷十七：「漢時行下詔書，或曰『如詔書』或曰『如律令』，……如律令一語，不獨詔書，凡上告下之文，皆得用之。」（轉引自霍存福，二〇〇八，頁五八。）

民有私約如律令是由來有自的。民間兩造私下締結契約，兩方都必須遵守，如同百姓必須遵守皇帝下的律令一樣。意思是，私約具有律令的效應，議定之後必須執行，不得違反。北涼時期的吐魯番契約[1]，包括買賣田契、賣薪、買作人、買舍、租佃契、借貸契、傭用契，大部分都有「民有私要，要行二主，各自署名為信」的文字。其後，唐代也沿用這類契約語言。唐代吐魯番契約對此略作修改，變為「官有政法，民從私契」。唐代包括買賣、租佃、借貸、博易、傭用、傷害賠償等契約，都有此套語。

1 一九五九年至一九七五年，考古工作者在新疆吐魯番縣的阿斯塔那和哈拉和卓古墓葬區出土近萬片漢文文書。一九七五年，有關當局組成吐魯番出土文書整理小組，將文書近一千八百件，編成《吐魯番出土文書》，自一九八三年至一九九一年由文物出版社出版，共十冊。

第三節　古代契約

古代中國民間社會很早使用契約，且滲透到生活的各個層面。早在西漢景帝初年，已出現商業合夥的約定。一九七三年，湖北江陵鳳凰山十號西漢墓出土了木牘六片，其中二號木牘（長二三—二三．五，寬四．六—五．八釐米）的正面上寫上「中舨共侍約」字樣，背面有六行文字，是一份多人共同制定的合夥契約。約定的文字如下：

《中舨共侍約》

1. □（年）三月辛卯中，販長張伯、石晃、秦仲、陳伯等十人
2. 相與為販約。入販錢二百。約二：會錢備，不備勿與同
3. 販。即販直行，共侍於前，謁病不行者，罰日卅，毋人者庸賈
4. 器物不具，物責十錢。共事以器物毀傷之及亡，販共負之。
5. 於其器物擅取之，罰百錢。販吏令會不會，會日罰五十。
6. 會而計不具者，罰比不會。為販吏餘（集）器物及人。販吏秦仲。

木牘內的「舨」字有不同的解讀（李明曉，二〇一〇），但多解為販之意，中販指中轉販商之意（黃盛璋，一九七四）。共侍，指供應儲備，而中轉販商在經營中涉及將貨品儲備

的一環，共侍被解讀為儲備似乎合理。換言之，此乃經營中轉販商的合夥契約。契約的大意是，舨（販）長張伯等十人合夥經營中轉販賣的生意，合同或契約列明合夥人各出資二百錢，並遵守合約的規定。約定包括合夥人要將錢悉數交齊，不交齊者則不能入夥。合夥者要遵守約定，若有病不能工作者就要每天罰錢三十，合夥人無人來工作得而僱他人來代替；器物不具備者罰錢十；工作時把器物損壞或遺失，由合夥人共同負擔；擅自拿取器物都罰錢一百；販吏令作報告而未有按時作報告每日罰五十；去做報告但未有帶備相關資料，罰項如不如期報告一樣。

另一件出土的東漢買地契約：《侍廷里父老僤買田約束石券》，是一九七七年在河南偃師縣城南二十公里的緱氏公社（鄉）發現的。石券高一五四、寬八十、厚十二釐米。石券正面陰刻隸書十二行，共二一三個單字：

1. 建初二年正月十五日，侍廷里父老、僤祭尊
2. 于季、主疏左巨等廿五人，共為約束石券里治中。
3. 迺以永平十五年六月中，造起僤，斂錢共有六萬
4. 一千五百，買田八十二畝。僤中其有訾次
5. 當給為里父老者，共以客田借與，得收田
6. 上毛物穀糧自給。即訾下不中，還田，□
7. 轉與當為父老者。傳後子孫以為常。
8. 其有物故，得傳後代戶者一人。即僤

9. 中皆訾下不中父老，季、巨等共假賃
10. 田。它如約束。單侯、單子陽、伊伯通、錡中都、周平、周蘭、
11. □□、周偉、于中山、于中程、于季、于孝卿、于程、于伯先、于孝、
12. 左巨、單力、于稚、錡初卿、左中孝、尹思、錡季卿、尹太孫、于伯和、
尹明功

《侍廷里父老僤買田約束石券》是有關居民集資購買田地的合約（林興龍，二〇〇七）。漢代的僤泛指民間組織，名稱各有不同（又稱單或彈），漢代的地方行政單位分為鄉、亭、里。里的區域範圍由五十戶至一百戶不等。此僤活動在侍廷里一帶。石券內的二十五人應是指僤的二十五位代表，而不是指二十五戶戶主。里內由德高望重及擁有一定資產的長者擔任里父老，負責里內大小事務，石券記錄了民眾集資買田，給里父老使用以賺取收入，作為里父老為里服務所需的經費（林興龍，二〇〇七）。

漢代簡牘的私人契約，簡牘旁都以刀刻劃三道痕。買賣衣物是常見的私人經濟交換，發生在戍卒，低級官吏與在地居民之間，並立契約為證（孫瑞，陳蘭蘭，二〇〇六）。依漢代的規定，邊塞的官府要向來自內地郡縣的戍卒發放衣服，因官吏主要是邊郡人有家庭支援，因此不發放衣物。寄來的內地衣物包括了絲織品等是邊塞區難得的物品，導致官吏會經常跟士兵購買此類物品。此外，在地居民亦會與士卒作類似的交易。《居延漢簡釋文合校》收錄了以下兩件發生在戍卒與低級官吏間的衣物買賣契約：[2]

（一）

建昭二年閏月丙戌甲渠令史董子方買鄣卒□威裘一領直七百五十約至春錢畢已

旁人杜君雋［二六點一］

（二）

七月十日鄣卒張中功貰買　布章單衣一領直三百五十三堠史張君長所錢約至

十二月盡畢已旁人臨桐史解子房知券□□［二六二點二九］

第一份契約指的是，甲渠（地方名）的董子方（人名）的令史賖買鄣地（地名）名叫「□威」的戍卒的一領裘，價錢是七百五十，得在開春前支付衣錢，杜君雋（人名）是這次交易的旁人（中間人）。第二份契約意思是：鄣地的戍卒張中功（人名）賖買三堠（地名）的史官張君長（人名）布章單衣一領，價錢為三百五十，衣錢要在十二月前付畢，臨桐（地名）史解子房是這次交易的中人。

韓森（二〇〇九）認為契約是人們日常生活的協商方式及結果，從六〇〇年到一四〇〇年間，契約文書可以揭示庶民在日常生活中如何使用契約。

吐魯番盆地，現屬新疆維吾爾自治區，在唐朝時是邊緣地帶。該區乾燥氣候，保存了大量文物。一九五九年在修建灌渠經過阿斯塔那，是昔日的中古城市高昌的墓地，發掘了

2　謝桂華、李均明、朱國炤，一九八七，轉引自孫瑞，陳蘭蘭，二〇〇六，頁一六七。

阿斯塔那和哈拉和卓兩塊墓地，發現很多文書。吐魯番出土的一千六百份文書中，有契約二百五十件（《吐魯番出土文書》），反映了契約的普遍性。在唐代，吐魯番的住民多是不懂漢文的少數民族，但亦有不少是被朝廷流放到此的漢人。吐魯番平民的交易都是以物易物，也用契約在日常的交易之中。一名叫左憧熹的折沖府衛士於六七三年下葬，陪葬物中有十五份契約，日期由西元六六〇年到六七〇年間。左憧熹亦放高利貸，用一份契約買了一名十五歲的奴僕，另一份契約用來買了九十捆草。左憧熹墓中發現的契約中有十份是分別跟不同的人訂定的契約。以下是左憧熹的一份借貸契約：[3]

乾封元年四月二十六日，崇化鄉鄭海石，于左憧熹邊，舉取銀錢拾文，月別生利錢壹文半。到左須錢之日，索即須還。若鄭延引不還左錢，任左牽制鄭家資雜物，口分田園，用充錢子本直。取所製之物，壹不生庸。公私積負停征，此物不在停限。若鄭身東西不在，一仰妻兒及收後保人替償。官有政法，人從私契。兩和立契，畫指為信。

錢主 左

舉錢 鄭海石

保人 甯大鄉張海欣

保人 崇化鄉張歡相

知見人 張歡德

宋代沿用唐代的契約政策，將私契與官契分開，不過宋王朝欲將契約成為國家收入的一種管道。十到十三世紀中國商業發達，民間使用契約日漸普遍。老百姓在日常的交易上喜用契約，在鹽、茶、稻米及其他作物的交易都會使用契約，涉及大量金錢的大買賣的商人亦慣用契約。此外，老百姓典當財物、僱用女僕、收養子女、宣告結婚、租賃土地或買賣田產都會用契約。宋政府要人民付契約稅，且一次又一次地提高契稅，但上有政策下有對策，老百姓總能千方百計逃避納稅。例如，官府絞盡腦汁要百姓登記土地，但百姓則避開登記（韓森，二〇〇九，頁一〇四）。此外，偽做契約相當普遍，人民在價格上做假，以減低交稅的責任。朝廷向地方官員下達命令，要他們努力征稅，稅款用作軍費，支撐宋軍抵抗來自北方的金人的侵略。

蒙古王朝沿用宋代習慣，徵收契稅。民間使用契約亦相當普遍，契約類型很多，不限於土地買賣，還包括兒童、婦女、牛馬等的買賣。就算是鄉下目不識丁的窮人，都一樣使用契約。貧窮的農民靠的是類書，因書內收錄了各式各樣的契約範本可供他們使用，文盲的農民因此照樣可用契約。一些類書的實用性甚高，例如，在一三二四年出版的《新編事文類要啟劄青錢》刊登了很多契約樣式，包括賣斷和典當土地的，僱傭僕人的，又有買賣船隻、馬牛的；此外亦有向保人支付穀物或租金的承諾書，出售山林的告示，借錢和穀物的借據及收養文書（《元代法律資料輯存》，一九八八）。這些樣式證明自從吐魯番和敦煌時代

3 山本與池田，一九八六，頁二一；一九八七，#76 轉引自韓森，二〇〇九，頁三二一，契約中的斜體字表示典型備用句子。

以來，人民在日常生活中使用契約的習慣大致上沒有太大的改變。下面是元代的一份在類書中的契約範例：[4]

典賣田地契約

厶里厶都，姓厶

右厶有梯已承分晚田若干段，總計幾畝零幾步，產錢若干貫文。一段座落厶都，土名厶處。東至［ ］，西至［ ］，南至［ ］，北至［ ］。系厶人耕種。每冬交米若干石。今為不濟，差役重難，情願［ ］到厶人為牙，將上項四至內田段，立契盡底出賣（或雲典）與厶里厶人為業。三面言議，斷得時直價中統鈔若干貫文，系是一色現鈔，即非抑勒准折債負。其鈔當已隨契交領足契，更無別領。所賣價（或雲典）其田，的系梯已承分物業，即非瞞昧長幼，私下成交，幹諸條制並無違礙等事。如有此色，且厶自用知當，合備別業填還，不涉買（或雲典）主之事。如立契後，仰本主一任前去給佃管業（典雲：約限三冬備元鈔取贖。如未有鈔取贖，依元管佃），永為己物。去後子孫更無執占收贖之理。所有上手朱契，一併繳聯赴官印押。前件產錢仰就厶戶下改割供輸，應當差發。共約如前，憑此為用。謹契。

年　月　日

出業人　姓厶號

知契　姓厶號

牙人　姓厶號

時見人　姓X號

元代的漢人與外族的交易就使用了契約。一四〇〇年前後到中國做生意的外商常用的一本《老乞大》旅行手冊，記載了一群高麗馬販到中國賣馬的故事，商人用牙人作為中人制定契約做買賣，手冊還刊登了賣馬契約（Dyer，一九八三）。[5]

4 《元代法律資料輯存》，一九八八，頁二三八—二三九；轉引自韓森二〇〇九，頁一一八。

5 轉引自韓森，二〇〇九，頁一三五。

第四節 古代契約精神

遠在春秋戰國時的慎到，對契約的功能就有論述：「夫投鉤分財，投策分馬，非以鉤策為均地。使得美者，不知所以德；得惡者，不知所以怨。故著龜所以立公識也，權衡所以立公正也，書契所以立公信也，度量所以立公審也，法制禮藉所以立公義也。凡立公所以棄私也。」《慎子》（霍存福，二〇〇八，頁六二）

契約記錄了交易協議，目的是為了求得公信。公者非私也，兩人以上才能構成公，公信即指結約者兩邊的信任。契約是為了兩邊都信任此契約所定下的協議會被遵守的，所立之事是會被執行及不被違反的。集體生活是公共生活，公共生活要有共同遵守及可以執行的機制，維持生活中的互動及合作順暢無礙，契約連同著龜、權衡、度量、符節、鉤策、法制、禮藉等正屬這些機制。若公信未立，紛爭及訴訟容易產生，立公信的引生功能則是預防及終止訴訟。「朝市徵信，則有符、契、券、疏」，中國古代的交易，廣泛使用了券契及符節，因它們是具有公信力的機制。（霍存福，二〇〇八）

唐代的出土契約文書中經常出現「兩和」這個詞，和是指和合，兩和是結約者雙方都和合同意。兩和的規定是表示交易已取得雙方的和合同意，缺乏兩和的契約容易製造紛爭，為交易製造不安全及不可信賴，破壞商業秩序。兩和不只可減少紛爭，同時給予交易正當性及可信性。除立信之外，兩和是契約的原則。值得一問的是，兩和是否表示交易雙方地位平等？交易雙方是否是自願的？（翟海峰，張振國，二〇〇八）。在古代中國等級深嚴的社會，買賣契約上的兩和並不表示交易雙方的地位平等，在不平等的位置上所達致的兩和究竟是怎樣的一回事？古時並無資訊自由，公開透明等要求，地位不平等對強者永遠有利，交易平臺並不平坦，而是向強者那方傾斜的。強者可以利用其市場優勢，或操控資訊，隱瞞資訊，甚至不誠實做假的法，製造種種不公正的交易。因此，兩和原則，只反映了雙方的同意，但不代表是在公平交易狀況下的知情同意，更不表示交易是公平的。交易不能脫離其所處的社會結構及制度，若社會不平等，制度不公正，則公平交易只屬子虛烏有。兩和的契約精神應回到歷史脈胳中審慎理解，不宜作過份的解讀。

在古代中國進行買賣，若買賣的目的物是小型物件時口頭契約即可。若交易物是大型財物，如土地、田舍、牲畜等則要有文字契約。唐代以前並無此法律規定。唐代開始，法律規定：「凡買賣奴婢、牛馬，用本司本部公驗以立卷。」立卷即是要訂立契約。《唐律疏義．雜律規定》：「諸買奴婢、馬牛、駝、騾、驢，已過價，不立市券，過三日笞三十；賣者，減一等。立券之後，有舊病者三日內聽悔，無病欺市如法，違者笞四十。」（韓冰，二〇〇八，頁六二）

民間雖可自行結約，但官府在其中扮演了要角。如上文言，官府對民間私契是有諸多規限的。首先，契約的形式要依循官府的規定。就以買賣契約為例，自宋到清代，買賣契約都要遵守一定的格式。一、契約有統一的格式，包括列明買賣雙方，販賣原因，標的物，立契時間，價錢及交付時間，中人，契約責任等。二、契約分成多類：有官印，無官印；紅契或白契。紅契是已納稅的約，蓋有紅色官印；白契是無官印的約，表示未繳稅款。三、契約一般有「中人」、「中見人」、「憑中人」的中人簽名畫押，表示契約的簽訂是有見證人

的。其後中人的角色更擴大到包括附有連帶責任的擔保人角色，這習慣一直沿用至今。（韓冰，二〇〇八，頁六三）

古代中國的契約，對結契人的身份亦有所限制，誰跟誰結約得受制於反映當時社會習俗的律令，不是任何人彼此同意就可以自行締結契約。《唐律雜令》有規定：「自唐元和六年後來條理，典賣物業，敕文不一，今酌詳舊條，逐件書一如後……應典，賣，倚當物業，先問房親，房親不要，次問四鄰；四鄰不要，他人並得交易。房親着價不盡，亦任就得價高處交易。」有些地方的家族族規亦有類似的家族優先的條款，規定出賣田宅時，族人不買時才能賣給外姓人。中國古代的契約自由是受民間家族主義的風俗所限制的。

結約者的身份不單受到官府的限制，買賣的標的物亦受到管制。有些物品，如火炮、馬甲等，是禁止私人交易的。例如，明朝禁止古器、鐘鼎、符印、軍器等物品交易。茶、鹽等百姓日常必需品都列為官賣品，商人要取得府官的許可證才能販買。此外，官府對借貸的利息亦有所規定，不是全由交易雙方自行決定的。唐代對借貸利息有以下的規定：「諸公私財物出舉者，任依私契，官不為理，每月收利，不得過六分。積日雖多，不得過一倍。」（韓冰，二〇〇八，頁六四）。

下文以徽州民間契約和清水江苗侗族契約，探討中國傳統社會的契約生活。

第五節 徽州民間契約

古徽州位處今天安徽省南部及部分連接江西東北地區。靠近今天黃山山麓，安徽省歙縣正好是古徽州的心臟地帶。徽州揚名後世的特產是商幫，商幫及其文化是與契約習俗有着密切的關係。徽州山多地少土貧，糧食的生產僅足夠當地人口。然而隨着唐宋之後的黃巢之亂及靖康之亂，大量的中原人口往南遷，移民大批湧入徽州地區，糧食生產不足以支撐不斷增長的人口，迫使大量徽州人外出經商謀生。「前世不修，生在徽州，十二三歲，往外一丟」正好說明徽州人習商的傳統。徽商崛起於南宋，明清時期已形成一股舉足輕重的商幫，飲譽於商界。紅頂商人胡雪巖正是徽商的表表者。徽州地區以新安江為主流的水利運輸系統，加上徽州地區的土產，如林木、竹、茶葉、瓷土、與及漆、墨、紙、硯等作坊產品，為徽商往杭州販賣的物產，而徽州缺乏的物資，包括糧、鹽、布、棉等，就得從外區輸入區內。這樣剛好形成一個物資交易系統，而徽商的生存與發展，都靠這商品的交易為基礎，經營林木業、鹽業、茶業、典當業。商人使用契約的習俗很自然在商業交易頻繁的環境中形成及興盛。徽商經營有成，累積的資本除了用來擴大經營外，其中不少是用來在家鄉購買土地及蓋建樓房，而土地買賣便產生了大量的土地契約，房屋契約等。徽商特別重視家族的子弟的教育，不借斥巨資興建書院、社學、私塾，又辨很多的文會，推廣文化。徽州文風昌盛的結果，是受教育的人明白契約對交易安全的保證，尤容易接受以契約作為交易的介體。

自北宋宣和三年（一一二一年）開始，徽州人就開始用契約，一直沿至明清時期。徽州契約傳統崛起於北宋，鼎盛於明清時，長達千年，歷史悠久。厚重的契約傳統為徽州贏得「契約社會」之雅號。徽州現時保存下來的契約文書有數十萬份，這豐富的文化遺產可助更全面理解徽州社會的多個面向（楊國楨，二〇〇九；劉志松，二〇〇八）。不妨從契約種類，中人兩方面一睹徽州契約社會的面貌。

徽州契約種類豐富多樣，包括買賣契約、借貸、抵押、租佃、析產、繼承、典當，涉及人與財物交易與擁有的事宜。以下就部分契約的內容作簡介。徽州的買賣契約佔契約的大多數。契約分為大買、中買。小買指只買地皮，不買地骨，中買是既買地皮亦買地骨。買賣的標的物包括土地及房屋。土地包括田地、山地、菜園、墳地、苗山、塘田、地基等。典當契約大多數是有關房屋及土地，有的也涉及山林。租佃契約的標的物主要是土地及房屋。借貸契約有關金錢，契內附有利息條款。析產契約通常跟繼承契約連在一起。析產繼承契之中，大多數是龜書，契內的當事人都具有血親關係，有財產清冊，有分配方案，及有眾書合寫的防偽標記。抵押契約有關房產和地產。此外，還有其他類型的涉及財物的契約，包括退業契、交業契、收領契等。這些不同的契約都分別代表了不同形式的交易，各式各樣的商業關係：買賣、租佃、典當、抵押、借貸等，結約者跟標的物之間三元關係之多樣性，不同的契約將之作好安排，並為雙方所合意的。契約大部分都有中人，為立約的雙方扮演見證人的角色，令契約更有保障，而由於有中人的保證，令人們對交易更有信心，契約於是更能廣泛地使用。中人之所以能發揮這種作用，主要由於中人具備權威及可信賴。事實上，契約的中人多是族長來擔當，而立約雙方的親房亦是常見的中人。

徽州的土地契約文書數量龐大，種類多樣，反映徽州人家族、社會、勞動、財物等方面的複雜及多元的關係。以土地契約而言，除了買賣土地契約外，土地租佃契約亦是相當普遍（楊國楨，二〇〇九）。明清時期流行地主招佃制，亦可反映當時的農業生產關係。民間租佃分為一般租佃及永佃兩類。明代租佃契約格式有二：地主使用的招田契式，佃戶使用的承佃格式。招佃契式有兩類：田批式和園批式，一般內容包括地租、交租期限、量評、承佃人的義務、處罰等，立契人為地主，式文如下（楊國楨，二〇〇九，頁二九）：

某宅有田一般若干畝，坐［落］某處，今有某人前來承佃，年約乾員租谷若干石，早六冬四理還，任憑本宅量秤，不許拖欠及轉佃他人。如有此色，即時召佃，不得執占。今欲有憑，立田批付照。

承佃契約的立契人是佃人，此契有多種名稱，包括承田批式、佃貼、佃榜、租批等，式文如下（楊國楨，二〇〇九，頁三十）：

某里某都住人姓某，今托得某人作保，就某里某人宅承佃得晚田若干段，坐落土名某處，計幾畝，前去耕作管得，不致拋荒，逐年到冬，實供白米若干，挑赴某處倉所交納，不敢少欠。如有此色，且保人甘當代無詞，今立佃榜為用者。

年　月日　佃人　姓某　押　文字

保人　姓某　押

田主僱用大量的農工進行生產。明中葉後，僱傭文約已相當流行。明後期出現僱長工契式、僱長工契、僱工帖、僱工文約、僱工契、僱工議約、傭工議帖等二十多種式文，式文一例如下（楊國楨，二〇〇九，頁四二）：

某縣某都某，今為無活，情願空身出傭於家，佃田生理一年，當日議定工錢文銀若干正，其銀定限定按月支取，所有主家什色動器械毋得得疏失，如有天行時契，蛇傷虎咬，皆系自己命，並不幹主人事。今恐無憑，立此為照。

僱工契約的一般格式包括立契人，出僱原因，出僱方式，僱用期限，工資，僱工工作範圍及要做事項，茲就各項簡述之。立契約名字寫在契文之首，一般寫明仕地，也可只書僱工名字。出僱原因包括今為無活，今因家無生理，貧無活計等。出僱方式有托中和面議兩種。托中即托人介紹僱主及代議工資；契上無托中，憑中字眼是僱工跟主家面議。僱用期，一般是一年。一年後仍僱用則另行立契。僱用期可由三年到二十年。工資，一般是按季支取，以銀兩支付。工銀只指工資，不含工食，工食一般由僱主負責。僱工工作範圍，類似於今天的僱員權利及義務，行文如下（楊國楨，二〇〇九，頁四三）：

○佃田生理，……所有主家什色動機械毋得疏失。

○耕田，……朝夕勤謹，照管田園，不敢躲懶；主家雜色器皿，不致疏失。

值得注意的是，契約沒有寫明主家對僱工的義務，包括工銀、工食、住宿等在契約中略而不書，但僱工則要表明任何天災意外都屬天意，僱工要自己承擔，僱主全無責任。僱用契約中的不公平，由此可見一斑。值得思考的是，僱工契約是否包含了現代契約自由精神，即僱主與僱工都可以自由選擇是否結約？僱主跟僱工的自由是很不相等的，事實上，僱主的選擇自由遠大於僱工。僱工在選擇僱主或議定工錢的自由都相當有限，很多時在生活迫人，家無生理的困境下基本上毫無自由可言。不單如此，僱工在受僱後，名字被列入僱主戶帖或門牌下，僱工不僅是僱主的勞動力，同時人身受到僱主及其家屬及家族成員之支配及使喚與管轄，僱工與僱主之間出現了人身依附（楊國楨，二〇〇九，頁四四）。

徽州契約還有其他的例子。《目錄十六條》記錄了反映徽州婺源地區百姓日常生活的契約文書，其中不少是關於家族的財產分配和繼承的文書，又稱「分家書」。[6] 例一是父母親將財產分給兒孫。例二是父母俱亡的分家（王振宗，二〇一一）：

例一

立分單人△娶妻△氏，幼藉父兄而蔭庇，長賴內助以成家，一生勤力，三省存心，誕生六子之榮，兼育三媛之秀，女嫁男婚，媿美子平願了。惟△男轉繼歸宗，△

6 又稱「分單」、「分關」和「鬮書」、「龜書」等。

男寂寞靡餘，△男不壽，幸有孫枝△男，足帶殘疾，未曾婚配。雖各有榮枯之不一，亦天命之所致，非可得而欲也。而今夫婦偕老，且觀桂子森森，蘭孫翼翼。不意身沾隔疾，壽享終年，是以將所屬田皮肥磽相兼，三面品搭，各自拈鬮為定，其屋宇山場各項眾業，不在開述，日後分爨，務要均平，取和為貴，無得占吝。如有強梗者，以違逆公論。今欲有憑，立此分單一樣△張，各執一張為照，子孫昌熾。

例二

慨自吾父諱△，母△氏，夫婦勤勞，耕種是務，育予兄弟俱未及冠，不意父忘[亡？]失怙，惟母是賴，撫我兄弟成立。及母沒，怙恃無依，兄弟同處。思光前業，頗置有數畝之田；慮裕後居，粗構有數椽之屋。營運籌應，蓋亦有年，但思兄弟雖和，九世之家，尤為分析，是以敬延戚族，將承祖及父所遺之業，與身兄續置之產，三面品搭，均分為定，肥磽相兼，拈鬮為定，毋得生情異説占悋。自立鬮書之後，務要平心和好，仍舊同居，各盡其職，如有異心，各自煙爨，照鬮管業無異。今欲有憑，立此鬮書一樣二本，各執一本為照。

例三

嘉慶八年（一八〇三年）王仕謨等立合夥文約（黟縣）（田濤，二〇一二，頁八三）：

立合夥文約人王仕謨，師翰同何鳴玉三人緣以意氣相投，頗在知己。今各出本銀六十兩，共成銀一百八十兩整。合同生理取店名號曰義盛。務要□力齊心，毋得始勤終惰，則庶乎人以情聯而利以義而生矣。爰立條規，一樣三紙各收一紙存照。

出本銀開列予左：

收仕謨歸本銀九十兩，系各樣貨物，內何鳴玉頂價本銀三十兩，面言周年加二行息付仕謨。

收師翰歸本銀九十兩，系各樣貨物，內何鳴玉頂價本銀三十兩，面言周年加二行息付師翰。

○店租以及傢夥井豬圈菜園，議迭年納租銀十二兩整。

○店內夥計並遠親朋概毋許賭博駕碼，違者罰銀十兩。

○夥計迭年三十夜謝神，務要焚讀誓狀，各自洗心。

○店內倘有銀錢不足，務必三夥相商公價，毋得私自獨行。

○店內夥計無事，不得日夜在外閑遊至有弊端，違者罰銀十兩。

○迭年盤結店底先收本銀坐定，取二分利息再將所撰開折，各位辛力仍伏銀眾存店生理。

○夥計三人議共合辛力銀二十二兩整，各位准支一半，毋得越分。

何鳴玉得辛力銀十兩翰得辛力銀八兩任謨辛力銀四兩系子一人在店辛力

嘉慶八年正月初二日

立合夥約人仕謨（押）
師翰（押）
何鳴玉（押）
（半書 合同三紙各收一紙）

例四

道光九年（一八二九）方國槐支下族人共管族產合同書（休寧）（田濤，二〇一二，頁八五—八七）：

立議合同方國槐公支下任事人方美朋，方美座公，方美秋，方時健等，今因邀及商議。共有四大股，美盛公一股，美朋一股，美座公一股，美秋一股，各股均派銀錢，續買到美琗美琨名下，收小買契一紙，是時健領去，該小買價七兩五錢，該包還大買豆租三升。又續買到時燈名下大小買契一紙，是美座領去，該大小買價錢二十兩，土名白望塢上塊松林一業。又將下塊松林一業，內有三股照前，原人股數即有美座公同美喜美章三人合一股共也，是四大股。先買到美瑨名下收到小買契一紙，是時健領去，該小買價錢三兩。又買到功美名下小買契一紙，是時健領去，該小買價錢三兩二錢，共包還大買豆租一升，土名同處。以上二號一同買來看養松杉雜木等項，日後挖樹砍椏，照股均分，毋許獲私強横，倘有受買所用銀錢照股均出，不得違拗，俱系至公無私不得生端反悔，如有此情，聽憑股數分內人公議理論，再倘有日後股數之內有人便賣出班外。言定準于便與班內無異，今欲有憑。立此合同一樣紙四紙，永遠存照。

倘有犯者例規開列於後

倘有偷樹者甘罰錢一兩

倘有砍松杉樹者甘罰錢五錢

倘有砍茅柴者甘罰三錢倘有扒柴者甘罰二錢

另有知風報信者，謝錢照依例規加一，決一遺言

道光九年二月　　日立議合同

任事人

方美朋一股　方時禦（押）

方美盛公一股　方時健（押）方時衍（押）方時琇（押）

方美座公一股　方時紹（押）方時杜（押）方時媄（押）

方美秋一股　方時銘（押）方時釜（押）

依日奉筆　方時舉（押）

第六節 清水江苗侗族契約

古代中國使用契約來協調生活的地方不局限於中原大地，除了吐魯番敦煌地區之外，其他的偏遠地區如貴州亦出現契約的生活。清水江下游苗侗少數民族地區近年發現了大量的契約文書，而錦屏縣文鬥村發現的契約文書，很能反映當地人的生活。以下是一份分關（即分家）文書（梁聰，二〇〇八，頁一一二〇）：

> 立分關人宋忠臣，嘗讀孟氏書，父母俱存，兄弟無故，是為以樂也。又對詩曰：兄弟既翕，和樂且湛。則知兄弟，豈忍一旦分居，第尊古訓，切恐反生嫌隙，是以兄弟跪告雙親，商議分居，情願請憑房長在內，將田園，山，油品打均分，拈龜為定。日後照關管業，不得異言爭競。死後無憑，立分關為據。由兄弟協商來決定父母財產的析分。
>
> ……
>
> 憑房長：英璿，英瓓，忠美，忠信，立全同分關一張為據
>
> 代筆；舅父楊武湘光緒三十二年五月二十四日立。

苗侗族的家族分家是有一個過程的：父母與兄弟商議，有房族人參與，由舅父主持的集體行動。分家不是自上而下，單方面無協商的決定，而是關係人的經過協議商量及共同

參與而達成的。因此契約所內含的協議性及共同合意性在家族生活中佔有重要位置。其餘的包括財物買賣契約，盟約簽定均表現出協議，共同參與等契約元素。以下是一個買賣山場的契約（梁聰，二〇〇八，頁一二一）：

立賣山場約人張化寨眾姓人等，為因軍需潔繁，缺少夫馬費用。協同公議，只得將與平敖寨共山一所，坐落地各黨亞他，其山左抵，露猛沖，右抵烏松朱，原系兩股平分，憑中將張化寨范姓一股，出賣與平敖寨姜紹議，國昌，天時，文德，向之，明德，國珍，文遐，八人名下為業。當日當面議定山價銀八兩正，憑中交足不欠，眾姓領回塵應用。其山自賣之後，入從姜姓八代人世代子孫栽杉蓄禁，修理管業，張化眾人不得異言。今恐無憑，立此買山書契，永遠為據存照。憑中：范繼留，玉保，起相，子龍，起祥，元才。

代書：黃有恆

乾隆三十四年二月十八日立。

《永禁碑記》是當地有名的共同契約的代表，碑文記載了十六個寨參與締結的盟約（梁聰，二〇〇八，頁一二二）：

立禁議字：情因我等地方山多田少，全賴杉木為生。近年以來，多有將杉木砍伐以謀私利者，致使無良之輩從而效尤。或入山竊砍，或臨溪偷栽栽，種種弊端，貽害不小。茲我等約眾公議，主杉木只許全根條子生理，不許腰截楝子出售。而黎靖兩屬，亦不留楝子，以滋弊端。自議之後，倘有不遵仍蹈故轍者，一遇運賣楝子即放火燒毀，決不寬恕，窩停之家一同重罰。立碑永遠為禁。

再議

良田為大凡拖木經過田內，必架木欏，不准拖放水廂。如違，送官究治。

此溪之內，不准人進溪淘沙，致破壞水堤田坎。如違，公同送官究治。

五甲：烏杆，大坪，中寨，鮑塘，彭家沖，烏由，烏埡，蔣溪，街衙，老梁家

六甲：上田，偏坡，平芒，唐家沖，雅地，九福塘

皇清道光拾一年七月各村同立。

此盟約同樣涉及彼此的協議商討，共同參與的元素，其突出的地方是結約的關係人已遠超出單獨一個家族的範圍，而涉及眾多的家族，不再是熟人之間契約，而是為數不少的生人之間的共同協議。其餘涉及公共利益的事，包括修橋築路，建祠立寺等都會有共同協商的過程。如此建立的契約助長秩序的形成及維繫，明顯功能是減少紛爭，令不同族人可和諧共處。

除此之外，古代民間社會結社及商業經營亦流行使用契約。唐宋時期之敦煌民間結社盛行，社條乃社員的共同契約（孟憲實，二〇〇二；寧可，郝春文，一九九七）。自貢鹽業業內實行多種契約，包括股份契約、買賣契約、租佃契約、合夥契約、廠規、井規等（吳斌，支果，曾凡英，二〇〇七；徐文，二〇一四），在在反映中國古代契約生活的普遍，及源遠流長的契約傳統。

結語

帝制中華尊德崇禮，然民間社會的契約生活相當盛行。契約生活能在君主專制出現及廣泛存在，揭示了在專制體制下，民間社會仍存在不少自由及自主空間。平民百姓不必全依帝王聖諭之垂訓，或受官僚統治階級制定之法律所控制，亦不必聽命於強人或賢人之指引，或全受身份地位的約束，仍可按照自己的意願，平等地與他人，尤其是無血緣關係的陌生人，建立橫向聯繫，在重要的經濟、社會、家族活動上通過協商合意，自行制定共同遵守的規約，建立生活秩序。此外，古代契約生活的出現亦反映在君主專制下的威權式垂直人際聯繫，及由法令及禮俗所形成的強制性規矩之外，平民百姓仍能自由建立橫向（含平等）的人際聯繫，為所屬社群自行製成共同規範，發展自發自主的民間社會及其倫理。契約傳統的普遍及歷史悠久，同時反映了以契約為本的庶民倫理的普遍與悠久。古人的契約傳統及衍生的民間倫理，以今天文明世界的以民為本的標準來看，確是一項了不起的成就。

第五章

禪門規約與庶民倫理

世俗社會需要規範維繫，方能正常運作。規範令成員的行為有規可循，互動可預測，集體生活井然有序，合作順暢無阻。在世俗社會之外修行的僧尼，是否不從俗，過不受規範約束的僧團生活？答案是否定的，出家人雖然要力圖摒棄世俗之束縛，但生活不能完全規範真空，尤其是當僧人聚眾而居，缺乏制度與規範，僧團生活勢陷於混亂，失去可預測性而變得不穩定，無法持久。禪宗叢林制度的出現，禪門規約的創立及演化，充份說明規範對出世的僧團生活是同樣重要的。禪門規約自創制以來，經歷不同朝代的修正及擴展，以適應時代之需，給予僧團生活穩定的秩序，令禪宗持續發展，歷久不衰。禪門規約不單發揮約束、指引、規管僧尼行為的功能，同時具備建構性功能，為個別僧尼塑造其叢林身份、價值及自我。《百丈清規》(清規)乃禪門規約的始祖，正好為僧團創立基本規範，建立禪門倫理，約束指引僧尼集體生活。

第一節　禪門清規簡史

《禪門規式》，世稱《百丈清規》，或《古清規》，是中國禪宗僧團集體生活的規約（規範與制度），建立禪門秩序，對禪宗的成功發展有深遠的影響。依印度佛教習俗，比丘不從事生產，靠布施為生。佛教傳入中國後，此習俗一直沿用，出家人是居無定所的「雲水僧」，乞食於民，發展至南北朝及隋唐時期，此習俗跟中土崇尚勤儉的農耕文化的民風格格不入，僧眾的不事生產為民間社會所不容，百姓對佛教僧眾漸生反感。禪門高僧感到佛教若能在中土生根繁衍，必須作出調整及改革，以融合於本土文化。馬祖道一禪師（七〇九—七八八或六八八—七六三年）及弟子百丈懷海禪師（七二〇—八一四）對禪門進行改革，所謂「馬祖建叢林，百丈立清規」，汲取上代高僧的創建，整合成一套規範及制度，約束及指引僧眾生活及行為，融合中土文化，使佛教立足於社會，及安穩地延續下去，尤其是對禪宗的繁衍有巨大的影響（黃奎，二〇〇五；王大偉，二〇一三b）。清規的影響力不限於佛門，宋代著名書院的學制及規章均受《百丈清規》的影響。

禪門清規的創制，一般認為始於百丈懷海。事實上，中土佛教建立清規的傳統，可以追溯到東晉時期的道安大師（三一二—三八五），當時他針對佛教內部的弊端，配合國家政策，制定了《僧尼規範》和《法門清規》。百丈禪師創制的禪門清規吸納了不少前人智慧，他廢除乞食的舊習，別立禪居，僧眾居有定所，設方丈制，不立佛殿，只設法堂僧堂，行普請法，上下均力，集體農耕，作息飲食有序（睡姿規定為「右脅吉祥睡」，一天兩餐齋粥）。

創制叢林制度，寺務分置十「寮」，各置首領主事。自此，僧侶集體生活有規可循，秩序井然。百丈禪師俗名姓王，福州長樂人，出家後弘法於百丈山（即大雄山，今江西奉新），故稱為百丈禪師，其後追隨馬祖道一禪宗，得其衣砵，成一代宗師。

唐朝安史之亂後，國家遭到巨大破壞，元氣大傷，各寺院亦難倖免，僧徒生活陷入無依及混亂。清規出現在這個混亂的年代，有以下的原因（于洋林，二〇一〇）：一、佛教自印度傳入中國已達六百餘年，與中土文化互相激盪，作出調整及磨合，佛教不斷吸納中國文化元素，中國化的佛教逐漸成形及成熟，為《百丈清規》提供了理論養份。二、隋唐的統一，促進了全國性的僧團的成立，唐代均田制的推行，有利於寺院經濟，為僧團制度提供了物質基礎。三、佛教初來中土，各僧只精於一門戒律，對其餘的戒律一無所知，時至中唐，佛經的諸部戒律的翻譯工作業已完成，僧侶能掌握全面的律義，並作調整及整合，為清規提供理論的支持。四、懷海以前之一眾高僧，包括道安、支遁、法雲、慧遠都對僧團制度各有創建，令懷海得益不淺。事實上，百丈禪師對禪門清規制定，並非從無到有，而是「於大小乘中，博約折中」，大量吸納以前各大師之作外，還吸納了佛教的固有教義而加以改造。清規基本上是將佛教戒律中國化，而所謂「中國化」是將中國本土文化跟佛教教義糅合。唐代是儒釋道三教成功融合的時期，百丈禪師適逢此歷史契機，將尊師重道、孝順父母等儒家核心教義成功地吸納入清規之內，與本土風俗銜接，令其能存活及發展，並深化了佛教的中國化。

如上所言，佛教初入中土時僧侶生活靠布施，不事耕作，且可免除俗世社會的稅役。唐初實行均田制，僧人可免稅免役，寺院經濟因此得益不淺。其後唐推行兩稅法，除了少數特許寺院外，所有寺院都得賦稅，但仍可免除傜役。由於要繳納稅項，加上僧侶人口大幅增加，寺院財政入不敷支，必須另謀他法增加收入，懷海創制的普請法作為解決之道。

普請法承繼了東山法門的農禪習俗，禪宗四祖道信（五八〇—六五一）及五祖弘忍（六〇一—六七五）其實在禪宗的改革都有貢獻，懷海承繼了他們的努力結果，加上自己的意見而製成清規的。所謂東山法門是指道信及弘忍之法門，道信及弘忍俱弘法於蘄州（今湖北）東山，故名。道信在黃梅縣西之雙峰山建寺弘法歷時三十年，東山法門實指道信弘忍之禪法。尤其是其僧團及法系創製。論者認為，禪宗歷史自東山法門出現才算真正的開始。禪宗的前三祖，菩提達摩、惠可、僧璨的處境多變，際遇坎坷，還有他們的禪法未得到其他宗派的認可，而二祖及三祖更不幸遇到北齊周武帝滅佛之災。道信弘佛於雙峰山時，信徒甚眾，僧團人數達五百餘。道信當時提出「能作三五年，得一口食塞飢瘡」，意思是要僧徒勞動生產，以解決糧食問題。原始佛教有戒律禁止僧眾定居在一地，又禁止僧侶開墾荒耕作，僧侶遊化天下，居無定處，靠施主布施。由於當時僧侶人數不多且相當分散，糧食不成問題。但雙峰山下一旦聚僧五百，情況則跟昔日截然不同，僧眾的糧食頓成攸關的生存問題，必須面對及解決。道信因而提倡坐作並重，農禪並舉，要僧徒墾土耕作，蓋屋定居，生產糧食，自給自足，養活自己。雖然沒有文字記載，要動員五百僧眾進行農作生產，定居生活，沒有一定組織制度，根本無法進行。可以合理推斷的是，道信時期的僧侶的集體生活已有一定的組織性及規律性。發展到弘忍，門徒人數比道信時還多，要填滿飽僧眾肚子，任務比起道信更為嚴峻。弘忍率僧眾墾荒耕作修禪達數十年，農禪並舉之風，對禪門影響至深，日後懷海的「一日不作，一日不食」無疑是農禪傳統的繼承及弘揚。僧眾參與勞動，組織勞動，協調僧眾的集體勞作的規範自然不可或缺。這些都是百丈禪師創制禪門清規的所依循的寶貴遺產。(歐陽鎮,一九九五;鄭炳林,魏迎春,二〇〇四;駱海飛,二〇一三)。

依原始佛教,拓荒務農是有違佛門戒律的,但道信及弘忍面對的是迫切的生存問題,求生顯然比是否違反戒律更為優先,這種因地制宜,與時並進,不昧於傳統的務實精神開啟了禪門的轉化。百丈禪師其後加以發揚光大,將之整合為成文的規範系統,令禪宗能自力更生自給自足地持續發展。(黃奎,二〇〇九:李繼武,二〇一二)經安史之亂,唐朝國力由盛轉衰,安史之亂結束時,百丈懷海才十三歲,當時北方地區受到戰火嚴重破壞,人口大量南移,四處流徙,不少難民為了避難及求安居,流入懷海弘法的百丈山,僧團由此形成及壯大。僧徒來自四方八面、品流複雜、良莠不齊,百丈禪師深覺僧眾團體生活若缺乏規劃及管理,必會生亂。百丈山位置偏遠,人煙四絕,不開拓土地,耕作生產,無法應付糧食問題,懷海面對的挑戰跟其師弘忍遇到的有過之而無不及,但幸運的是,前輩已為他走出了第一步,樹立了模範,令他有所依從,懷海提出普請法,倡不作不食,自力重生,就自然不過了。

《百丈清規》多種版本

百丈禪師所創制的《禪門規式》早已佚失,然按宋代楊億的記載,仍可窺古清規的精要。「吾所宗非局大小乘,非異大小乘,當博約折中,設於制範,任務其宜也⋯⋯於是創意,別立禪居」。《禪門規式》經歷不同朝代,不斷演化,懷海之後的禪僧,對古清規所記多損益折中,產生了不同的版本,但仍大致保留了古清規的內容,不之同之處是後來版本變得更完備。古清規流傳至北宋，由於輾轉流傳，內容混亂在所難免。長蘆宗賾（一〇五六年—？）於崇寧二年（一一〇三年）集合不同版本並將之編為《禪苑清規》，也稱《崇寧清規》，是現存年代最久遠的清規。長蘆宗賾二十九歲從法秀禪師（一〇二七—一〇九〇）出家，其後又投師長蘆宗福禪院。為禪宗雲門系第六世傳人。《禪苑清規》對禪門僧人衣食住行等日常作息制定了禮儀，念經講法等法事儀規，僧職設置等。因此，《禪苑清規》成了日後禪宗清規的楷模。南宋咸淳十年（一二七四年），《禪苑清規》又被編成《叢林校定清規總要》二卷，又稱《咸淳清規》。元代至大四年（一三一一年），又有《禪林備用清規》，通稱《至大清規》。元順帝元統三年（一三三五年），皇帝命江西百丈山住持東陽德輝（生卒年不詳）重修清規。德輝參考《崇寧》、《咸淳》、《至大》三版本重新整理折中，取名《敕修百丈清規》，頒行全國。新版本跟《禪門規式》（《百丈清規》）原始版有很大的出入，自明代以來都通行此版本。除了特指某一時代的清規外，以下以《百丈清規》這名字來統稱自《禪門規式》演化而來的各款清規版本。百丈清規體制宏大完整，複雜多樣，內容豐富，要用心費時，才能了解，然清規有一流行版本（附錄一），雖然過於粗簡空泛，或能傳達其部分神髓。

《敕修百丈清規》對禪宗清規的廣泛流傳有深遠的影響（吳之清，二〇一一；李繼武，二〇一一，二〇一二）。《敕修百丈清規》由公文，正文及附著三部分構成。公文部分收錄了朝臣向皇帝上的奏章及皇帝頒佈的詔敕，詔敕中包含了元順帝於元統三年（一三三五年）指令重編的聖旨。中國古代法制，皇帝的命令分為策、制、詔、戒。初唐法制包含了律、令、格、式四種比較穩定的格式，中唐後敕的比重大於律令。宋代的法制，敕重於律或以敕代律。元循宋制，詔、敕等同於法律。公文部的詔、敕除了指令德輝編寫清規外，同時確定了其國家法律的地位，明示各寺院遵守敕修清規，將其他自行編修的舊規全面禁用。由於新編的清規能與時並進，切合實際，有利於執行，加上有朝廷的加持及強制力，很快就成為寺院管理的制度，代代相傳，延續至清代。

元代翰林直學士歐陽玄為《敕修百丈清規》作序引用禪宗高僧之言，「**天地間無一事無禮樂，安其所居之位為禮，樂其日用之常為樂。**」（頁一二三〇）東陽德輝自言編集《敕修百丈清規》目的是以「一代典章」，「**使比丘等外格非，內弘道，雖千百群居，同堂合席，齊一寢食，翕然成倫，不混世儀，不擾國憲，陰翊王度通制之行。**」（頁一二三三）

《敕修百丈清規》是相當完備的寺院規章制度。九章中，祝釐章及報恩章是關於寺院為皇帝及皇族祈福祝聖的規定。目的是向皇帝示忠。報本章及尊祖章兩章是寺院紀念歷代先祖師的恩澤，以示孝道報本，內容包括佛誕節、涅槃節、達摩忌、百丈忌以及各寺歷代諸祖忌等儀式。住持章及兩序章是關於住持為主，東西兩序為輔的寺院組織結構及管理系統，住持章涉及住持上堂、晚參、普請、入院、退院、遷化、荼毗、議舉住持等一系列的規定。兩序章是寺職分工，西序包括首座、知藏、知客、書記、衣鉢、侍者、湯藥等。東序：都監、維那、副寺、典座等。列職：寮元、化主、園主、水頭等各職事的規定。大眾章，是關於沙彌得度、登壇受戒、道具形式、游方參請、坐禪、普請及料理亡僧後事等的規定。節臘章，是論大眾入寮、建楞嚴會、四節念誦茶湯、結制禮儀、朔望巡堂、月份須知等的規定。法器章是關於鐘、板、魚、磬、椎、鼓等號令法器的説明及其打法的規定。九章的規定極詳細完備，幾乎涵蓋僧眾生活的每一面。時至今天，禪宗寺院管理另訂有《共住規約》（附錄一），為全寺所共同遵守；方丈室、庫房、客堂、禪堂等各處，也另有規約，明示辦事的細則。

《敕修百丈清規》的頭四章是《禪門規式》所無。百丈禪師面對的問題跟元代禪宗面對的問題不盡相同，他要是建立制度及規範，解決寺院治理問題。《禪門規式》在寺務治理，生活起居及禪法教化等方面訂立規則，今只就寺務管理作一簡要補充。寺務治理系統包括領導層，管理幹部的分工，及懲戒制度（王永會，二〇〇一）。寺院設長老一職，是寺院最高的領導，主管全寺事務，又稱化主、首座、後來又稱為住持、方丈。寺務繁雜，要有效分工，各司其職。寺職分工，將僧侶分組，各有首領管理各組事務。例如，職位包括管飯食的飯頭，管菜有菜頭，管淋浴的有浴頭等。僧侶團體的成員來自四方八面，不乏北方遊民，組成複雜，有害群之馬混於清眾之中，為非作歹，要有懲戒制度，對作惡者作出懲處，才能收阻嚇之效，維護綱維，純化僧團，亦可避免獄訟，保護僧團清譽。

《敕修百丈清規》誠然是清規的最權威的文獻，然清道光三年（一八二三年）刊出的《百丈叢林清規證義記》（簡稱《清規證義》）亦是有助更全面了解百丈清規的重要材料。此書是杭州真寂寺源供儀潤禪師為《敕修百丈清規》的注解及補充，儀潤在序中陳述「證義之作」是「引古德成言，疏通而證明之，使文之義愈顯」及「或隨文釋題，或即事顯理，或補其要義，或推廣衍説」（凡例）。除此之外，《清規證義》收錄了比《敕修百丈清規》更多的規約，包括住持章念誦規約、放生規約、庫房規銘、山寮規約、浴堂規銘、收供寮規、園房寮規、下院執事約、旦過堂約、耆舊堂規、剃度規約、受規堂規、淨業堂規、佛七規約、省行堂規等，更完備地呈現了百丈清規的宏大豐富規約系統。

第二節 叢林職位

如上所言，叢林事務繁雜，需要不同的職務分工。近現代的寺院管理的職務分工大致上是沿襲叢林傳統，以下對現代寺院的狀況不同職位及職務作一簡介，亦可透視僧團生活的一斑。現代的寺院管理分五個部（大堂口）：禪堂、客堂、庫房、大寮、衣缽寮，部門名稱跟古代叢林的名稱（古叢林有侍寮、廚房、山寮等）略有出入，各部的職責如下表：

現代寺院職位職務表

禪堂	
維那	○禪堂的主要負責人。凡禪堂中有違犯清規者，他都有權予以懲罰。上殿時，維那掌管佛教儀式的起腔領念，以音聲為佛事，有如佛教樂團的總指揮。
悅眾	○維那的副手，若維那不在，禪堂可由其代管。悅眾在上殿時具體敲打樂器，配合唱念，並教初學參禪僧人的禮儀。悅眾可設置數人。
知藏	○熟悉佛教三藏典籍，主管和保護重要的經藏，相當於圖書館的館長一樣。
藏主	○執掌經櫥鑰匙，定期晾曬經藏，負責佛教書籍的保管和借閱，相當於圖書管理員。
參頭	○也稱「禪頭」，禪堂中參禪最久或最熟練者。他主要承擔的是，為初學參禪的僧人做出示範和起到表率作用。
司水	○每天早晨打洗臉水，準備早、中、晚的漱口水，出坡後的洗腳水等。
圊頭	○每天挑送淨桶，沖洗廁所，更換洗手水，洗曬揩手帕等。

客堂

知客	○客堂的主要負責人，掌管全寺內外日常事務和接待僧俗客人事宜，其地位相似於辦公室主任和接待處長。
照客	○為客堂和知客辦事，照料客人，打掃客房等。
寮元	○雲水堂的負責人，根據客堂安排，接待來寺院的雲水僧。
僧值	○由於這個職務原來未設專職，而是由僧眾輪流值班，故名。主要職責是代方丈管理檢查僧眾威儀，相當於糾察一職。
殿主	○大殿的管理人員。其職責是照管油燈、香燭，擺設供器、供品，清潔佛像、佛殿等。
香燈	○殿堂的管理人員，與殿主職責相同。
鐘頭	○負責敲鐘的職務。
鼓頭	○負責擊鼓的職務。
夜巡	○負責夜間巡邏和打照板報時刻的職務。
門頭	○守護山門的職務。
書記	○負責寺院的文秘工作。

現代寺院職位職務表（續）

庫房	
臨院	○俗稱當家師，既是庫房的主管，也對寺院各堂口的工作進行督察，權力僅次於方丈。
都監	○都監的序職在寺院中是最高的，他在禪堂的位次，坐在監院上首。他上輔住持，下助監院，一般在日常生活中很少管事。
副寺	○監院的副手。指導庫頭們的工作，負責寺院的生活及佛事用品，並對財務進行監督。
庫頭	○負責庫房的管理工作。
莊主	○俗稱「下院當家」，凡寺院所屬莊田的一切事務都由莊主負責。
園頭	○經管寺院的菜園。
監收	○主要負責購進實物的驗收等。

大寮

典座	○大寮的主要負責人，寺院的生活總管。
飯頭	○負責煮粥做飯，隨時掌握人眾之去來，水米之增減。
貼案	○負責做僧眾的齋菜和佛殿的供菜。
菜頭	○負責廚房用菜，包括選菜、洗菜等。
水頭	○保證供應大寮做飯菜和燒茶等生活用水。
茶頭	○保證供應僧眾每天的茶水。
火頭	○專管飯菜的爐灶，掌握火候。
磨頭	○負責寺院磨米等使用磨所做的事情。
行堂	○在齋堂為進齋僧眾鋪碗筷、盛飯菜和添加飯菜，齋畢又收拾和清洗碗筷的事務。

現代寺院職位職務表（續）

衣缽寮	
衣缽	○ 是方丈和尚的直接助手，負責收發信件和草擬文書等，還可代替方丈接見來訪者。
燒香	○ 侍者寮的負責人。凡方丈說法，主持佛事，出位拈香、禮拜、上堂、上供時，均由燒香高捧香爐，走在方丈前面。
記錄	○ 主要為方丈寫法語，傳戒時寫請啟，為各種佛事寫疏文等。
湯藥	○ 負責在方丈生病時煎湯熬藥，故名「湯藥」，也是方丈小灶和上客堂的廚師。
請客	○ 有人會見方丈，先由他稟報衣缽或方丈；方丈或衣缽有指示，也由他向外傳達。
聖僧	○ 負責照料方丈的穿衣，飯後漱口，為方丈背行囊等。在佛教儀式中，當為方丈傳爐、開具等，是方丈的侍者。
行者	○ 在方丈廚房燒飯烹茶及幹雜活的僧人。

（來源：《叢林寺院清規大全》，佛弟子文庫。http://www.fodizi.tw/fojiaozhishi/17441.html，下載日期：二〇一六年九月十二日）

此外，古叢林的部門除了規定職務內容外，還附有規約。例如，如上文所言，庫房有「常住財物出入規銘」（十八條），客堂有「客堂規約」（二十七條），廚房有「廚房規條」（十條），而山寮有「山寮規約」（七條），「浴堂規銘」（共十一條），「收供寮規」（十六條），「園房寮規」（九條）等。連同本章下面討論的其他規約，充份展示了一個全面由規約來約束、指引、規管的僧團生活，而百丈清規完美地建構了一個以規範為本的巨細無遺的僧尼生活秩序。

第三節　禪門戒律

如上文言，早於《禪門規式》出現之前，禪宗僧眾共同禪修時就必須遵守戒律。原始佛教為僧尼制定了各式各樣的戒律，包括比丘二百五十戒，大比丘三千威儀，八萬四千細行。佛教傳入中國後，戒律則需要作調整，才能融入本土，為信眾所接受。戒律的中國化已經為日後的清規的出現埋下種子（王月清，二〇〇〇）。道宣（五九六—六六七）的南山律學正是佛教律學中國化的好例子，其《教誡新學比丘行護律儀》內就包含了二十三章規範的論述，提出了有四六六條之規範，巨細無遺地規範僧徒的日行為，可以說是禪門清規的雛型。不同類的戒律，均被傳承為日後清規的規條。例如，入寺第一內有十一條規條，其中第五條及第九條日後成為清規之一部分。下面列出被吸納的戒條（轉引自黃奎，二〇〇八，頁二九—三〇）：

○入寺第一（十一條）第五條：不得踏殿塔影。第九條：涕唾須知屏處。

○事師法第三（五十一條）：第一條：常瞻師顏色，勿令失意。第八條：師語未了，不得語；第十二條：若被訶罵，當須自責，軟語懺謝。

○在寺住法第四（三十一條）：第八條：行不得左右顧視。第二十一條：不得惡口罵人。第二十六條：廊下行，不得高聲語笑。

○在院住法第五（五十五條）：第三條：須用三重密絹，細心濾水。第四十三條：凡欲把經先須皂英洗手。第五十條：若有病者，當慈心始終看之。房院有人睡時，不得打動作聲，及高聲語笑。

○在房中住法第六（三十二條）第二十四條：臥不得赤體。第二十九條：凡掛鞋履，不得過人頭，致人面上。第三十條：緣身衣衣裳須淨潔，勿令垢及污氣。

○二時食法第八（六十條）第二十一條：凡欲上床，不得露腳踝。第三十五條：凡所吃食，不得太急，猶如餓人；又須把鉢碗，就口；又不得食滿頰邊如獼猴藏。

○食了出堂法第九（十條）第一條：眾中食了，不得漱口作聲。第二條：眾中食了，不得吐水至鉢碗中及餘處。

○上厠法第十四（二十條）第三條：厠前，知有尊宿，當須避之。第四條：至厠前，彈指三下，或謦咳聲，如無人，方入。

○於六時不得笑語法第十（六條）：一．禮佛，二．聽法，三．眾集，四．大食，五．小食，六．大小便。

○入溫室法第十六（十六條）第二條：尊宿未浴，不得先浴。第十條：不得浴室內大小便。第十五條：在浴室內，不得涕唾。

第四節 六和敬原則

禪門僧徒的集體生活得以維繫及延續，除了依循清規外，還得靠六和敬原則（吳之清，二〇一一）。六和敬包括了事和及理和。事和敬包含了身和敬、意和敬、戒和敬、見和敬、利和敬。事理和敬，是指正確認識佛法。事和是為了理和，理和是目的，事和是方法，兩者互相配合。六和敬是依戒律而製成的僧制原則，保障僧團生活有序。和是什麼意思？和是指相順、和諧、相互配合、無間、協調等。《大乘義章》：「**起行不乖，名之為和，以行和故，情相親重，目之為敬**。」六和包括了身和、口和、意和、戒和、見和、利和。以下對六和簡釋其義（吳之清，二〇一一）。

身和敬，是指身和同住，是不冒犯他人，與人和樂相處；是要求不殺生、不偷竊、不淫穢、身體乾淨；行為與他人和同，執行禮拜，上殿、禪坐、過堂等善法，與其他僧眾和合相敬，融合共處。

口和敬是口和無諍，意指避免妄語、兩舌、惡口、綺語等，保持清淨口業，而與人溝通要用語跟人和同，說話祥和，溝通和善，不作惡意攻擊，語言粗暴。行梵唄、誦經、讚嘆等善法。僧眾語言清淨，溝通無諍，就能和合相敬。

意和敬即意和同悅，意指禁止貪、瞋、癡，清淨意念；行意業和同大眾，行信、進、念、定、慧等善法，意業清淨令僧眾和合相敬。意念相通，心意一致，自然心中喜悅。

戒和敬即戒和同修，指各僧眾依其不同身份遵守各自的戒律，遠離一切惡法。

見和敬即見和同解，意思是僧眾對世間法或出世間法的見解都有共同的認識，如對四聖諦、十二因緣等教法的見解是無差別的。想法求同存異，異中求同，不偏執己見，了解對方想法。

利和敬即利和同均，指對自己的一切，包括身體、體力、智慧等，都能以平等心來布施。用共用的原則來分享利益，不獨佔利益。

理和敬是正確辨別諸法，選擇四聖諦，解脫束縛，達致涅槃。理和敬是僧眾的共同目的。

佛祖的門徒有千二百人之多，包括比丘、比丘尼、沙彌、沙彌尼、式叉摩那、優婆塞、優婆夷等七眾弟子，如何令人數眾多的僧團之生活與修習有序，必須依靠規範，而六和敬是支撐規範的原則。當代的禪學大師如星雲大師及聖嚴法師，為了讓更多人能明白六和敬的精義而能應用於日常生活中，分別用簡明的語言對六和敬加以解說。[1]除了原則及規範外，僧團生活的有效管理依靠僧制，包括領導的挑選，各級職位的設置及職務分工及執行等。

1 見聖嚴法師，第三篇〈僧團的共住共修〉及第四篇〈僧團的制度與規約〉，《法鼓晨音》，瀏覽日期：二〇一六年七月一日。

第五節 禪修規範

維繫僧團生活順暢融合的運轉需要不同的規範，其中具代表性的規範包括日用軌範、共住規約、講堂規約、禪堂規約，住持日用規約、清淨規儀等。

1 日用軌範

《百丈叢林清規證義記》（簡為《清規證義》）所載的日用軌範，將僧尼禁戒之事歸為十科：敦尚戒德、安貧樂道、省緣務本、奉公守正、柔和忍辱、威儀整肅、勤修行業、遵規處眾、安分小心、隨順規則。十科之內，有六十七種禁戒（《清規證義》頁九〇五—九一九）：

○ 不得破根本大戒、不得於誦戒時無故不隨眾、不得不孝父母、不得欺凌師長、不得故違朝廷，公府禁令。不得習近女人、不得於受戒之後不知戒相、不得親近邪師、不得飲酒賭戲。—敦尚戒德。

○ 不得營辦美食、不得著豔麗衣服、不得泛攬經事、不得爭儭錢、不得田蠶牧養、不得聚集男女做世法齋會。—安貧樂道。

○不得無故在外閑遊，數歸俗舍。不得習學應赴詞章吹唱雜藝、不得習學天文地理符水爐火等外事、不得習學閉氣坐功及無為白蓮等邪道、不得好興無益工作等。——省緣務本。

○不得非理募化、不得侵剋信施、不得擅用招提之物、不得廢環器用不賠償、不得背眾食、不得不白眾動無主僧物。——奉公守正。

○不得破口相罵，交拳相打。不得受不辱不忍，見於辭色。不得威力欺壓人。

○不得侮慢耆宿。——柔和忍辱。

○不得戲笑無度、不得高聲談論、不得裝模作樣、不得坐立斜倚。——威儀整肅。

○不得無故不禮誦、不得執事怠慢、不得惡人警策、不得作無益、害有益。——勤修行業。

○不得挑唆鬥爭、不得樹立朋黨、不得機詐不實、不得謗訕名德、不得誣毀清眾、不得徇私偏袒。——遵規處眾。

○不得大膽生事、不得謬說經論、不得妄拈古德機緣、不得無知著述誤人、不得招納非人、不得自立徒眾、不得擅留童幼及沙彌、不得己事未明，好為人師。不得哄誘他人子弟背其本師、不得無大故擅入公門、不得妄議時政得失是非、不得輕心謗斥先聖先賢、不得以常住產業等與人、不得侵佔人產業、不得另為煙爨。——安分小心。

○不得令之不行，禁之不止，有過罰而不服，在寺名不入僧次，梗事不容執事人行事，為執事更變成規，不白師友恣意妄為，故與有過擯出人文。——隨順規則。[2]

2 共住規約

《清規證義》之「共住規約」如下（頁九二六—九三一）：[3]

○犯根本大戒者出院。

○禪貴真參實悟，弄口頭禪者出院。

○三五成群山門外遊戲雜話，並閑坐者罰，不服者出院。

○吃葷酒看戲者罰已出院。若重病非病莫療者，白眾方服。

○吃煙者罰。

○故與有過人往復，思害叢林，攪亂好人者出院。

○鬥爭是非，破口相罵，交拳相打，不論曲直，出院。

○理正而忍。

○犯過犯而瞋，理正者不罰，過犯者責出院。

○米麥等物不白住持私賣用者，罰賠償已出院。

○侵損常住財物及砍竹木花草送人者，賠已出院。

○無公事私走檀護，及本俗者定非潛修。即令出院，知而不舉者同罰。

○施護入寺執事私化緣者，量事輕重處罰不服者出院。

○己眼不明，妄評他人見地，出語不自知非者，即令出院。

○課誦坐香出坡，不隨眾者罰，除公事有病者。不服者出院。

○禪堂講話者罰，本堂不舉，待堂外舉者，堂內執事同罰。

○除公事，不在本寮，至各寮縱意放逸者罰，或博弈賭錢者重罰出院，執事不舉者同罰。

○無事不得吃二堂，食時不得談笑，不得爭座位，不得不照位坐，不得未結齋先起。不得自攜碗入廚取食違者罰。

○遇普茶聽規約，除公事不隨眾者罰。不得托人取茶果歸寮，與者取者同罰。常住經書莊嚴器皿概不借出，違者罰。若不得已，白眾方借。

○輕視者德，惡聞直言，妄生誹謗者出院。

○不聽執事人約束調遣及不滿期告假者罰。

○非重病，背眾飲食者罰。私留親友歇宿者罰。

○各寮聞鐘不起者罰。恃己有功，不順調伏者重罰。

○凡受信施物，不白執事人知照即受者倍罰，除親戚鄰友。

○長養鬚髮概不留單。暑天赤膊，不縛褲腳，冬天烘火拼戴小帽者罰。

○常住錢物，出入即登記。朔望兩序公算，失記及含者罰。

2 下文數份規約的文獻的另一來源，可參考藍吉富主編，《禪宗全書》，文殊文化，一九九〇，第八〇至八一冊。

3 今天的禪寺亦有類似的共住規約，見附錄二：柏林禪寺共住規約。

○堂中出外生事者，嚴擯借事起單，永不復入。
○保留有大過人或年輕者或私招徒眾者出院。
○叢林無僧值，則內外不正，弊何能除，法何能立？為僧值宜盡心糾察，不得徇情。如有犯者，照款罰。失罰者，僧值受罰。

3 講堂規約

《清規證義》列出了「講堂規約」條文如下（頁一〇四一——一〇四三）：

○講經期內倘有破本根本戒者，飲酒放逸者，爭人我是非者，謗毀講法及法師同學等者，以上若犯一法，即擯出院。
○托故在外閑遊及應經懺者出院。不隨眾者罰。
○出入衣冠不正者罰。
○每日早粥後聽經者到大殿，搭衣誦本經一卷或禮懺一時，以求消障增慧。
○每日小食後請師講經，須齊到聽講。講大座經三回不到出堂。
○別經雜曲概不許看，違者出堂。
○預日先細閱大座所講經文，庶聽講時易於領會。有不解處下座請問。如懈怠不看，聽講時昏沈放逸者出堂。
○聽經須解義，可期開悟。只圖消文而不解義，決無悟期。若並文亦不消，隨行逐對，虛應故事者出堂。

○講小座先鳴鐘三下，內外俱到。倘小座講錯含糊處，不得戲笑輕慢，有貢高不聽者罰。

○講小座人上方丈告座，乃至大眾前總告座。大眾亦同站班，當值一人亦上香。小座人須回禮，至講完後仍如前告座。

○每日輪次小座外抽簽，講小座以驗日進，除真愚鈍者。

4 禪堂規約

依《清規證義》，僧尼的禪堂活動要遵守以下的「禪堂規約」。規約之首陳明立規的初衷：「古規失檢，怠惰成風，時弊多端，提持則密。雖則現成公案，要須大眾共知。行解相應則無愧於先宗，道德兼資乃有利於末學，是同心共相遵守。」三十一條規約如下（頁一〇九三—一〇九七）：

○鐘板參差者，巡寮跪香行禮，不服者出堂。

○挑唆是非者，交拳破口者出堂。

○除老病共事，私自逃單者掛牌，不許複住。

○禪堂內外閑談雜話者罰。靜中響動驚眾者罰，不服者出堂。

○鳴魚小板等參差不清者罰。

○不顧本分交頭接耳者重罰。

○上堂小參等各搭衣持具齊集法堂，次第而立，有問則出，不得參差，違者罰。

○不滿期不許出堂，除充公執，私自告假者罰，不遵者重罰。

○偷看典章者罰，非時私睡者罰。

○出入不白執事者罰，止靜不到者罰。

○行香坐香不到者罰，失誤散香巡香者罰。

○值日交代不清罰，破壞什物者賠。

○不顧本參亂逞機鋒者罰，妄作拈頌評論公案者罰。

○堂中出入次第而行，違者罰。若竄單亂位，穿堂直過，並無事闖寮者重罰。

○私借堂內什物出外者罰。

○滋事失儀，不聽執事規諫者罰。不服者出堂。

○行坐課誦受食出坡等，不隨眾者罰。

○檢點他人是非，攪群亂眾者罰。

○警策昏沉者罰。爭香板不下單者罰。

○故縱昏沉者罰。爭香板者罰。不服者出堂。

○警策後昏沉者如故者立參。再三警策，昏沉如故者跪參。不服者出堂。

○經行縱橫，談笑涕吐，或鞋物作聲者罰，不服者出堂。

○出外不穿直裰者罰。

○有事他出，歸期失限者罰。

○尊客參堂各依位次，不得失儀，違者罰。

○擅入客堂與人雜話者重罰。

○開大靜後語笑者在監值寮者。在外寮閒鬨者罰。

○私造飲食者罰，或吃煙者重罰。

○鬨靜者罰。

○巡香徇情或以公報私故打者罰，違者重罰。

○小恙給假三天，重病者出堂調養，不得故留妨眾，違者罰。

5 住持日用規約

僧眾要遵守的如「入眾日用」規矩外，住持同樣有日用規矩要遵守。《敕修百丈清規》的住持章內的「住持日用」節有詳細的說明（頁四七—六三）。上堂、晚參、小參、告香、普說、入室、念誦、巡寮、肅眾、訓童行、迎待尊宿、施主請升座齋僧等，是住持要做的事務，簡述如下（黃奎，二〇〇九，頁一五〇—一五五）：

○上堂，是住持於朔望五參或其他節日應邀升堂說法。

○晚參，每晚修禪，後改為旦望五參。

○小參，沒有規定日期的坐參開示。

○告香，住持為新掛搭僧眾舉行的法事儀軌。

○普說，住持向不同對象陳說禪要。
○入室，僧眾入方丈室單獨向住持請益禪理。
○念誦，舊規為三八念誦，元代改為八日念誦。
○巡寮，住持定期巡視僧寮。
○肅眾，以不擾公門，省獄訟為原則的懲戒。
○訓童行，住持對在寺院為僧眾服務的未出家受戒的行者作訓導。
○迎待尊宿，住持代表寺院迎接招待本寺尊宿的禮儀。
○施主請升座齋僧，施主欲請住持升座講法，由知客迎接。施主若要齋僧，須事先與寺院議好齋料用費，以計算布施財物的平均數。若施主只是寄錢齋僧，執事僧辦理齋僧事宜。

6 信息傳遞

團體生活需要不斷的資訊傳遞，僧眾行為得以互相協調，形成秩序。清規內的資訊傳播系統利用兩個方法作傳播與協調。其一是利用鐘、魚、鼓、板等音響的傳播工具傳遞資訊，其二是用榜式、狀式、圖式等文字媒體將資訊傳播。鐘、魚、鼓、板之音響信息系統，廣及由早到晚的主要活動。下面是其運作的細節（《禪苑清規》，「警眾」，頁三十一—三十一）：

○凡聞鐘鼓魚板，須知所為。
○五更鳴大鐘者，警睡眠也。
○次廚前打小鐘子者，開小靜也（諸寮供過行者及燈頭等，並皆先起）。
○次擊廚前雲板者，開大靜也（眾僧齊起，方得折疊單被及上蚊廚）。
○次打長板者，眾僧下鉢也（眾僧一時入堂）。
○次打木魚，眾僧集定也（後到者不得入堂）。
○三通鼓鳴者，住持人赴堂也。
○堂前小鐘子鳴者，眾僧下床，祇候問訊住持人也。
○維那最初打槌一下者，眾僧開鉢也。次打槌一下者，白設粥意也。次打槌十下者，念十佛名也。次打槌一下者，首座施粥也。又打槌一下者，粥遍也。
○粥罷打槌一下者，眾僧下堂也（住持人出堂，眾僧方上鉢）。
○堂前鳴小鐘子三下者，乃放早參也。如不放參，堂上鳴鼓者，升堂也。
○參罷茶畢，堂前鳴小鐘三下者，眾僧下床也。
○齋前聞三下板鳴者，眾僧下鉢也。次鳴大鐘者，報齋時也。
○自餘長板，魚鼓，堂前小鐘，維那打槌，食畢下堂，並同晨粥之法。
○次聞堂頭或庫下擊鼓，或諸寮打板者，眾僧赴茶也。
○聞廚前幸鳴，眾僧普請也。
○聞堂前鐘鳴者，或接送尊官，或請知事，或送亡僧也。
○聞浴下鳴鼓者，開浴或淋汗也。

○至晚堂前鳴鐘三者，放晚參也。

○三八聞大鐘或堂前小鐘者，念誦也。

○黃昏鳴大鐘者，行者上殿念佛也。或聞堂上鼓鳴者，小參也。

資訊系統展示了精心設計，以不同的音響警示不同的活動，其細緻實在令人嘆為觀止（《禪苑清規》，「警眾」，頁三一）：

> 從朝至暮鐘鼓交參，非唯警悟大眾，亦乃說法無間。叢林高士各自知時。開小靜之法（〔先〕擊版三聲，漸漸高大，令聲調暢，從慢至緊，從重至輕為一會，至二會殺聲，徐徐打二下）。開大靜之法（如開小靜之法，但只長打一會也）。打長版木魚之法（並輕手引聲，漸漸高大，令音聲調暢，然後緊慢相參輕重相應。凡至一會略歇少時，所貴節會分明，令聽者不悞。至三會殺聲，徐打三下）。上堂小參打鼓之法（先輕擬鼓面三下，然後重手徐徐擊之，使其緊慢相參輕重相應。音聲和暢起復連環，隱隱轟轟若春雷之震蟄。第一會延聲即長擊。會終略歇少時。第二會連聲稍促，更不歇聲，即便轉通。第三會一向〔纏〕聲擊之。候住持人陞座方始殺鼓，雙槌連打三下）。齋鼓粥鼓之法（並擊三會。如陞堂之法，但節會稍促而已）。浴鼓茶鼓普請鼓之法（並長打一會，更不轉通也）。擊堂前小鐘之法。入堂鐘（輕手引聲，漸漸高大，住持人入堂即立）。放參鐘（先打版三下，然後緩擊三聲）。念誦鐘（如開小靜之法。住持人入堂燒香

罷，於僧堂前立，維那殺鐘，念十佛名號訖。兩下，然後殺之）。下床鐘（更不擊版。連打二下）。接送請知事送亡僧鐘（唯打一會）。維那打槌之法（先問訊訖。右手仰把槌柄臥砧面上，令槌頭向身，展左手兩指仰副槌楞，徐運槌柄旋轉擊之，即覆左兩指接砧楞然後手正，下槌不得過五寸，一轉槌不得離卻本位也）。打大鐘之法（先輕手擬鐘三下，慢十八聲，緊十八聲，三緊三慢共一百八聲。當職行者燒香禮拜誦偈訖然後擊之，偈云：三塗八難，息苦停酸。法界眾生，聞聲悟道，念竟即時輟之）。堂上鼓侍者主之。庫下鼓監院主之。齋粥版木魚開靜典座主之。堂前小鐘維那主之。大鐘如不請鐘頭。維那主之。打鐘行者典座主之。已上鐘鼓如不應法，則致令輕重失宜緊慢無節，並當曉諭，令音聲和暢為上。

7 清淨規儀

清規特別重視清淨，清淨不只是佛門的核心價值，不同文化中的世俗社會亦將清潔視為基本價值。佛教教義視世俗社會為不乾淨，出世就是要脫離污濁。僧徒在日常修行要悉心保持清淨，包括身體、器物，及所處環境的清淨，保持自身的生理、語言、意念的清淨。原始佛教教義就區分了三種洗淨：洗身、洗語、洗心。禪宗到宋元時代，對這三種清淨都有規定。北宋《禪苑清規》的大小便條規指示，僧人「如厠時臨厠彈指三下，以警啖糞之鬼。不得涕唾狼籍，努氣作聲，厠籌劃地，隔門壁共人語笑。」如厠後必須洗、盥漱，「准律須

嚼楊枝，准律若不洗淨，不得坐僧床及禮三寶，亦不得受人禮拜。」（第七卷，頁三三）

禪門對身體清淨程式規劃之精細詳盡，實在令人大開眼界：

洗淨之法，冷水為上，如用熱湯引生腸風。右手提瓶左手用水（仍護第一第二指），不得撒水污地及槽脣左右。用籌不得過一莖（有人用籌訖自洗而出）。洗手先灰次土，至後架用皂莢澡豆並洗至肘前。盥嗽訖（准律須嚼楊枝）還至本處，收掛子淨巾。問訊袈裟披之。准律若不洗淨不得坐僧牀及禮三寶，亦不得受人禮拜。初到廁門，如內有人，不得謦欬彈指及以語言相逼。如先在廁上。覺外有人，即須早出（自洗籌者至此不宜）。（第七卷，頁三三）

宋元禪院規定僧徒寒月五日一浴，暑天每日淋汗。負責管理浴室是執事僧知浴，地位很高，因為佛家的沐浴是佛事，非世俗的一般洗澡，佛家沐浴除了生理上的清潔外，還包含了意念上的清淨。

第六節 寺院領導

清規的寺院管理及領導方面的有關規定尤具特色。北宋《禪苑清規》「請尊宿」條對挑選住持有下的規定(頁三五):

監院,維那內推排一人,外頭首內推排一人,並前資勤舊推非有心力,曉叢林,慣熟了事者數人,具人合用錢物行李轎等,或舟船要用之物。官疏、院疏、僧官疏、諸院長老疏、施主疏、閑居官員疏、住持帖、本州縣開報彼處州縣文牒、官員書信、院門茶榜,並須仔細備辦如法安置。如錢物之類,須選一僧主管收支,不得多用,亦不得太儉,防避官中儉點。並不得張皇聲勢,出於不意為上。

《至大清規》「住持後事」,有規定如何挑選新住持及防止交接中出現腐敗:

○補處住持,兩班集大眾會議,須宗眼明牛白,德劭年高,行止潔白,堪服眾望者,眾狀保申。須合諸山江湖公選,方為與論。知事,耆舊毋擅私情,叢林得人,令法久住。若倚財勢,營生結好,冒名進銳,斯道喪矣。(轉引自黃奎,二〇〇九,頁一三三)

○……若住持得人，法道尊重，寺門有光，為勤舊知事者，不可以鄉人法眷阿黨傳會，不擇才德，惟從賄賂，致有樹黨徇私，互相攙奪，寺院廢蕩。（轉引自黃奎，二〇〇九，頁一八四）

領導的要件

依《禪苑清規》，住持需具下列的才具品德（「尊宿住持」，頁三六）：

宜運大心，演大法，蘊大德，與大行，廓大慈悲，作大佛事，成大利益。權衡在手，縱奪臨時，規矩準繩，故難擬議。然其大體，令行禁止必在威嚴，行直影端莫如尊重；量才補職略為指蹤，拱手抑成慎無掣肘；整叢林規矩，撫循龍象高僧；朝晡不倦指南，便是人天眼目。

南宋《咸淳清規》：「夫為主者，所貴待人以厚，臨事以莊，察語言之邪正，識狂妄之亂惑。勞苦不可不恤，過失且宜自知。倘能如此，則器大聲宏，本隆末盛矣。」（轉引自黃奎，二〇〇九，頁二二七—二二八）

元代中峰明本撰的《幻住庵清規》之「庵主」段，對庵主的人格處事的要求，代表禪門領導所需具備的條件：

夫為庵主者即叢林所以長老也，譬如屋之有梁，船之有柁，權之有衡也。凡菴門一切取捨營為必先謀之於心，或不能自決須旁詢歷事老成之者。事無大小一主於公，蓋主之一言公界之所繫焉。使一念不存乎公，將見上行下効，己私一勝。雖常住積穀如山，則其廢墜不待召而至矣。不慮物務之不豐，惟慮主心之不存乎公。或公心不昧，則虛可實弱可強。近則方來悅服遠則龍神加護，所謂公者處心在眾而不在己也。凡臨事應緣不當執親疎之分而輕重之，不可循愛憎之情而與奪之，須事事圓融塵塵方便。縱遇違情悖理之事，當一一以護善遮惡之道寬厚處之，一念傷慈甚非為主之大體也。

《幻住庵清規》之「用人」段：

庵居欲展本分家風，一切事務缺人不可。然用之，須審其所能，察其所安，可也。今時用人往往只求一時辦事，不究其處心之真偽。若存心於真實，雖拙亦可用。苟留心不虛偽，雖巧亦不可親。倘尚通才於須臾。決媒詐亂於長久也。用人之際可不審乎。

宋代臨濟宗妙喜和竹庵合編的《禪林寶訓》，匯集了眾多禪師的語錄、傳記、文集，卷三內收錄了不少有關禪門領導的討論，內容不乏歷久彌新的洞見之言：

○草堂曰：住持無他，要在審察人情，周知上下。夫人情審則中外和，上下通則百事理，此住持所以安也。人情不能審察，下情不能上通，上下乖戾，百事矛盾，此住持所以廢也。其或主者，自恃聰明之資，好執偏見，不通物情，舍僉議而重己權，廢公論而行私惠，致使進善之途漸隘，任眾之道益微，毀其未見未聞，安其所習所蔽。欲其住持經大傳運，是猶卻行而求前，終不可及。（〈與山堂書〉，［一〇三〇b二三］）

○山堂謂野菴曰：住持存心要公行事，不必出於己為是以他為非。則愛惡異同不生於心，暴慢邪僻之氣無自而入矣。（〈幻菴集〉，［一〇三一b〇九］）

○草堂謂山堂曰，天下之事是非未明不得不慎，是非既明以理決之。惟道所在斷之勿疑，如此則姦佞不能惑，強辯不能移矣。（〈清泉記聞〉，［一〇三〇c二九］）

○山堂曰：禦下之法恩不可過，過則驕矣。威不可嚴，嚴則怨矣。欲恩而不驕威而不怨，恩必施於有功，不可妄加於人。威必加於有罪，不可濫及無辜。故恩雖厚而人無所驕，威雖嚴而人無所怨。功或不足稱而賞之已厚，罪或不足責而罰之至重，遂使小人故生驕怨矣。（〈與張尚書書〉，［一〇三一a一五］）

○凡住持者，孰不欲建立叢林？而鮮能克振者，以其忘道德，廢仁義，捨法度，任私情而致然也。……當正己以下人，選賢以佐佑，推獎宿德，疏遠小人。節儉修於身，德惠及於人。然後所用執侍之人，稍近老成者存之，便佞者疏之，貴無醜惡之謗，偏黨之亂也。（〈智林集〉，［一〇三三a一七］）

第七節 懲戒制度

根據《百丈叢林清規證義記》中楊億之清規原序的陳述，清規約束僧徒行為包含了懲戒元素，理由及功能是（頁二—三）：

或有假號盜形，混混於清眾，別致喧擾之事，即當維那檢舉，抽下本位掛搭，擯令出院者，貴安清眾也。或彼有所犯，即以拄杖杖之，集眾燒衣缽道具，遣逐從偏門而出者，示恥辱也。詳此一條制有四益：一、不污清清眾，生恭信故，二、不毀僧形，循佛制故；三、不擾公門，省獄訟故；四、不泄於外，護宗綱故。

《敕修〈百丈清規〉》「肅眾」（頁五六—五七）：

百丈創規，折衷佛律五篇七聚，弘範三界，梵檀擯治，自恣舉過，以肅其眾。國朝累聖戒飭僧徒嚴遵佛制，除刑名重罪屬有司外，若僧人自相干犯，當以清規律之。若鬥諍犯分，若污行縱逸，若侵漁常住，若私竊錢物，宜從家訓，毋揚外醜。悉稱釋氏，准俗同親，恪守祖規，隨事懲戒。重則集眾捶擯，輕則罰錢、罰香、罰油，而榜示之。如關係錢物，則責狀追賠，惟平惟允，使自悔艾。

肅眾的基本精神是「不擾公門，省獄訟」。

第八節 農禪規則

百丈禪師承接東山法門的農禪之風，將之發光大；「一日不作，一日不食」成為禪宗的標記。耕作需要土地，土地何來？除了僧眾合力開墾的土地外，寺院的土地是皇帝賜予，官僚豪族贈予，信眾給予或寺院自行購買的。管理土地並不容易，有些寺院經營管理良好，土地生產力高，寺院財務興旺；管理不佳的寺院則生產力低，入不敷支，財政緊絀。寺院經濟之興衰，取決於有效的管理，涉及生產有否良好的規範及制度。南宋紹興光孝寺的農禪歷史正好說明這點。禪宗由無地無田到有寺田寺山寺地，從靠布施維生到自給自足，靠的是有效的管理。百丈禪師之後，寺院由於生產管理的差異，規模及財富都極有差別。此外，寺院有些農禪並舉，有些則只禪不農，或重農輕禪等。富有的寺院擁有面積廣大的寺田，經常跨越州縣，散佈在離寺院較遠的不同地區，因此管理寺田的複雜性及難度頗大。有些寺院由於財務豐厚，僧人不用勞動亦能衣食無憂，故勞動的動力逐漸衰退，而普請法只限於輕量勞動力的工作，如摘茶、採菜、搬柴等粗活，很少勞動力強的農田耕作。就算有僧徒願意農田耕作，由於寺田與寺院兩地相隔甚遠，執行極為困難。寺院於是僱用寺田所在地的農戶來耕作，寺院得負責管理，包括將寺田的經營權轉移給傭耕農。後懷海時代禪門清規中納入莊主及諸莊兼收這兩個雜務僧的職位，正是回應這個改變。（黃奎，二〇〇九，頁一九三—一九四）。

北宋《禪苑清規》對莊主的職責有以下的規定（頁二十）：

> 主管二稅，耕種鋤耨，收刈持梢，栽接窠木，泥築垣牆，收搬糞土。須及時躬親部領，守護地邊，明立界至。飲飼頭口，省減鞭打。安停客戶，選擇良家。針綫婦人，長居顯處。錢谷文曆，支破分明。酒肉葱薤，無使入門。展散投托，不須應付。行者人工，方便驅策。南鄰北里，善巧調和。閑雜之人，慎勿延納。師僧旦過，恭謹承迎。……如有踐踏田苗，侵犯禾稼，但可叮嚀指約，不得捶罵申官。秋成場戶，主客抽分。計結文曆分明，更與多方饒借。如有創造翻修，預白院門知事。

元代《至大清規》的相關規定是：

> 莊主之職，提督農務，不可失時。檢查田段，牧養客佃。頑暴者懲戒之，貧病者優補之，單丁者以時差役之。

《至大清規》對諸莊兼收一職的要求：

> 監收之職，眾人命脈，貴在擇人，當請公心。大小耆舊，無任小師鄉人。苟用非其人，不識因果，隱瞞常住，苛取佃甲，無所不至，非特歲計不足，抑且累及山門。（轉引黃奎，二〇〇九，頁一九八）

兼收的職責是代寺院收取寺田歲租，職位等同於今天的財長，才德兼備之人才能確保工作圓滿執行，若有私心貪念，遇到如此大的利益，容易產生貪污舞弊。東陽德輝在編《敕修百丈清規》時，在「諸莊監收」條中，對這職位之潛在弊端有深刻的觀察（頁一〇八）：「古規初無莊主監收，近代方立此名。此名一立，其弊百出。為住持私任非人者有之，因利曲徇者有之，為勤舊執事人連年佔充者有之，托勢求充者有之，樹黨分充者有之，角力爭充者有之。蠹公害私，不可枚舉。」德輝期望充當這職位的僧人，「當克己為念，奉眾為心。毋苟取佃戶，汁虧損常住，則自他俱利矣。」

經濟對寺院的生存至為關鍵，故有規則規範相關活動，其中一項重要的活動，是寺院接受施主贈予之土地或物品。清代《百丈叢林清規證義記》的「施齋田」條目規定了如何接受施物（頁三九七—三九八）：

施齋田（施山施地施蕩施屋，儀皆同此，但改施物）——住持命侍者請兩序班首及知會客、連房、書記、知產（或知山，知田等），齊到方丈酬謝施主。即寫舍書以為憑照。施主，住持及在會者俱簽押，並給原契券、親供、糧串、稅票，俱收齊已。住持上堂說法，以報施恩。事竟，在會眾人與施主同往看產，隨帶竹簽十餘枝，以插標記，使界限分明，不得侵混他界，以致爭訟。每年春季會兩序，眾執同看界限一次，當年監院將舍契報稅，即過寺戶，勒石，入萬年簿。

第九節 財物管理

唐代僧團已有財務管理，至宋代寺院經濟發達，財務管理更進一步。寺院設下庫頭一職，專管寺院財務，根據北宋《禪苑清規》，庫頭的職責是（頁十九）：

庫頭之職，主執常住錢穀，出入歲計之事。所得錢物，即時上曆收管支破分明。齋料米麥常知多少有無，及時舉覺收賣。十日一次計曆，先同知事簽押；一月一次通計，住持人已下同簽。金銀之物，不宜謾藏。見錢常知數目，不得衷私借貸與人。如主人並同事非理支用，即須堅執，不得順情。

《禪苑清規》「庫頭」條制定了對常住之財物管理的規條（頁十九）：

常住之財，一毫已上並是十方眾僧有分之物，豈可私心專輒自用？如非院門供給檀越及有力護法官員，並不宜將常住之物自行人事。如有借貸米麥錢物，除主人及同事自辦衣鉢外，常住之物不可妄動。

「尊宿受疏」條規定（頁三五）：若住持榮遷上刹，則「切不可將院中受用之物衷私隨行。如有錢谷交加，須是交割分明。亦不得將院中得力行者移帳前去，亦不得多受本院送路」。

元代《敕修百丈清規》住持「退院」（即辭職）有類似的規定（頁七八）：

> 住持如年老有疾，或心力疲倦，或緣不順，自宜知退。常住錢物須要簿書分明，方丈什物點對交割，具單目一兩本，住持，兩序，勤舊簽押，用寺記印。住持，庫司各收一本為照。公請一人看守方丈，至退日上堂敘謝辭眾，下座撾鼓三下而退。若留本寺，居東堂，相繼住持者須當禮溫存。

寺院庫司設有住持知事簽定的諸寮什物總簿，各寮各有什物小簿，新舊僧眾寮舍交接時則有財物記錄可查，物品一目了然，所屬責任亦清楚。寺院財物有公私之分。僧侶的私人財物很少，僅有個人衣服及衣鉢。寺院的房屋、土地、寺田、器具、錢穀等所謂「十方僧眾常住之物」通屬公物，嚴禁僧眾佔有私有，違者重罰。寺院有規則處理過世的僧徒之私人財物。

第十節 亡僧估唱

僧尼過世後，寺院會對亡僧亡尼之財物作估唱，估唱所得用來支付亡僧喪葬之費，唐代曾經將亡僧的財物收歸國有，到後懷海時期，改為由寺院自身處理。依《禪苑清規》，北宋有關亡僧財物的清規如下（頁三三—三四）：

○僧人病勢稍困，堂主計會維那，監院、首座、西藏主、書記、知客，同共抄劄口辭（按：即遺囑），收祠部並衣物，入堂司收掌。首座封壓，並收掌鑰匙。知事申官。如加病勢，即再申困重。如已遷化，又申官乞行殯送。三日內繳納祠部或紫衣師號牒。……聞鐘聲，普請送亡僧。

○唱衣之法，掛牌告眾，鳴鐘入堂。先為亡僧念誦，次將衣鉢請首座驗封頭，對眾開之，次第估唱訖，維那複為亡僧念誦。住持人並內知事並不得唱亡僧衣物。維那支破，須合眾情，不得妄有費用。除用外，俵大眾看經。或暫到見送亡僧，及見唱衣，三分得一。

○出家之人，修行之外，常令衣鉢齊整足用而已，不宜蓄積，增長貪心，唱衣之日免令大眾夕久坐生惱。又不得全無依鉢，免令身後侵損常住。

《敕修百丈清規》的估唱有更詳細的規定（頁一七三）：

「估衣」條規：維那分付堂司行者，請住持兩序侍者就堂司，或就照堂，對眾呈過包籠，開封出衣物，排地上席內，逐件提起，呈過維那估值。首座折中，知客侍者上單排字號，就記價值在下，依號寫標，貼衣物上。入籠仍隨號，依價逐件別寫長標，以備唱衣時用。方丈兩序諸寮並不許以公用為名，分去物件。常住果有必得用者，依價於抽分錢內准。或亡僧衣鉢稍豐，當放低估價利眾，以薦冥福。

「唱衣」條之規定（頁一七六——一七八）：

荼毗後……排列包籠兩序前，巡呈封記於首座處，請鎖匙，呈過開取衣物，照字號次第排席上，空籠向內側安。……堂司行者依次第拈衣物，呈過遞與維那，提起云：某號某物一唱若干。如估一貫，則從一百唱起。堂司行者接磬唱，眾中應聲。次第唱到一貫，維那即鳴磬一下云：打與一貫。餘號並同。或同聲應同價者，行者唱住云：雙破。再唱起，鳴磬為度。堂司行者問定某人名字，知客寫名上單，侍者照名發標付貼，供行者遞與唱得人。供頭行者仍收衣物入籠，一一唱畢。……近來為息喧亂，多作龜拈法，依物過三日不取者，照價出賣造板帳。

第十一節 住持喪禮

住持遷化是寺院大事，相關的規定如孝衣及奠祭次第亦很詳細。《敕修百丈清規》「孝服」條（頁八四）：

侍者小師（麻布裰），兩序（苧布裰），主喪及法眷尊長（生布裰），勤舊辦事鄉人法眷（生絹腰帛），檀越（生絹巾腰帛），方丈行者（麻布巾裰），眾行者（苧布巾），方丈人僕作頭（麻布巾衫），甲幹莊客諸僕（麻布巾）。

祭次即弔唁次第的安排，《敕修百丈清規》規定（頁八七）：

知事、頭首、主喪、西堂、勤舊、蒙堂、江湖、前資、老宿、眾寮、辦事、舊侍者、鄉人、法眷、諸庵塔、小師、師孫、方丈行者、六局行者、行堂、方丈人僕、轎番、老郎、莊甲、火客、修造局、諸色作頭。

第十二節 尊崇皇權

中國文化尊崇忠孝，禪宗清規中之祝聖及父母忌分別融入忠孝價值，反映中國化的成功。禪林設有祝禱皇帝聖壽無疆之儀禮，祝聖祈福明顯是向王權俯首稱臣的生存策略。禪宗之帶頭人物，深明寺院要生存發展，必須獲得皇帝之加持及關愛。道安早言「不依國主，則法事難立」。北宋禪宗雖有言祝聖，但尚未制度化，至南宋祝聖才儀軌化，《咸淳清規》內制定了祝聖法事儀軌化：「朔望乃祝聖上堂，……諷誦鴻因，恭為祝延今上皇帝聖壽無疆金剛無量壽佛云云。」新住持入院，「北望面望闕插香，俯首低聲云：今上皇帝聖躬萬歲萬歲萬萬歲。臣僧某恭奉聖旨住持某寺，臣僧某上感聖恩，下情無任瞻天望聖，激切屏營之至。」（轉引自黃奎，二〇〇九，頁一二五—一二六）

《敕修百丈清規》乃祝聖儀軌的集大成者，對祝聖之儀軌有專章詳論，其中對聖節有以下的規定（頁十七）：「欽遇聖節，必啟建金剛無量壽道場。一月日僧行不給假，示敬也。啟建之先一日，堂司備榜張於三門之右及上殿經單，俱用黃紙書之，輪差僧薄依戒次各書雙字名。」聖節當天，僧眾齊集大殿，住持拈香祝壽；此座下雖有官員，亦不得敘謝，以示尊敬聖君。僧眾誦祝聖詞，聖節的啟建疏言語及滿散疏語都用高雅的文字來祝聖。

《百丈叢林清規證義記》對祝聖的目的，表述非常清楚：

○清規首冠祝聖者，欽遵佛敕而報國恩，彰有十德。今吾僧眾恭逢清平盛世，幸值英明聖君，恩如日月照臨，德同天地覆載。要而言之，更有十大恩護：一、隆重三寶，不忘佛囑故。二、修建佛剎，為大檀護故。三、印行藏異典，流通佛法故。四、給僧戒牒，參學無阻故。五、蠲免度牒，世家得便故。六、欽賜墨寶，莊嚴佛剎故。七、追封古德，褒崇真修故。八、年賜香燈，永作福田故。九、另設僧官，俗不辱僧故。十、不使僧役，專心辦道故。有此十恩，理宜知報。（祝釐章第一，頁五七—五八）

○禮重祭祀，所以報恩酬德。而一切恩中，國恩為最。欽惟盛崇佛，援及僧倫，所以體恤之者，極至聖聖相承。罔或有間，釋子追慕，其容已乎？國忌之規，所以立也。至若諸天，有護法之恩，於是齋天之規。日月有照臨之恩，於是有護日護月之規。檀越有信施之恩，於是有祈晴祈雨遣蝗之規。凡此皆報恩也。（報恩章第二，頁七三—七四）

《百丈叢林清規證義記》對祝釐的意義論之甚詳：

祝釐者，是為皇享佛之辭，以此悅佛神而報皇恩也。……蓋皇以覆護恩德被僧，僧以明道熏修報答。此乃法門第一要事。故須日日祝延聖壽，事事祝延聖壽，方盡衲子報恩之誠。今聖殿前常供萬歲牌，即是此意，故首舉之。（祝釐章第一，頁六二—六三）

依《敕修百丈清規》，凡在景命日（皇帝即位日）、四齋日（月旦、月望、初八、二十三日）及旦望（每月一日、十五日）舉行之儀式，皆為對皇帝之祝贊。

第十三節　孝順父母

寺院除了要跟王權建立好關係，同時要跟世俗社會融合，父母忌乃其表表者。父母忌成為法事儀軌亦是禪宗將佛教中國化的實踐。根據《百丈叢林清規證義記》，設立父母忌的理由（「父母忌」，頁二七六—二七七）：

> 切念嚴君（為母改云慈親，雙薦改云父母）德重，若泰山之彌高，養育恩深，似滄海之難量。不幸早經見背，未報涓埃，日月交馳，光陰易邁。……證義曰：此報父母養育之恩及聽許出家之恩也。按大乘本生心地觀經，佛說四恩，而父母恩為第一。……佛言天下之恩莫過父母，夫捨家人，未能得道，唯勤學業，為善莫廢積德不止，必能感報劬勞之恩。

第十四節 禪茶之禮

自唐宋開始，社會飲茶成風，茶禮及茶文化不只盛行於世俗社會，亦風行於禪院。禪僧每天茶不離口，是禪修生活的一部分，隨着茶禮納入禪門清規，尤其是茶園勞作成為普請的一部分，茶禪蔚然成習。禪宗因此跟茶分不開。事實上，與茶有關的著名公案是趙州從諗的「吃茶去」。「吃茶去」、「且坐吃茶」、「歸堂吃茶去」、「遇茶吃茶，遇飯吃飯」、成為禪宗文化中的流行詞。自唐到清，禪寺都設有茶堂，為僧眾，官員等供茶。茶禮外，禪寺又有香禮（王大偉，二〇一〇，二〇一三a；張家成，二〇一五；黃奎，二〇〇九）。

《禪苑清規》內有不少段落，包括僧堂內煎點，知事頭首點茶、入寮臘次煎點、眾中特為煎點、眾中特為尊長煎點等都分別敘述不同場合，不同對象的茶禮的。茶禮是因應時地人而各有不同的禮節，以顯倫序之別。《禪苑清規》「眾中特為煎點」段有言（頁二六）：

> 如請近上尊敬之人（如立僧首座，諸方宿德、法眷、師伯、師叔、師兄之類）即大展三拜，如不容則觸禮三拜。如請以次尊敬之人（戒臘道行尊高可仰），只觸禮三拜。如平交或戒臘相等第（或是法眷弟侄之類），但問訊請之。

《敕修百丈清規》之「方丈小座湯」段對禮儀有詳細的描寫（頁一九三）：

四節講行，按古有三座湯：第一座分二出，特為東堂，西堂，請首座光伴。第二座分四出，頭首一出，知事一出，西序勤舊三出，東序勤舊四出。第三座位多，分六出，本山辨事，諸方辨事，隨職高下分坐。諸同者次之首座光伴。

制定禮儀除了將軌儀明示外，亦有糾正秩序混亂的作用。因為「近日好爭作鬧者，往往持強挾私，爭較名字是非，互相塗抹，喧譁擾眾，犯者合擯。果有冒名越戒者，惟當詳稟維那，首座，覆住持處置。」（頁一八四）《咸淳清規》用圖來展示儀禮，繪製位序圖十一種，禮儀狀式十二種，反映南宋禪寺的禮儀旨在區分僧眾之地位高低，尊卑長幼，親疏有別，戒臘長短，僧俗界限，友鄰關係等。但物極必反，這些細緻禮儀日後淪為繁瑣的禮節，僵固的形式，反映了禪宗叢林之衰落（黃奎，二〇〇九）。

結語

百丈清規是一個龐大而接近無所不包的行為規範系統，為禪宗僧團內僧尼集體生活提供了完備的規約及指引，成就了禪宗叢林生活的穩定持久的秩序。規約及指引的不斷重複實踐，亦產生了深層的建構性功能。意思是，僧尼在生活中實踐這些規約，規約逐漸成為他們的慣常生活，同時亦在不知不覺之中塑造了他們的價值及自我，因此規約的個人實踐打造了個人認同，成為一個清規塑造下的禪僧個體，一個處處展示叢林特色的僧或尼。換言之，清規不單約束、指引行為，同時有建構功能，即打造叢林僧尼佛門身份及氣質的功能。

本章除了討論一些較有代表性的主要規約內容外，其他具有叢林特色的規約，包括住持章念誦規約、放生規約、庫房規銘、山寮規約、浴堂規銘、收供寮規、園房寮規、下院執事約、且過堂約、耆舊堂規、剃度規約、受規堂規、淨業堂規、佛七規約、省行堂規等，因於篇幅所限，未及論及。無論如何，這些規約集合地構成的宏大豐富規約系統，用規約來約束、指引、規管及構建僧團生活。然而這個龐大無所不包的規約體制必須與時並進，適時改革，不應被奉為一套不可踰越的教條，盲從地遵守，否則清規就會淪為禁制自由、窒息個性的僵固系統，敗壞僧團生活，令禪門走向衰敗。記取這個警訊之後，世人仍須肯定百丈清規的巨大歷史貢獻：構建一個以規範為本的僧尼集體生活秩序，成為後世禪門或俗世社會學習的楷模（劉小平，二〇〇九；郭文，二〇一五）。

附錄一

叢林要則二十條

叢林以無事為興盛。修行以念佛為穩當。
精進以持戒為第一。疾病以減食為湯藥。
煩惱以忍辱為菩提。是非以不辯為解脱。
留眾以老成為真情。執事以盡心為有功。
語言以減少為直截。長幼以慈和為進德。
學問以勤習為入門。因果以明白為無過。
老死以無常為警策。佛事以精嚴為切實。
待客以至誠為供養。山門以耆舊為莊嚴。
凡事以預立為不勞。處眾以謙恭為有理。
遇險以不亂為定力。濟物以慈悲為根本。

附錄二

柏林禪寺共住規約

佛制戒律，祖立清規，本為僧眾安心修行，防非離過，調治身心，修戒定慧，息貪瞋癡，自淨其意，證菩提果。如或不然，來此何益。今與眾約，能相體悉，乃可同居；不肯遵行，毋勞共住。

○全寺僧眾，必須遵守憲法和法律，愛國愛教，以寺為家，勤修三學，恪遵六和，違者不共住。

○住持、班首、執事，均應忠於職守，盡職盡責，愛護常住，關心大眾，任勞任怨，廉潔奉公。如有怠忽職守，居職謀私，經批評教育不改者，免其職務。

○全寺上下均須謹遵佛制，戒行清淨，僧儀整肅，犯根本大戒者出院。

○信徒、護法居士個別供養住持、班首、執事及清眾個人之香敬菓儀，一律交庫房入帳，歸常住大眾所有，個人不得私自佔有。違者，住持一罰五，班首一罰二，執事一罰一，清眾不共住。

○吃葷、腥、雞蛋、飲酒、吸煙、看戲、看電影、看淫穢書刊、打撲克、下棋、賭博、唱聽流行歌曲者，罰已出院。若病非酒莫療者，白眾方服。

○與壞人交往，危害叢林，攪亂常住者出院。

○破口相罵，交拳相打者，不論曲直，責已出院。觸犯刑律者送公安機關處理。

○三五成群山門外嬉戲雜話放逸有失威儀者罰，不服者出院。

○米麥等物，不白住持私自賣用；侵損偷盜常住財務及砍伐樹木花果送人者，賠已出院。

○信施護法入寺，執事和清眾私化緣者，量事輕重處罰，不服者出院。

○非為公事而私走檀越護法家及經常回俗家，經勸教不改者出院。

○師友親朋來寺探親，經主管執事同意後方可留膳宿，違者罰。

○早晚課誦、二時齋供、坐香、布薩、出坡不隨眾者罰，不服者出院。公事、有病、年老體弱者除外。

○除公事，不在本寮學習，串至各寮，縱意放逸者罰，屢教不改者出院。

○普茶日聽宣讀規約，除公事，不隨眾者罰。

○常住所有公物，概不外借，有特殊情況，經客堂同意方可借出，並負責討回，違者罰。

○輕視耆德，惡聞直言，妄生誹謗，貼大小字報，寫匿名信及誣告謾罵人者出院。

○尊師重教，恭敬耆德，服從執事安排，遵守殿堂秩序，因私出門必須請假，如有不遵，給予教育、批評、記過，屢教不改者出院。

○長養鬚髮，不紮褲腿，穿着俗服，暑天赤身者罰，屢教不改者出院。

○夜不歸宿，私自應酬經懺，經教育不改者出院。

○同居諸師經常保持殿堂莊嚴，環境清淨，僧房整潔；保護寺內文物及一切莊嚴法物，注意防火防盜。如有不遵，量情給予批評教育、賠償、記過處分。

○本寺遵照「叢林出家，遵古禁例，唯依住持一人，僧眾並不得各受，違者師徒俱出院」之古制，以住持代表僧團接受出家及在家弟子，由僧團負責考察、教化、攝受、管束。班首、職事及清眾一概不得接受出家、在家弟子，違者不共住。

○叢林無僧值，則內外不正，弊何能除，法何能立，為僧值者宜盡心督察，不得徇情。如有違犯規約者，按規定處罰；失罰者，僧值受罰。

遵規守戒、一視同仁。同居大眾，各宜珍重。

柏林禪寺常住立

一九九二年九月二十日 制訂

二〇〇〇年 農曆三月十五 修改

http://www.bailinsi.net/index.php/Home/Wsbl/wsblxq/type_id/1/id/24.html

下載於二〇一七年四月六日。

第六章

善書與庶民倫理

古代社會教育不普及，民眾的識字率低，能接受教育的只有少數上層的政治社會精英，士人族群擔當着文化價值及道德的打造者、給予者、教化者。社會底層的庶民由農民、手工業者、小商販所組成，大部分都是文盲，是文化價值的承受者、被教育者。主導文化的士人群體，不管是在朝廷為官的，或在民間從事教育的，塑造了社會主流價值、道德倫理，及將之向社會傳播及推廣。然而，由上而下的價值倫理傳播推廣，通常迂迴曲折，不全是原封不動的植入，而是經過篩選改造的移植。結果是，士大夫的價值與道德（官方或正統的），跟民間的價值與道德在大處雖有雷同，但在細微處多有差異。主要原因是，價值道德從理念到實踐的過程是曲折的，實踐者因應不同的環境及情況，加上對上層價值及道德的不同解讀，差異性就會出現。再者，價值與道德是否成功移植的最終測試，是民眾是否持久地接受它們或將它們付之實行。善書是民間的道德教化文書，勸人向善去惡，反映了上層社會的道德觀和價值觀，但所承載的價值倫理並不是它們的翻版，而是結合在地特殊性，因此富有本土的特色及創意。最為突出的是，善書簡明具體的善惡觀使民眾易於理解及實行。善書所展示的豐富廣博的善惡觀，及所倡議的行善去惡的方法與程式，充份顯示了庶民倫理的特色。

本章從幾部有代表性的善書（又稱「勸善書」），包括《太上感應篇》、《了凡四訓》、《自知錄》、《十戒功過格》、《不費錢功德例》，對其善惡觀加以論述，展示了明清時代豐富多樣的民間善惡觀，以透視其所包含的民間倫理。善書的文字簡明易懂，就算相距幾百年，今天的讀者對了解善書包括善、惡觀念是不會遇到困難的。本章不同善書的引文，不用額外解讀，意思應是易解的。

第一節 善書之源起

《太微仙君功過格》大約成書於南宋期間（一一七一年），是中國最早的勸善書（或善書），亦是道教最早的一部功過格。功過格是道家修煉之法，個人行善作惡會被記錄下來，行善有功，作惡是過；善惡可用數字來表述，有功得分，有過減分，功過相加就成個人之道德績分，代表個人的道德成敗。依功過格，個人福禍決定於過往的道德功過。功過格基於幾個基本理念：善與惡，功與過分別是可以加以辨識的，功過是可以量化的，因此可以計算的。人的一輩子的存善積惡可視為一筆道德賬，行善獲福或作惡得禍，福有多厚，禍有多深，都根據這本道德賬簿。功過格的理念顯淺明白，易於操作，方便執行。重要的是，功過格對何謂善惡都有陳述，依功過格所列的善而行之，對所示的惡避而不作，記錄功過後就得出道德成績，不用依賴一些標準含糊不清的所謂道德修煉。道德賬簿的優點是，人們見到自己的道德成績，成績佳是激勵，成績差是警惕，令個人知所進退。因此，在明清時期功過格相當盛行，民間大量印行勸善書（酒井忠夫，二〇一〇a，二〇一〇b；游子安，一九九九）。

明代袁黃（一五三三—一六〇六）和袾宏（一五三五—一六一五）是功過格的主要倡導者，袁黃寫的《了凡四訓》、袾宏著的《自知錄》都是流傳甚廣赫赫有名的善書。此外，顏茂猷著的《迪吉錄》（一六二二年）、熊弘備（勉菴）著的《不費錢功德例》亦是深入民間的善書（包筠雅，一九九三，一九九九；Brokaw, C. J.，一九八四，一九九一）。隨後民間大量製作各類的功過格，傳播於民間社會，其中著名的包括《文昌帝功過格》、《十戒功過格》、《警世功過格》等。十八世紀中葉，功過格盛行於江南地區，廣受民眾歡迎，在善書中功過格享有重要地位。編製功過格的多是江南人士，分佈在浙江、江蘇、福建等地。這時期的功過格對功過的分類更為精細，涉及社會不同階層的道德，行為規範更多樣化。以《文昌帝功過格》為例，其規範類型包括了倫理、敬慎、節忍、仁愛、勸化、文學、居官、閨門等，善書在原初道家內涵上明顯添加入了濃厚的儒家元素（肖群忠，二〇〇四）。

善書內都陳述了種種善行惡行，不同時代（地區）的善書因此可被視為該時代（地區）的善惡記錄冊或通書。袾宏的《自知錄》書內臚列的一百七十項善行，而熊弘備的《不費錢功德例》例舉了四百五十項善行，數量是《自知錄》書內臚列的兩倍有多。《不費錢功德例》內四百多項善行分別歸屬於十二類不同的身份或行業，作為善行的準則。顏茂猷的《迪吉錄》（一六二二年）內含各種德行的故事，詳細敘述每種德行的具體情況。故事歸類於以下的德行：孝順、和睦、慈教、關下、勸化、交財、救濟、奢儉、性行、敬聖、存心等。除此之外，此書還包含了針對做官的人的當官功過格。陳智錫所著的《勸戒全書》（一六三九年）內含十二卷道德故事，具體展示出各種功過格相關的德行。胡容時的《彙編功過格》（一六七一年序），更是巨構，篇幅達八五〇頁。陳錫嘏製作的《彙纂功過格》（一六七一—一六八七年）的功過分類更為細緻，將各個行業的功過分別羅列出來，實質是為不同的行業制定道德行為規範，不失為一項龐大的倫理規範總覽。

善書及功過格的編製者各有善與惡的觀念，分別對善惡之涵義加以闡述，並列出善行及惡行，且對不同善惡分別給予不同數量的格，對善惡的價值作先後排列，區分大善、中善、小善；大惡、中惡、小惡等。如上所言，善書功過格可以說是社會的倫理道德價值的陳述與判斷，亦具體反映當時社會倫理道德的狀況。另一方面，明末清初的功過格內含的功過認定，有助於揭示善書編製者所期望的倫理道德秩序。事實上，善書文獻顯示的共通點是，功過格作者希望保持現狀，尤其是上下尊卑的倫理秩序。陳錫嘏製作的《彙纂功過格》是一個很好的例子。

第二節　善書的思想來源

善書的思想來源有道教、儒學及佛家義理。魏晉南北朝時代，勸善思想跟鬼神思想結合。道教理論奠基者葛洪所著《抱樸子》的思想對《太上感應篇》影響尤其顯著。《抱樸子》提出「為道者當先立功德」，倡導立德、行善、報應思想，及制定了道教戒條，裏面包括了規範士農工商行為的戒律，作為行善積德的依循，可說是功過格的雛型。整體而言，魏晉隋唐以降的鬼神文化，善惡報應及因果輪迴是社會主流，成為宋明時代善書的思想來源。

依吳震（二〇〇八）所說，善書的思想來源有明顯的儒家思想元素。《左傳》（成公十四年）有言曰：「春秋之稱，微而顯，志而晦，婉而成章，盡而不汙，懲惡而勸善。」其後大儒包括賈誼、劉知幾等都承接此意，言春秋大義在懲惡勸善，形成漢唐以來的經史學的共識。其他的儒學元素，包括《太上感應篇》的首語「禍福無門，惟人自召」是直接摘自左傳襄公二十三年。再者，《周易》（益卦象辭），有「君子以見善則遷，有過則改」之說。

佛教有關懷俗世一面，唐代佛學名家宗密（七八〇—八四一）就持儒釋道三教合一之說，指懲惡勸善乃三教的共同主張。更早的道安（東晉）（三一二—三八五）就言勸善乃三教的共通點。其後宋代名僧智圓（九七六—一〇二二）及契嵩（一〇〇七—一〇七二）亦持相同的見解。北宋初，皇帝尊佛，第三位皇帝真宗肯定儒佛同有勸善懲惡的思想。

南宋大儒真德秀曾為《太上感應篇》作序，並得宋理宗協助其出版及推廣，並在篇首御書「諸惡莫作，眾善奉行」八字。《太上感應篇》是善書的典範，編製善書者多以此為模楷，在清代與《文昌帝君陰騭文》及《關聖帝君覺世真經》合稱「三聖經」。

明代是儒釋道三教合一的完成期，朝廷到民間三教融合處處可見，民間善書自然受三教合一的影響（酒井忠夫，二〇一〇a；陳寶良，二〇〇二；吳春香，二〇〇九）。明太祖除了重視小民教化外，亦為明代三教合一的鞏固打下根基。早在兩晉時期，儒佛道三教開始有互動，包括教理論爭，經文互譯及交流等。當時出現以佛釋儒，以佛釋道，更有以儒道釋佛，使之易於推廣，開啟三教融合之趨勢。唐末到宋代，民間先後出現三教戲及三教劇。南北朝有皈依佛門、尊崇道教的儒者，及兼修儒道之佛教徒。宋代以後，三教調和、三教一致論盛行。此外，各地寺觀內都分別設置孔子、老子、佛祖的三聖圖、三教圖、三教像等。至明代，太祖推行的宗教政策，包括制定有關僧道的法律，為三教立下規範，在三教合一落實及鞏固打下制度性的基礎。雖言三教合一，其實太祖仍是以儒教統攝佛道二教而成一統一的國家意識形態，以助他治理天下。

上有所好，下必隨之。這是帝制絕對權力效應的不易軌跡。帝王之所好，臣民必爭相倣效，從朝中大臣延伸到民間士人，都逐漸接受及實行三教合一。泰州學派的領頭人包括王龍溪，都持三教兼修的思想，認為三教互補而非互斥。泰州儒者另一代表人物是李贄，他的三教兼修的主張，遭保守的儒者視為異端，違反正統儒學，破壞社會秩序。總之，三教兼修不只限於王及李二人，泰州學派其他儒者如羅汝芳、周汝登等多持相同的看法。最接近庶民的士人族群持這些主張，其在民間社會影響不言而喻。

泰州學派是民間化儒學的典型，門人及追隨者多是庶民，泰州學派因而被稱為平民儒學。泰州大儒李贄，尊崇儒學卻不排斥佛教，認為佛教的因果論與儒學的感應說是相通的，都是聖人之道。此外，李贄對善書感應篇予以正面的評價，肯定其誘導民眾向善去惡的積極功能。另一方面，李贄的《因果錄》以佛學論善惡報應，認為善惡各有果報，並分少年、家奴、走卒、獄吏、鬼女、貴顯、兄弟、夫妻、邂逅、刑官、僧人、婦人、貧子、惡人、販糴、富民、醫生、翁壻、朋友、守長、將官等不同身份來論善人的果報。李贄的身份果報的論述，其實反映了當時流行的善書以分類論功過善惡的表述方式。

民間思想外，科舉亦與三教思想有關連。明末，原本在明初只容許程朱學說為科業之內的規制開始被鬆動，科舉制中出現捨程朱而納禪宗的現象，不單種種禪說被引用，道教的學說亦被引入。由此可見三教兼行的流行。

第三節　《太上感應篇》的善惡

《太上感應篇》是道家經典，又稱《感應篇》，堪稱善書中之善書。太上是指太上老君，道家始祖老子。《太上感應篇》是太上勸人向善之書，只有一千二百字，流傳甚廣，深入民間，信徒上至皇室貴族，達官世族，下至平民百姓販夫走卒，在勸善運動中有深遠的影響力（姜生，二〇〇四；鄭志明，二〇一〇）。《太上感應篇》之思想深受天師道的《赤松子章曆》等書的影響，然而，《感應篇》除了道教的天人感應、善惡報應思想外，還揉合了儒家的忠孝思想，及佛教的因果輪迴觀念，因此是融合了中國三教之教義元素。

《太上感應篇》中的感應，是指善惡感應。道教認為人們一生中所作所為都有天地鬼神從旁監視及記錄，並因應其善惡作出獎懲。《太上感應篇》開宗明義指出「禍福無門，惟人自召，善惡之報，如影隨形」，申明人生的禍福非受制於外力，是人自己製造的，因此是可以自我控制的。其次，行善或積惡均有結果，各有貼切的報應，無法逃避。《太上感應篇》列出二十五善、一百七十惡，告誡人們「諸惡莫作，眾善奉行」，勸導人們揚善抑惡，行善積福。列出的善行及惡行如下：

善行：

是道則進，非道則退。不履邪徑，不欺暗室。積德累功，慈心於物。忠孝友悌，正己化人。矜孤恤寡，敬老懷幼。昆蟲草木，猶不可傷。宜憫人之凶，樂人之善，濟人之急，救人之危。見人之得，如己之得。見人之失，如己之失。不彰人短，不炫己長。遏惡揚善，推多取少。受辱不怨，受寵若驚。施恩不求報，與人不追悔。

惡行：

苟或非義而動，背理而行。以惡為能，忍作殘害。陰賊良善，暗侮君親。慢其先生，叛其所事。誑諸無識，謗諸同學。虛誣詐為，攻訐宗親。剛強不仁，狠戾自用。是非不當，向背乖宜。虐下取功，諂上希旨。受恩不感，念怨不休。輕蔑天民，擾亂國政。賞及非義，刑及無辜。殺人取財，傾人取位。誅降戮服，貶正排賢。凌孤逼寡，棄法受賂。以直為曲，以曲為直。入輕為重，見殺加怒。知過不改，知善不為。自罪引他，壅塞方術。訕謗賢聖，侵凌道德。射飛逐走，發蟄驚棲，填穴覆巢，傷胎破卵。願人有失，毀人成功。危人自安，減人自益。以惡易好，以私廢公。竊人之能，蔽人之善。形人之醜，訐人之私。耗人貨財，離人骨肉。侵人所愛，助人為非，逞志作威，辱人求勝。敗人苗稼，破人婚姻。苟富而驕，苟免無恥，認恩推過。嫁禍賣惡。沽買虛譽，包貯險心。挫人所長，護己所短。乘威迫脅，縱暴殺傷。無故剪裁，非禮烹宰。散棄五穀，勞擾眾生。破人之家。取其財寶。決水放火，以害民居，紊亂規模，以敗人功，損人器物，以窮人用。見他榮貴，願他流貶。見他富有，願他破散。見他色美，起心私之。負他貨財，願他身死。干求不遂，便生咒恨。見他失便，便說他過。見他體相不具而笑之，見他才能可稱而抑之。埋蠱厭人，用藥殺樹。恚怒師傅，抵觸父兄。強取強求，好侵好奪。擄掠致富，巧詐求遷。賞罰不平，逸樂過節。苛虐其下，恐嚇於他。怨天尤人，呵風罵雨。鬥合爭訟，妄逐朋黨。用妻妾語，違父母訓。得新忘故。口是心非，貪冒於財，欺罔其上。造作惡語，讒毀平人。毀人稱直，罵神稱正。棄順效逆，背親向疏。指天地以證鄙懷，引神明而鑒猥事。施與後悔，假借不還。分外營求，力上施設。淫慾過度，心毒貌慈。穢食餧人，左道惑眾。短尺狹度，輕秤小升。以偽雜真，採取姦利。壓良為賤，謾驀愚人。貪婪無厭，咒詛求直。嗜酒悖亂，骨肉忿爭。男不忠良，女不柔順。不和其室，不敬其夫。每好矜誇，常行妒忌。無行於妻子，失禮於舅姑，輕慢先靈，違逆上命。作為無益，懷挾外心。自咒咒他，偏憎偏愛。越井越灶，跳食跳人。損子墮胎，行多隱僻。晦臘歌舞，朔旦號怒。對北涕唾及溺，對灶吟詠及哭。又以灶火燒香，穢柴作食。夜起裸露，八節行刑。唾流星，指虹霓。輒指三光，久視日月，春月燎獵，對北惡罵。無故殺龜打蛇。

《太上感應篇》勸勉人們「是道則進，非道則退」，「諸惡莫作。眾善奉行。久久必獲吉慶。所謂轉禍為福也。」有趣的是，《太上感應篇》呈現出的極為不對稱的善惡拼圖，惡行是善行的六倍以上。是否代表了作者見到的世界是惡多善少，去惡是《太上感應篇》主軸，成善只屬輔助的功能？是否綜合了當時民間的倫理狀況，還是作者個人的主觀意見？合理的猜想是，這些善惡行為很可能反映了十一世紀（成書時期）中國民間社會的道德。值得思考的是，這本道家善書所列的善行惡舉在數目上的差異為何如此的懸殊？此外，這些善行惡舉都不全是道家觀點的，是兼有儒釋的元素。無論如何，這組善惡足以呈現《太上感應篇》的善惡觀及其反映的倫理世界。

第四節　《了凡四訓》的善論

「善有善報，惡有惡報」這家喻戶曉的警言，不少人會以為是來自佛家的因果報應觀。其實不然，如上文言，中國古代早有類似的報應說法。「禍福無門，唯人自召。」（《左傳．襄公二十三年》）在先秦時期就被提出，儒家經典亦有「積善之家必有餘慶，積不善之家，必有餘殃」（《易．坤第二》）的說法。因此，儒家傳統是認為道德跟福禍是有關連的，即，有德有福報，無德有禍懲，兩者是有因果連結的。因此，善有善報，惡有惡報，福善禍淫這類報應觀，源頭最早可來自儒學。

明代出版的善書中，袁黃著的《了凡四訓》是其中佼佼者。袁黃，字坤儀、學海，號了凡，明朝南直隸蘇州府吳江縣人。萬曆進士，曾任官主事、拾遺。《了凡四訓》是其六十九歲時完成的，在民間廣泛流傳，信眾不少（Brokaw，一九八七）。《了凡四訓》之所以廣為庶民歡迎，主要是作者用了老百姓能理解的語言及觀念，講述他們最關心的事情，對溝通及傳遞價值與觀念極為有利，不會於人高不可攀的感覺。對照之下，士人所信奉的正統倫理道德因標準高，就算在士人社群中亦只有少數人才可實行，士人之道德若同樣要求庶民來遵守的話，是強人所難。理由很簡單，士人的道德要求跟庶民的實際生活實有很大的落差，不僅令他們難以理解，更遑論接受及遵從。其中最佳的例子，莫過於義利的矛盾了。士人信奉的正統儒家倫理鼓吹重義去利，揚義抑利，視義與利為水火不相容，不能兩全。尤有甚者，儒家信徒常將利視為洪水猛獸，必須剷除根絕，人才能過道德生活。在真實世界中，庶民逐利是常態，老百姓的生活每天都跟利分不開，要他們存義去利無疑脱離現實，不食人間煙火的要求，無怪無法落實。正由於這種民間性或世俗性（肖群忠，二〇〇四），《了凡四訓》對教育水準低的民眾更具知性的親和感，令其容易接近，成功地與百姓建立知性與心靈上的聯繫。

《了凡四訓》的另一吸引百姓之處，是袁黃避免用高深的大道理來説教，而是用自己的親身經歷來證明行善的回報。昔日，袁黃曾被判命中無子卻獲子，被判定無官運而得官，被判命止於五十三歲但卻活到七十三歲等，皆證明「命由我作，福自己求」。袁黃於是領悟到：「吾於是而知凡禍福自己求之者，乃聖賢之言，若謂禍福惟天所命，則世俗之論矣。」明確的訊息是，人是可以經由自己之行善獲得積福。重要的是，福的來臨不必等待來世，行善的回報今世就可獲得。這種用個人生活經驗來説明現世報的勸善方式，對趨吉避凶，追求實惠實利之的老百姓而言，自然具備無比的吸引力。

1 行善積福步驟

按《了凡四訓》，行善積福是有步驟的，先是改過，然後積善，達致德福，路線圖直接明白：改過→積善→德福。改過是行善積福第一步，內容複雜，包含原則、精神元素及策略。

袁黃認為改過的原則是「至誠合天，福之將至，觀而必先知之矣。禍之將至，觀其不善而必先知之矣。今欲獲福而遠禍，未論行善，先須改過。」改過的啟動及支撐，需要精神元素：人之恥心、畏心、勇心。恥心之重要，在於「恥之於人大矣，以其得之則聖賢，失之則禽獸耳，此改過之要機也。」畏心之所以必需，理由是「天地在上，鬼神難欺，吾雖過在隱微，而天地鬼神，實鑒臨之，重則降之百殃，輕則損其現福，吾何可以不懼？」勇心之為必要，因為「人不改過，多是因循退縮；吾須奮然振作，不用遲疑，不煩等待。……速與斬除，無絲毫凝滯。」此外，改過要有事、理、心三種不同的策略。從事上改，是指：「如前日殺生，今戒不殺。前日怒詈，令戒不怒。」從理上改，意思是，「其餘種種過惡，皆當據理思之，此理既明，過將自止。」從心上改，其深義在於：「過有千端，惟心所造，吾心不動，過安從生。」袁黃認為，從心上改才是最有效的改過。

改過之後產生積善，但積善的善是何所指？袁氏理解善種類繁多，所謂「隨緣濟眾，其類至繁」。善分十大綱要（類別）：一、與人為善；二、愛敬存心；三、成人之美；四、勸人為善；五、救人危急；六、興建大利；七、捨財作福；八、護持正法；九、敬重尊長；十、愛惜物命。

2 善之十類

袁黃分別解釋善之十綱要涵義。

1. 與人為善：乃不以言教而以身轉之，此良工苦心也。吾輩處末世，勿以己之長而蓋人；勿以己之善而形人；勿以己之多能而困人。收斂才智，若無若虛；見人過失，且涵容而掩覆之。……凡日用間，發一言，行一事，全不為自己起念，全是為物立則；此大人天下為公之度也。

2. 愛敬存心：君子所以異於人者，以其存心也。君子所存之心，只是愛人敬人之心。

3. 成人之美：故凡見人行一善事，或其人志可取而資可進，皆須誘掖而成就之。或為之獎借，或為之維持；或為白其誣而分其謗；務使成立而後已。

4. 勸人為善：世路役役，最易沒溺。凡與人相處，當方便提撕，開其迷惑。譬猶長夜大夢，而令之一覺；譬猶久陷煩惱，而拔之清涼。

5. 救人危急：患難顛沛，人所時有。偶一遇之，當如恫【環】在身，速為解救。或以一言伸其屈抑；或以多方濟其顛連。

6. 興建大利：小而一鄉之內，大而一邑之中，凡有利益，最宜興建；或開渠導水，或築堤防患；或修橋樑，以便行旅；或施茶飯，以濟饑渴。

7. 捨財作福：釋門萬行，以布施為先。所謂布施者，只是捨之一字耳。達者內捨六根，外捨六塵，一切所有，無不捨者。……先從財上布施。世人以衣食為命，故財為最重。吾從而捨之，內以破吾之慳，外以濟人之急；始而勉強，終則泰然，最可以蕩滌私情。

8. 護持正法：法者，萬世生靈之眼目也。不有正法，何以參贊天地？……故凡見聖賢廟貌，經書典籍，皆當敬重而修飭之。至於舉揚正法，上報佛恩，尤當勉勵。

9. 敬重尊長：家之父兄，國之君長，與凡年高，德高，位高，識高者，皆當加意奉事。……出而事君，行一事，毋謂君不知而自恣也。刑一人，毋謂君不知而作威也。

10. 愛惜物命：凡人之所以為人者，惟此惻隱之心而已；求仁者求此，積德者積此。……故前輩有四不食之戒，謂聞殺不食，見殺不食，自養者不食，專為我殺者不食。學者未能斷肉，且當從此戒之。

3 善之十六面

袁黃善書的一個突出之處，是為善的理念提供一個系統的解構，以彰顯其豐富的內涵。袁黃認為，善內涵十六側面[1]，包括：真、假；端、曲；陰、陽；是、非；偏、正；半、滿；大、小；難、易。善的十六面其實是：真假、端曲、陰陽、是非、偏正、半滿、大小、難易等八對相反相異之善。六對善涵義雖各有異，但殊途同歸。

袁黃分別解釋每對善的涵義。

1. 真假之善：有益於人，是善；有益於己，是惡。有益於人，則毆人，詈人皆善也；有益於己，則敬人，禮人皆惡也。是故人之行善，利人者公，公則為真；利己者私，私則為假。又根心者真，襲跡者假；又無為而為者真，有為而為者假；皆當自考。
2. 端曲之善：凡欲積善，決不可徇耳目，惟從心源隱微處，默默洗滌，純是濟世之心，則為端；苟有一毫媚世之心，即為曲；純是愛人之心，則為端；有一毫憤世之心，即為曲；純是敬人之心，則為端；有一毫玩世之心，即為曲。
3. 陰陽之善：凡為善而人知之，則為陽善；為善而人不知，則為陰德。
4. 是非之善：乃知人之為善，不論現行而論流弊；不論一時而論久遠；不論一身而論天下。現行雖善，其流足以害人；則似善而實非也；現行雖不善，而其流足以濟人，則非善而實是也。

5. 偏正之善：故善者為正，惡者為偏，人皆知之；其以善心行惡事者，正中偏也；以噁心而行善事者，偏中正也。

6. 半滿之善：又為善而心不着善，則隨所成就，皆得圓滿。心着於善，雖終身勤勵，止於半善而已。譬如以財濟人，內不見己，外不見人，中不見所施之物，是謂三輪體空，是謂一心清淨，則鬥粟可以種無涯之福，一文可以消千劫之罪，倘此心未忘，雖黃金萬鎰，福不滿也。

7. 難易之善：先儒謂克己須從難克處克將去。夫子論為仁，亦曰先難。必如江西舒翁，捨二年僅得之束修，代償官銀，而全人夫婦；與邯鄲張翁，捨十年所積之錢，代完贖銀，而活人妻子，皆所謂難捨處能捨也。如鎮江靳翁，雖年老無子，不忍以幼女為妾，而還之鄰，此難忍處能忍也；故天降之福亦厚。凡有財有勢者，其立德皆易，易而不為，是為自暴。貧賤作福皆難，難而能為，斯可貴耳。

8. 大小之善：故志在天下國家，則善雖少而大；苟在一身，雖多亦小。

袁黃對善的觀念上的開拓及詮譯，不單豐富了善的內容，同時亦令老百姓更能掌握善

1 原文中，袁黃將十六側面說成十面：凡此十條，同歸於善。

的內涵而易於實踐。經此論述，倫理不只是陳義高遠的理想，善行是可以付諸實行的尋常事。原是道教修身之法的功過格，經過袁黃將之通俗化及普及化，成為尋常百姓修身行善之有用指引，令文化水準不高的庶民有具體的善惡範例作參考，行善去惡有明確的規則可循，較容易實踐善的生活。袁了凡不單為庶民編製了功過格，亦為當官者編了《當官功過格》，具體列出吏、戶、禮、兵、刑、工各官職的功格及過格，作為為官者的善惡之依據。

第五節 《自知錄》的善過

明代另一部著名的善書，是袾宏著的《自知錄》。袾宏（一五三五—一六一五），明代杭州人，俗姓沈，法名袾宏，法號蓮池，世稱「蓮池大師」，為雲棲寺住持，故又稱「雲棲蓮池」，是中國佛教淨土宗的第八代祖師，亦是明末四大高僧之一。萬曆三十二年（一六〇四年），袾宏為《自知錄》作序時言：「人苦不自知。唯知其惡，則懼而戢；知其善，則喜而益自勉；不知則任情肆志，淪胥於禽獸而亦莫覺其禽獸也！茲運心舉筆，靈台難欺，邪正淑慝，炯乎若明鏡之鑒形，不師而嚴，不友而諍，不賞罰而勸懲，不善龜而趨避，不天堂地獄而升沈……放在儒為四端百行，在釋為六度萬行，在道為三千功八百行，皆積善之說也。」《自知錄》所言之善及過，乃儒釋道三教所共有之積善之說。

《自知錄》論善惡甚詳，重於用具體行為展示善與不善。善與不善分別納入善門及過門兩大類，善門之下有忠孝、仁慈、三寶功德、雜善四類共七十七條善行；過門內有不忠孝、不仁慈、三寶功德、雜不善四類共九十八條不善行（過、惡）。有趣的是，這一百七十五條善惡行內有三十八條是要費錢做功德的。《自知錄》雖有針對富有為官者之條目，大部分的條目主適用於老百姓，善行的完成是不用錢的。明清時期是三教合流時期，士庶的價值倫理信仰都反映了三教的融合。值得注意的是，功過的受者除了百姓外，還包括官家商販。其次，善與過的實行對象除了人類外，還包括非人類的大小生物，凸顯蓮池大師的佛家視野及關懷。[2]

以下就忠孝類及仁慈類及雜善類分別挑選善行及不善行（過），以全面顯示蓮池大師的善惡功過觀。

1 善門

善門：忠孝類

○事父母致敬盡養，守義方之訓不違犯者，父母去世如法資薦，勸化父母以世間善道，勸化父母以出世間大道。

○事繼母致敬盡養，敬養祖父母。

○對國家竭忠效力，開陳善；遵時王之制不違犯者，凡事真實不欺。

○敬奉師長，守師良誨。

○敬兄愛弟，敬愛異父母兄弟。

善門：仁慈類

○救重疾、輕疾，施藥，路遇病人輿歸調養（若受賄者非善，受賄者，謂得彼人的財物酬謝）。

○救死刑（百善）（以一人計，下同），免死刑（八十善），減死刑（四十善），（若受賄徇情者非善），救軍刑、徒刑（四十善），免（三十善），減；救杖刑，免，減；救笞刑，免，減。（以上受賄者非善，偏斷不公者非善）。居家減免奴婢之屬（同論）。（原解：救，謂非自己主事，用力扶救是也，免，謂自己主事，特與恕免是也。偏斷者，謂非據理詳審，唯任意偏斷，反釋真犯是也。）

○見溺兒者，救免收養（五十善），勸彼人勿溺（三十善），收養無主遺棄嬰孩。救人一命（百善）。

○不殺降卒，不戮脅從（五十善）。

○救有力報人之畜（如耕牛乘馬家犬等），救無力報人之畜（如豬羊鵝鴨獐鹿等），救微畜，救極微畜。

○見漁人、獵人、屠人等，好言勸其改業；化轉一人（五十善）。

○耕牛、乘馬、家犬等，死而埋葬之。

○賑濟鰥、寡、孤、獨、癱、瞽；窮民，零施；周給宗族中人、周給患難中人；窮民，收歸養贍者。

○見人有憂，善為解慰。荒年平價糶米。

○濟饑餓人，濟渴人，濟寒凍人，夜暗施燈，天雨施雨具。

○饒免債負；利多年久，彼人哀求度其難取而饒免者；（告官，官不為理，不

2 有些善門或過門分別附以量化之善或過：三十善或三十過才記；量善與量過，以一人，一事為單位，如一人十善，一人二十過；一事十善，一事十過等；若涉及錢財，則以若干錢為一過，苦幹錢為一善等。

得已而饒免者，非善）。

○救接人畜助力疲困之苦。

○死不能殮，施與棺木。

○葬無主之骨，施地與無墳墓家，置義塚。

○平治道路險阻泥淖，開掘義井、修建涼亭、造橋梁、渡船等，（俱同論），（若受賄者非善）。

○居上官慈撫卑職，有過情可矜，保全其職（若受賄者非善）。凡在上不凌虐下人者。

○視民如子，惟恐傷之。

○善遣妾婢，資發；白還人賣出男女，不取其贖者；出錢贖男女還人者（同論）。

善門：雜善類

○不義之財不取。無害於義，可取而不取。處極貧地而不取。

○當欲染境，守正不染（五十善）。勢不能就而止者非善。

○借人財物，如期而還，不過時日者。

○代人完納債負。

○讓地讓產。

○義方訓誨子孫。大家禁約家人、門客者同論。

○勸人出財作種種功德者。圖名利而募化者非善。

○勸人息訟，免死刑、免軍刑、徒刑、杖刑、笞刑。

○勸和鬥爭，若受賄者非善。

○發至德之言。

○見善必行，知過必改。

○論辯虛心下賢，理長則受者。

○舉用賢良，一人為十善。驅逐奸邪，一人為十善。

○揚人善，一事為一善。隱人惡，一事為一善。見傳播人惡者，勸而止之為五善。

○於諸賢善恭敬供養。見人侵毀賢善，勸而止之。

○勸化人改惡從善。

○成就一人家業，成就一人學業，成就一人德業（三十善）。

○許友，義不負然諾；義不負身命為百善；義不負財物寄託。（原解：然諾，如掛劍樹上之類。身命，如存孤死節之類。財物，如還金幼子之類。）

○有恩必報。報恩過分。有仇不報。若懷公道報私恩者非善。

○著破補衣，粗布衣。若原無好衣而著者非善。矯情幹譽者非善。

○肉食人減省食，素食人減省食，若無力辦好食而減者非善。

○肉食人，見殺不食，聞殺不食，為己殺不食。

○忍受人橫逆相加。

○拾遺還主。
○引過歸己，推善與人。
○名位、財利等，安分聽天，不夤緣營謀者。
○處眾，常思為眾，不為己者，所處之地。
○寧失己財，寧失己位，使他人得財得位者（五十善）。
○遇失利及諸患難，不怨天尤人而順受者。
○祈福禳災等，但許善願，不許牲祀者。
○傳人保養身命書，救病藥方。若受賄者非善，無驗妄傳者非善。
○拾路遺字紙火化。
○有財有勢，可使不使，而順理安分者。
○權勢可附而不附者。
○人授爐火丹術，辭不受者（三十善）。人授已成丹銀，棄不行使者。

2 過門

過門：不忠孝類

○事父母失敬失養；違犯義方之訓；父母責怒，生嗔者；抵觸者；父母所愛者故薄之；父母去世後，應資薦不資薦；父母有失，不能善巧勸化。不敬養祖父母繼母。

○事國家不竭忠盡力，當直言不直言（極大事為百過），違犯時王之制，虛言欺罔。

○不敬奉師長；不依師良誨；反背（若師不賢而捨之者，非過）。

○兄弟相仇者；欺凌異母所出及庶出者。

過門：不仁慈類

○重病、小疾求救不救（無財無術而不救者非過）。

○修合毒藥，欲害人；害人一命（百過），不死而病（為五十過），害禽畜；不死而病。

○咒禱厭詛（害人一命為百過），不死而病（五十過）。

○錯斷人死刑成（八十過），故入（百過）；錯斷人軍刑、徒刑成（三十過），故入（四十過）；錯斷人杖刑成，故入；錯斷人笞刑成，故入；私家治責奴婢僕人之屬者（同論）。（原解：錯，謂無心；故，謂有心。）

○非法用刑；無罪笞人。

○謀人死刑成（百過），不成（五十過），舉意；軍刑徒刑成（四十過），不成，舉意；杖刑成，不成，舉意；笞刑成，不成，舉意。

○父母溺初生子女（一命為五十過）；墮胎。殺降屠城（一命為百過），以平民作俘虜者（五十過），致死（為百過）。

○主事明知冤枉，或拘忌權勢，或執守舊案，不與伸雪者，死刑成（八十過），軍刑徒刑（三十過），杖刑，笞刑成，若受賄者死刑（百過），以下（俱同謀人）。諸枉法斷事，隨輕重（亦同謀人）。

○心中暗舉惡意，欲損害人，事成。故殺傷人（百過），傷而不死（八十過），使人殺者（同論）。

○故殺有力報人之畜，誤殺；故殺無力報人之畜，誤殺；故殺微畜，誤殺；故殺極微畜，誤殺。以上使人殺者（同論），贊助他殺者（同論），逐日飲食殺者（同論），畜養賣與人殺者（同論），妄談禍福，祭禱鬼神殺者（同論），修合藥餌殺（同論），看蠶者與畜養殺（同論）。

○故殺害人之畜，誤殺。

○見殺不救（隨上所開過減半，無門可救者非過），不可救而不生慈念（為二過）。（原解：減半者，如殺有力報人之畜二十過，今十過是也，以此類推。）

○耕牛、乘馬、家犬等，老病死而賣其肉者。

○時當禁屠故殺者（隨上所開過，加一倍），私買者（同論），居上位反為民開殺端者（同論）。解：加一倍者，如殺有力報人之畜二十過，今四十過是也，以此類推。

○非法烹炮生物，使受極苦者（一命為二十過）。解：如活烹鱉蟹，火逼羊羔之類是也。

○放鷹、走狗、釣魚、射鳥等，傷而不死（一物為五過），致死（與前故殺諸畜同論），發蟄驚棲，填穴覆巢，破卵傷胎者（同論），（發蟄等，因作善事誤傷非過）。解：作善誤傷，如修橋、砌路、建寺、造塔，種種善事，本出好心，故不為過，然須懺悔資薦。

○ 籠系禽畜，見人畜死，不起慈心。見鰥、寡、孤、獨、窮民饑渴寒凍等不救濟，（無財者非過）。欺弄損害盲人、聾人、病人、愚人、老人、小兒者。

○ 見人有憂，不為解釋，反生暢快，更增其憂；見人失名失利，心生歡喜；見人富貴，願他貧賤。

○ 荒年囤米不發，坐索高價者（五十過），遏糴者（亦同此論）。

○ 逼取貧民債負，使受鞭撲罪名；借人財物不還。

○ 役使人畜，至力竭疲乏，不矜其苦而強役者；加之鞭笞者。

○ 放火燒人廬捨山林者（五十過），因而害人（五十過），害畜（如前殺畜同論），本意欲害人命者（一命為百過）。

○ 掘人塚棄人骨殖者（一塚為五十過），平人塚（太古無骨殖者非過）。

○ 依勢白佔人田地房屋等；賤價強買。

○ 損壞道路，使人畜艱於行履；損壞義井、涼亭、橋梁、渡船等（俱同論）。

○ 居上官輕壞卑職前程（三十過），枉法壞之者（五十過），凡居上凌虐下人者（同論）。

○ 幽系婢妾，謀人妻女（五十過）。

過門：雜不善類

○取不義之財。處大富地而取者。

○欲染極親（五十過）、良家、娼家、尼僧、節婦（五十過）。見良家美色，起心私之。（原解：此為在俗者。若出家僧，不論親疏良賤，但犯俱五十過，起心私之俱二過。）

○盜取財物、零盜、瞞官偷稅者同論。威取、詐取。

○主事受賄而擢人官，出人罪。受賄而壞人官，入人罪。

○借人財物不還。負他債，願他身死。

○鬥秤等小出大入。

○見賢不舉，反擠之。見惡不去，反助之。隱人善。揚人惡。有言責而舉惡者非過，為除害救人而舉惡者非過。

○刻意搜求先賢之短，創為新説者。於理乖違者。做造野史、小説、戲文、歌曲，誣汚善良者。不審實，傳播人隱私，及閨幃中事者。全無而妄自揑成者（五十過）。遞送揭帖，發人惡跡，半實半虛者，全虛者（五十過）。言言皆實，而出自公心，為民除害者非過。

○募緣營修諸福事，而盜用所施入己者。三寶物。因果差移。

○贊助人詞訟，死刑成（三十過），軍刑、徒刑成、杖刑成、笞刑成、為五過。

○贊助人鬥爭。若教唆取利，死刑成（百過），軍刑、徒刑成（三十過），笞刑。

○離間人骨肉者（三十過）。破人婚姻，理不應婚者非過。

○出損德之言。

○虛誑妄語，因而害人。

○見善不行，有過不改。過不認過，反爭為是，對平交，對父母師長。

○論辯偏執己見，不服善者。

○不教誨子孫，任其為不善者。容縱家人、門客者同論。

○大賢不師，勝友不交，反加謗毀欺侮。

○惡語向所尊，向平交，向卑幼，向聖人（百過），向賢人君子。

○教人為不善，教人不忠不孝等大惡者（五十過）。見人為不善，不諫勸者，大事為三十過。知彼人剛愎決不受諫者非過。

○造人歌謠，取人插號者。

○妄語不實，自云證聖，誑惑世人者（五十過）。

○許友負信，負財物寄託者。

○有恩不報，有冤必報。報冤過分，致死（百過）。於所冤人，欲其喪滅。聞冤滅已，心生歡喜。

○肉食。違禁物，若龜鱉之類。有義物，若耕牛、乘馬、家犬之類。

○飲酒，為評議惡事飲。與不良人飲，無故與常人飲。奉養父母，延待正賓者過。煎送藥餌者非過。

○開酒肆招人飲。

○五辛，無故食。治病服者非過。食後誦經。

○六齋日食肉，食而上殿。飲酒、啖五辛者同論。
○過分美衣、美食。唯奉養父母非過。
○齋素人，必求美衣美食。
○輕賤五穀天物。
○販賣屠刀、漁網等物。
○拾遺不還主。
○有功歸己，有罪引人。
○名位財利，貪緣營謀而求必得，不顧非義者。
○處眾唯知為己，不為眾者，所處之地。
○寧他人失財失位，而唯保全己之財位者（五十過）。
○遇失利及諸患難，動輒怨天尤人者。
○祈福禳災等，不修善事，而許牲牢惡願者。所殺生命，與殺畜同論。
○救病藥方，不肯傳人者。未驗恐誤人者非過。
○遺棄字紙不顧者。
○離父母出家，更拜他人作幹父母者（五十過）。
○人授爐火丹術，受之（三十過）。行使丹銀。實成真金，煎燒百度不變者非過。

《自知錄》有幾個值得注意的特色。第一，跟感應篇相比，《自知錄》善門所列之善，過門所列的惡的比例呈現大幅下降，由二十五比一百七十大幅下降到七十七比九十八。這或可反映不同的善書作者對世間之善惡分佈、種類、結構的不同經驗或解讀。同時，亦透視了作者所處的時代及社會之倫理道德狀況。其二，《自知錄》善門涉及的善及過門之過，雖然大部分適用於老百姓，但有的是專門針對官吏的，有小部分的是針對商人的。用於官宦的包括下面幾項：

○事國家不竭忠盡力，當直言不直言（極大事為百過），違犯時王之制，虛言欺罔。
○居上官慈撫卑職，有過情可矜，保全其職（若受賄者非善）。凡在上不凌虐下人者。
○視民如子，惟恐傷之。

適用於不良商販的：

○門秤等小出大入。開酒肆招人飲。販賣屠刀、漁網等物。
○荒年囤米不發，坐索高價者（五十過），遏糴者（亦同此論）。

其三，《自知錄》主要是以行為來詮釋善與過，而對一些善行或惡行作出細緻的區分，找到例外，區分真善與假善，真惡與假惡，避免簡單判斷善惡。例如：

○「隱人善，揚人惡」本是不善，但例外是「有言責而舉惡者非過，為除害救人而舉惡者非過。」

○「過分美衣、美食」不是善事，但例外是「唯奉養父母非過。」

○「勸和鬥爭」是善事，但例外是「若受賄者非善。」

○「見人為不善而不諫勸者」不是善事，例外是「知彼人剛愎決不受諫者非過。」

○「不敬奉師長；不依師良誨」是壞事，例外是「若師不賢而捨之者，非過。」

其四，《自知錄》對善行與過行按其輕重給予積分，以量化方式來表述：量善、量過。這與功過格之精神吻合，符合善書將善分為大善、中善、小善；大惡、中惡、小惡，並且以善惡強度之差異，配以輕重不同的獎懲。例如，最大善配以百善，次者八十善，再次五十、三十善等。最大惡給予百過，次者是八十過，再次三十過等。如做官的量過如下：

錯斷人死刑成（八十過），故入（百過）；錯斷人軍刑、徒刑成（三十過），故入（四十過）……

其五，上面量過量善的準則是建立在惡或善是否存在意圖這個關鍵上。有心作惡跟無心犯過在道德上是有輕重之分。同一惡行，有意圖行惡的過要大於無意行惡的過，才符合公義。如上引的例子：「錯斷人死刑成（八十過），故入（百過）；錯斷人軍刑、徒刑成（三十過），故入（四十過）……」

其六，《自知錄》對額外義務及應有義務的善分別配以不同的善。例如，

○救死刑（百善），免死刑（八十善），減死刑（四十善）……

救者，即並非自己主事而主動拯救他人免於死刑，是一種超出自己應有本分的超義務行為，這種額外的義行所產生的善，是大於是自己主事而恕免他人死刑所產生的善。

第六節 《十戒功過格》

善書向平民勸善去惡，必須在觀念上親民，用淺白的語言及具體例子，詳細闡述善惡，令文化水準低的民眾容易理解，才能深入民間，發揮教化作用，打造民間社會迎善棄惡的風氣與氛圍。流行於道教信徒間的《十戒功過格》跟其他善書一樣，具備明顯的民間性，經文簡明易解。[3]《十戒功過格》是道教假託呂祖之名而編製的勸善書，主旨仍是人的行為功過都有記錄，功過會被管理。十戒是戒殺、戒盜、戒淫、戒惡口、戒兩舌、戒綺語、戒妄語、戒貪、戒嗔、戒癡。每一戒都有具體的功例和過例，從中民眾可認識人的善惡不單顯露為行為，也埋藏在內心的意念亦含善惡。十戒的功過例子繁多複雜，不予全部述評，以下從十戒中排行前三名的戒殺、戒盜、戒淫各選一些條目，簡述內容及相關的功過（部分）。

1 戒殺

從過例及功例顯示，殺的意思很廣，並不單指奪去生命的殺害，凡以不仁、不公、不義、不善對待他人或生物都屬於殺。殺戒的範圍甚廣，幾乎包含不當、不對、無禮、陷害、傷害、殺害的行為。殺的對象亦很廣寬，除了人類外，還包括其他大小的生物，如蚊、蠅、蚤、虱、蝦、螺、牡蠣、蚌珠、蟋蟀、蝴蝶、雞、鵝、豬、羊、牛、馬、駝等。

以不仁、不公等對待他人的殺行及過失的例子：

○無心累人凍餓，一時為一過。有心者指戲侮者言為五過。因憎其人而故為害彼者十過。凌虐下人一次為五過。不恤下人饑寒疾痛，一次為一過。阻遏窮苦人營謀，一次為一過。

○見人倡義作利濟事，不竭力贊成為一過，因爭名起見者為五過；反阻撓之為十過，因爭名起見者為五十過。已成而毀敗之為五十過，大事為百過，因爭名起見者為二百過。

以上的「利濟之事」即善事也，分大、小、細瑣事，各含不同的功。

大事百功，如建義倉、設義學、施棺、施蚊帳、綿襖、煮賑等事；小事五十功，如造橋、平路、建立茶亭、渡船等事；細瑣事二十功，如糾惜字、放生、施涼茶、施薑湯、施燈籠等會之類。

殺人命的例子：「醫術不精、寒熱誤施、攻補錯用、致傷人命者、亦曰誤殺。一人為五十過。……墮一胎為二百過。……傳人一墮胎方藥為百過。」

3 《十戒功過格》，《道藏輯要》，網路版，下載日期：二〇一六年九月十日，http://www.ctcwri.idv.tw/CTCW-DZJY/CTDZJY26/NewDZJY26/DZJY2603003.pdf

殺分多種：**喜殺**是指見殺生歡喜心者。**贊殺**是見殺稱其便捷者，稱其快心者曰**慶殺**。見殺、聞殺，勢可救而不救者，稱為**忘情殺**。**溺情殺**是食見殺、聞殺、特殺之肉者。**間殺**是好勇鬥狠者。拋棄一無主骸骨是**橫殺**。凌虐下人乃**殘殺**。不恤其飢寒痛苦，卒至傷生者，是**試殺**。

其他殺的過例：

○父母年老眼昏耳聾。人子奉侍偶生憎厭之心者。一次為十過念頭動處即是。稍露辭色為二十過，甚者為五十過。

○父母有病不擇醫調治，一日為五十過。不謹慎湯藥委之下人，一次為二十過。

○貧賤故舊親戚，厭其往來，一念為一過；待之不以禮，一事為五過；即非親族故舊，但生憎厭亦為一過。

○凡遇老年之殘疾之人，生厭薄心者為一過，見於辭色為二過，甚者為五過。

○遇鰥寡孤獨之人，一切交關不存忠恕寬厚之心為一過，或反欺侮之為十過，甚者為五十過。

○破人婚姻未成者為十過，已成者為五十過，此指方結親時說或以門戶不對，貧富不等。

○夫妻欲離異為之主謀者五百過。

○設一機械陰謀坑陷人者，小事為十過，大事為五十過，極大事為百過。

○小事陷人失利，大事陷人失名，極大事陷人於獄訟。

救微命、救小物命、救大物命、救人命各有功。救有哀救、力救、法救、破財救等。觸境生憐，方便釋放者曰哀救；作意放生，勞力營救者曰力救；出錢買放者曰破財救；鑿池開囿廣勸放生者曰法救。哀救的例子：「哀救一無依女子及收養至長成得二百功，使之終身得所為五百功，即不成長得一百功。」

作出仁義之善舉，按善之大小配以大小的功。善行如下：

○見殺不能救，生哀憫心者，曰心救，一次為一功。
○見殺不能救，口稱可憐，冀人解釋者，曰口救，一次為一功。
○見殺聞殺特殺之肉不忍食。一次為一功。
○見人好勇鬥狠，力為勸救，一次為二功。
○人有與我鬥狠者，閉戶避之為十功。
○為絕分親，知絕後者立繼，並教養之，一人為二百功，至成立為五百功。
○飢人與之一餐，凍與之一衣費，扶持一顛危人，指引一迷路人，無歸者留之一宿，俱為一功。
○寬恕下人過犯，矜恤下人飢寒疾痛，俱一次為一功。
○見人倡義作利濟事，極力贊成為十功。
○事父母服勞奉養，先意承志，每致親心喜悅，一次為一功。
○父母有勞動處，善為勸止，親安而悅者，一次為一功。

○兄弟間任勞推逸，一事為一功。勸人弗事刀筆，弗離婚，弗暴殄天物，俱為功。
○矜恤鰥寡孤獨之人，貧苦親戚故舊，遇災禍者（俱為一功）。
○成全一困苦人營謀。小事一功，大事十功。小事指一時之利言，如稱貸貨賣之類。大事指久遠之利。言如技術經營之類。

戒盜

盜分為盜財、盜名、盜命、盜充、盜原等五類。

盜財

盜財者指「劫奪穿窬者」，包括明盜、暗盜、誣盜、挾威盜、挾詐盜、絕命盜、典守盜、滅倫盜等形式。以下是各種盜財形式及量過：

○明盜：欺隱人財物，人必生疑者，一次為一過。
○暗盜：欺隱人財物，而人不生疑者，一次為二過。
○誣盜：欺隱人財物，恐人生疑而因貫罪於人者，一次為五過。
○挾威盜：乘急苛取，恃強轄取者，一次為二過。
○挾詐盜：背眾私取，恃智巧取者，一次為二過。
○絕命盜：取窘迫人所有，或患難人所遺者，一文為一過。
○典守盜：受人寄託，代人買賣於中欺隱者，一次為二過。

○滅倫盜：欺隱家長眷屬之物，以及官府公物者，十文為一過。

盜名

盜名的「名」涵義頗廣，包括智財、名譽、善名、惠、功等，惡行如下：

○竊人之才能以為己有，如文章技藝，非己所有。攘竊成名者。明盜一次為一過。暗盜一次為二過，事之大者如功名。

○竊人之善以為己有者，如公善倡義自人，冒稱倡義自己者……明盜一次為二過。暗盜一次為五過。

○竊人之惠以為己有者，冒稱出之自己，小事二過，大事五過。

○竊人之功以為己有者，如醫藥謀望中多有，小事五過，大事十過。

○凡報恩報怨，假公濟私者，小事五過。大事十過。

○妄執邪見，倡為異教，惑眾取利者，曰邪盜。倡者五百過。從者百過。

盜命

謀人產業，奪人生理；盜人秘密訣法，致人失業者；賣僮婢，貪重利，致不得所者，曰坑陷盜；誘人嫖賭，於中取利者，曰極惡盜，一次為百過。以春方邪藥售人者，曰蠱盜，一次為五十過。以採戰邪術惑人求利者，曰妖盜，一次為百過。

盜充

盜充者，指無盜之跡有盜之心，或無盜之心有盜之跡者，包括市行盜、教盜、耗盜、懈盜、誤盜、偏盜、罔上盜、戲盜、明欺盜、鬼伺盜、妄盜、傷本盜、小見盜、償失盜、欺天盜、遺害盜：

○使用輕重戥秤，大小升鬥者，曰市行盜。
○攛掇卑幼，盜廢家長財物者，曰教盜。
○喜人奢靡，或攛掇人奢費者，曰耗盜。
○乞假用物，遺悞他處，以致無還者，曰懈盜。
○無心誤取他人用物如夾帶之類，累人尋覓或致失事者，曰誤盜。
○偏執一己之見，曰偏盜（有三類）：為人用財過於寬厚，借人財物以邀結自己聲名者。勸入淫祀以及祈禳者。勸人捨財非實落功德，徒市一己聲名者如建鬼神祠宇之類。
○規避差徭，曰罔上盜。
○博奕賭勝，曰戲盜。
○攙和五穀，曰明欺盜。
○用意探人隱微，曰鬼伺盜。
○倡義為無益事，擾累地方者，曰妄盜，如高檯扮戲賽神行會之類。
○縱六畜食踐他人五穀墳塋者，曰傷本盜。

○買賣交易貪取便宜，曰小見盜。

○誤得假銀復用於人者，曰償失盜。

○教人燒煉鉛汞，曰欺天盜。

○見燒煉丹書，不急焚毀，曰遺害盜。

盜原

盜原指盜之根源。

○好奢、好懶，盜之源也。正本清源，多在勤儉。

○飲食嫌惡薄，衣服嫌樸陋，居室嫌湫隘，器用嫌粗惡，俱以一念為一過。

○飲食必求肥甘，衣服必求鮮麗，居室必求塏爽，器用必求精良，俱一念為二過。

○廢業遊閒，一日為一過。

○日中無故睡眠為一過。

○賓客燕食崇尚奢靡，一次為二過，甚者為五過。若以奢靡驕人者為十過。

○凡便飯過四簋，宴會過八簋一席。而山珍海錯無不備者，皆為奢靡。

○縱婦女置金珠艷飾，一事為五過。所費以三十文為一過。小兒衣綢帛，一事為五過。

○托節儉之説於父母，四事供養不盡其誠，一事為十過，甚者為五十過四事供養謂飲食衣服湯藥臥具也。

○為人師者授藝不能盡心，一日為一過。一切得人心力錢，而不實心為人辦事者同論。

要戒盜，靠捨，包括捨財、捨名、捨命。三捨之功例如下：

捨財

○愛其人而捨者，曰喜捨，如敬老慈幼。愛有德有能之士，因而有所餽遺者，一次為一功，三十文外加功。若趨炎附勢，貪名利或喜結納者非功。

○憐其人而捨者，曰悲捨，如施乞丐、救飢寒之類，一次為一功，三十文外加功，藉以邀世譽者非功。

○人受其惠己無所損者，曰自然捨，如為人愛惜財物及拾遺還人之類，每次為一功，值百錢外加功。

○費心費力而不受謝者，曰力捨，如醫家送方，力士効力，或為人謀事為人息爭等類，每一事為一功，有成效者小事二功。大事十功。

○為人賠墊以成其事，應補以息人爭，而事過無償，不露聲色者，曰暗捨。一事為五功，因之自矜者減一等。十文外加功意有所為者非功。

捨名

○己有才能，為人盜竊不求表白者，曰忘能捨。人有為我表白者，謙不受，曰讓能捨。

○己有善行，為人盜竊不求表白者，曰忘善捨。人有為我表白者，謙不受，曰讓善。

○己有恩惠及人，為人攘奪，不求表白者，曰恩捨（一事為五功）。人有為我表白者，謙不受，曰讓恩捨。

○人有盜行，賈禍於我者，甘受不白，曰容濁。無端受人謗，反己自責自修，不求暴白，曰增進。

捨命

○人有與我爭奪者，讓之不較是非，不怨窮困，曰安命。

○忍飢而飯人，忍寒而衣人，傾囊而濟人，曰忘命捨。

○不避艱難捐軀救人，曰全身捨。

絕盜充，功之大小隨善行大小：

○戥秤鬥斛，出入公平，若肯吃小虧，曰無形捨，一次為一功，值十文外加功。

○勸人節儉，曰口舌捨，一次為一功。

○乞假人用物，為人細心愛護，如期送還，及借人書籍為之修釘破損，改註訛字，俱為一功。

○不避差徭，不逋稅課，俱一次為一功。
○交易借貸，不違要約，必如期為一功。
○租債出入，稍存寬厚，一事為一功，三十文外加功。
○交易買賣，貨真價實，不攙和，不虛誑，一日為一功。
○……
○倡義禁止作為，無益擾累地方等事。
○誤得假銀，即棄不用。
○謹守盜戒，一草一葉，不與不取。

深切認識導致盜的原因，並採下列行為將之消除：

○飲食不嫌惡，薄衣不嫌樸，陋居室不嫌湫隘，器用不嫌粗惡。
○飲食衣服居室器用，力堪華膴而甘心淡泊。
○終日勤敏，不致虛縻廩粟。
○革一奢靡俗習，並能化及他人，釀成風俗。
○勸一人勤儉作家。
○以勤儉教家子弟，謹率家規。
○一切吉凶之禮不事虛文，敦本抑末，轉移風俗，敦崇儉樸。

2 戒淫

古代父權社會男權至上，男尊女卑，婦女只是男性的附屬品，男性要管教好眷屬，以貞節禮數約束之。人有七情六慾，若自制不足，情慾失控，容易觸犯禮數，男女的接遇若違禮節，則屬淫行。對待淫事，古代的對策是「防淫以禮。事事以禮範」。根據《漢典》，「淫」字義指「在男女關係上態度或行為不正當：姦淫、淫蕩、淫亂、淫穢、淫猥」。淫是指用涉及性的不當的態度及行為對待包括婦女、僕婦、孀女、婢女、僧尼、娼妓等女性。淫行包括不當情慾意念或肉體冒犯、侵犯、佔有、強暴、猥褻、褻狎、強制、欺凌、羞辱、輕慢、無禮、不敬、貶損等。善書中的淫，是指不當的對待女性的涉及性但不止於性的不良行為。

淫的種類，有暴、癡、冤業、宣、妄，含義如下：

○恃財恃勢誘劫成淫，情愛實輕者，曰暴淫。
○情好纏綿。死生不解者，曰癡淫。
○本非有意，境地偶逢，彼此動情不克自持者，曰冤業淫。
○既犯淫戒，復對人言者，曰宣淫。
○意有所求，邪緣未集妄稱有私者，曰妄淫。

按行淫情況分類，有正、縱、偏、擬、慕、造、獻、幻、心之分，其義如下：

○正色不節，有非時非地者，曰正淫。
○倚仗福財，廣置姬妾，曰縱淫。
○愛妾棄嫡，致嫡怨望，曰偏淫。
○談及婦女容貌妍媸，曰擬淫。
○遇美色留連顧盼，曰慕淫。
○無故作淫邪想，曰造淫。
○夜起裸露，小遺不避人，曰獻淫。
○淫夢曰幻淫，不自刻責反追憶摹擬，曰心淫。

就淫行類型及受害人身份而論，淫行及所導致的過是有差異的。犯過最大是暴淫，緊隨的順序是癡淫、冤業淫、淫宣、淫妄。另外，對不同身份的受害者所產生之過亦不同。例如，就同一類淫行而言，暴淫婦人為五百過，僕婦為二百過。導致差別是兩者身份有高低之別，僕婦身份比婦人的身份為低。身份高低決定淫過之大小。另一方面，暴淫一孀閨女為千過，婢女為五百過。暴淫閨女的過是暴淫婦人的過的兩倍，表示前者的惡比後者之惡為大。理由是對弱小無助應受保護的幼小的侵犯，是符合罪加一等這個道德直覺的。值得注意的是，從過的大小看，婢女身份比僕婦為高。對照之下，淫娼妓的過就相對地小了。例如，暴淫一娼妓為五十過，癡淫一娼妓為百過。冤業淫一娼妓為二十過。宣淫為五過，妄淫為十過。由於娼妓身份最低賤，淫娼妓跟淫良家婦女的過就有巨大的差異。淫娼妓的過只是對淫婦人之過之十分之一，亦比淫僕婦所犯的過為低。其餘不同類型的淫過亦比良家婦女的淫過為低。除了俗世人家外，對出家人的淫行的過是非常嚴重的：暴淫一僧尼為無量過必受地獄報。另外，各過都比俗世人家的婦女閨女為高：冤業淫一僧尼為五百過，宣淫者為二百過，妄淫過同，表示善書對僧尼作淫行的惡行嚴重性。古代社會重等級身份，人與人之間沒有平等，連主張眾生平等的宗教亦不能免俗。

保護婦女尼娼免受淫害，可採畏保、愛保、無形保、善保等防淫之法：

畏己損名失德，着力忍慾拒奔者，曰畏保。悲其貪欲失節，而正色拒奔者，曰愛保。先事預防，能使淫奔者無隙可乘，曰無形保。委曲全人節操者，曰善保。

保行各有功，身份不同，功亦有異。娼妓除外，不同的保行所涉及的功，由小至大排列是：畏保、愛保、善保，無形保。對不同對象的保行各有不同的功，例一，**保孀女行**：「畏保一孀婦閨女行為百功，婢女加一等，愛保一孀婦閨女行為二百功，婢女加一等。善保一孀婦閨女行，一人為二百功，僕婦婢女功同。無形保一孀婦閨女行一事為千功」。例二，**保僧尼行**：「畏保一僧尼行為百功，愛保一僧尼行為二百功，善保一僧尼行為二百功」。例三，**保娼妓行**：「贖一娼妓從良為五十功，勸人贖一娼妓從良為二十功，助人贖一娼妓從良為五十功。平人將陷入娼妓家，力為救拔，一人為百功」。

除了具體的行動外，堵住及消除引發淫的原因或環境，是杜絕淫行的長線措施，例如：

○使女姬妾遣嫁以時，使之得所。使女至二十即當嫁。姬妾無出，至三十即當嫁。家規整肅，上下和順，妻妾無間。閨房之中不溺情而狎，不執私而拗，事事和順，秉禮不輕入孀尼之門。禁止婦女艷飾，不施脂粉，不佩香囊，不焚淫香，不穿艷服，不戴金鉢，矢口不談邪淫事。禁止寺院作節守夜。禁止弗演淫齣。婚嫁擇德不擇貌。

○家中不許吹彈歌唱，焚毀傳奇小説。行立必端，視聽必正，言語必莊。

○遇婦女授受不親手。聞婦女調笑語，以正色應之。遇美色不留盼，不看淫戲。與婦女言貞節故事閨範禮法。絶一便辟損友。人有談淫賭佳趣者，避之弗聽，以正語間止之。三姑六婆禁弗入門。兒女禁弗嬉遊諧笑。不受婦女私贈。不受婦女私托買賣。不私贈婦人禮物及有交際餽遺。弗用婦人所需之物俱為一功。

《十戒功過格》對淫的詳盡細緻之分類及例舉，具體地反映了傳統社會部分男女之禮教狀況，揭示了約束男女情慾倫理，及違規行為及相關過分；同時揭露了不同身份的婦女被惡待涉及的有差別的懲罰。沒有對淫行之廣泛精微的觀察，詳細記錄，編者是很難對淫行如此細緻分類的。淫行的受害者不單是良家婦女，還包括社會低層的娼妓，及遠離俗世社會的僧尼。淫行的加害者自然是男性，尤其是有權有勢的人仕。傳統社會男尊女卑，女性是弱勢及附屬品，受欺凌、虐待、侵犯、戲弄、賤視、惡待是婦女的宿命，功過格以淫戒勸導世人去惡迎善，在保護婦女的方面貢獻不容低估。此外，善書的淫戒的相關規範，對有意保護弱小，善待婦女的民間倫理亦有積極作用。另外，善書相關的記錄及分類，肯定是研究古代婦女史，社會史、民間倫理史寶貴的參考史料。

第七節 《寶善堂不費錢功德例》

熊弘備（勉庵）著的《寶善堂不費錢功德例》（俗稱《不費錢功德例》）（Brokaw，一九九一；包筠雅，一九九九；馬麗，二〇〇四）羅列四百五十項的善行，分佈於十二類不同的身份或行業上，作為善行的準則。[4] 這十二類身份及其德行數目：鄉紳（五十五德行）、士人（三十二德行）、農家（二十一德行）、百工（二十德行）、商賈（十七德行）、醫家（二十一德行）、公門（五十五德行）、婦女（四十德行）、士卒（二十二德行）、僧道（二十德行）、僕俾工役（二十二德行）及大眾（一百二十六德行）。不管這組德行是否完備地反映當時各個不同身份所認定的德行，四百五十項德行所構成的社會倫理拼圖，應足以呈現善書製作者（士人）所觀察到或理想中的庶民社會道德倫理狀況的輪廓。這一幅庶民倫理的拼圖，應是熊弘備在現實生活中的觀察所得，連同他對各身分的個人理想期望的結果，因此拼圖是融合了現實及理想的合併體。值得注意的是，熊弘備為鄉紳及公門（書吏衙差之類）分別制定了五十五項德行，若連同士卒（低級公家職員）的二十二項德行都劃入公門的話，官吏的德行總數共七十七項，其數目僅次於大眾的德行，反映他對鄉紳官吏行為的注意。

除了鄉紳及公門外，熊氏同樣以敏銳的觀察及豐富的想像力對各行業身份分別辨認

4　熊勉庵，《寶善堂不費錢功德例》，刊於陳宏謀，二〇一二，頁三三六—三四三。

二十餘善德行，而各德行實可代表相關的規範。熊氏扮演的角色，不單是經驗倫理學家，同時是規範倫理學家，揉合了經驗和規範的倫理元素，製作將實然與應然混合的功過格。除了《不費錢功德例》外，熊氏還制定了一冊《當官功過格》細列為官的德行及惡行。在《不費錢功德例》之前的善書，功過格一般會列出善門或過門，功格或過格，適用於不同身份的個人，沒有作不同身份行業的區分。自《不費錢功德例》出版後，善書開始對不同行業或身份制定專屬於它們的德行。熊氏編的《不費錢功德例》，為善書創立了新體例。如上文言，《不費錢功德例》所列的善行有一定的經驗根據，可反映社會倫理現況。以下挑選了幾個有代表性的身份：鄉紳、士人、農家、百工、商賈的善行，並借助這些善行，想像古人的倫理秩序。

鄉紳

倡率義舉，正己化俗。有利地方事，盡心告白官長。有害地方事，極力挽回上官。民間大冤抑，公行表白。里鄰口角，公道解紛。村眾逞兇，危言喝止，不說昧心人情。肯容人過，肯受逆耳之言。不評論女色、受謗不怨嗟、保護善良、公舉節孝、戒人忤逆、止人奸謀、扶持風化、主持公論，嚴禁子弟恃勢凌人。不許僕從倚勢生事，不偏護子弟，冤苦鄉鄰，不開害人事端。不以財勢，傲慢貧賤宗親。勸止人刻薄取財，夤緣功名。不侵佔人田園、不謀買人產業、不攙搭低銀。不薄本族，而妄認同宗。感化人一家好善，不包管戶外事、不隨淫朋遊戲、不藉端害人、不徇情冤人、不以喜怒作威福。止人不演淫戲，不謀奪風水，暨欺壓鄰傍風水損人。訓子孫甥侄，仁慈一體，不怒不縱。不欺凌幼弟庶弟，乘危不下石排擠人。不圖方圓適自己意，妨人便利。鼓勵人苦志讀書。勸人重義輕利。不掯短人價值。不因僕從言，慢侮親友。諭人和息詞訟。為人解冤釋結。不強借人財物。不強賒店貨。鋤強扶弱，敬老恤貧。不多娶姬妾，不畜寵童。不貪重利，將婢配匪類殘廢人。奴婢婚配及時。不壓良為賤。

士人

忠主孝親，敬兄信友。以名節立身，以忠孝訓俗。敬奉聖賢典籍，盡心啟發生徒。敬惜字紙，謹修言行，誨門人言行並重，無故不曠功課。不菲薄人為不足教。耐心教訓貧家子弟。遇聰明子弟，教之誠實。遇富貴子弟，教之禮義。講鄉約律法，勸戒愚人。凡事涉閨閫者，不輕言，不落筆。凡事屬陰私者，不攻發，不猜疑。不書誣揭，不寫呈稟。不作離婚分別紙，不昧心黨護親朋。不扛幫打降。不傳演邪淫小説，不加人諢名歌謠。編輯利濟為善書，不詆毀平人。不凌虐鄉愚。不妄圈文字，欺哄無知。不自負才高，輕慢同學。不譏笑人文字。不廢散人書籍。不恃衣頂呈人。不作昧心幹證。遇上智，講性理學。見愚人，説因果書。勸止人不孝不睦諸事，引導愚人敬宗睦族，傳人保益身命事。

農家

耕作以時，照顧蟲蟻。糞田不害物命，不阻斷走路。填坑塹以便行人。不唆田主，謀買取方田地。不夥僕人，盜賣主人谷粟。不藉主人勢，縱放六畜，殘鄰田禾苗。不諂奉主人，耕佔鄰田溝心岸界。不坪斷人墳墓，左右前後風水。不耕佔迷失墳墓。不的攛唆主人，故意阻塞水道，揹鄰田錢財。不私動主人種糧。恐臨期糝稗欺混，致損秋成。不忌鄰田禾苗茂盛，妄生殘害。不藉口鄰田六畜殘毀禾苗，唆主人詐害。不做工懈怠，荒人田畝。不以酒飯不厚，工錢短少，遂生怠惰，做假生活。填墳墓穴洞。愛惜他人車具。驢牛豬羊，食禾苗者，不輕刺戳。犁車牛路，不圖超近，踐人禾苗。不於戊日犁鋤田土，澆灌穢糞，污觸地祇。田家以四季戊日，皆有所犯也。抱朴子曰：燕逢戊日不銜土。

百工

雕畫不褻瀆聖像，造物必求堅實。不因主人酒飯簡慢，輒生壞念。不作不吉利語，造作不苟且草率。不行魘魅法，不攛哄人興造。不傳播主東家常隱微，不造磽薄假物。不耽延捱工，不圖帶買受謝，哄買假貨。不以裂破者混哄。不輕毀成物。不妄作淫污，不污損人衣物。不偷竊人材料，不輕費人材料。愛惜鋪墊，遮蓋物件（以上工匠）。橛錨防蹶人足，填塞橛錨洞，恐陷人足。急流中代篙代糸牽，擠塞中讓篙讓纖。不因揹索多資，羈遲急事人登岸（以上舟子）。

商賈

討價不欺哄鄉愚，不高抬柴米價。貧人買米，不虧升合，不賣假貨。出入不用輕重等秤，小大升鬥。凡病人所需貨物，不指勒高價（恐貧人無力措辦，致病者難堪）。污穢肴饌，不可欺人不見，仍賣人用。不設計謀奪生意，不忌人生意茂盛，多方讒毀。交易公平，童叟無二。深夜買急需物者，不以寒冷不應。典鋪輕減利息。當銀錢，足其等色。貧人錢數分數，尤加寬恤。贖當少虧無補，諒情讓免。勿使不成，致恨沉沒。不齊行勒重價。貧人買夏帳棉衣被等，哀憐讓價，勿使不成。

善書中對德行的表述多取消極句式，以「不」字冠以行為之前，如：

○不包管戶外事、不隨淫朋遊戲、不藉端害人、不徇情冤人、不以喜怒作威福。（鄉紳）

○不恃衣頂呈人，不作昧心幹證……不昧心黨護親朋。不扛幫打降。（士人）

○不唆田主，謀買取方田地。不夥僕人，盜賣主人谷粟。不藉主人勢，縱放六畜。（農家）

○造作不苟且草率。不行魘魅法，不攛哄人興造。不傳播主東家常隱微。（百工）

○討價不欺哄鄉愚，不高抬柴米價。貧人買米，不虧升合，不賣假貨。（商賈）

抽去德行句內的「不」字，德行變成惡行。稍用點想像力，一部善書兩面讀，將德行翻轉理解就是惡行。另一方面，將無「不」字頭的德行倒過來解讀就成了惡行（即，將德行句前加上「不」字）。另外，這些惡作不會是偶發或個別的，應是常見及普遍的。由此觀之，善書記錄了社會上常見的善與惡，呈現的是庶民的善行與惡行。將善書內的十二行業或身份的德行拼合起來，儼然一部資料詳盡的倫理社會史料冊。

鄉紳來自地方世家大族，是地方有威望有權勢的士人，扮演地方領袖角色，肩負重大的地區責任，包括對維持地方的治安秩序，減少鄉民之間紛爭，排解住民的矛盾，促進鄉里和睦共處，保存傳統善良風俗。從所臚列的諸種德行，不難理解鄉紳之工作不易為，善書對鄉紳的要求頗高，除了執行各大小事務所需的能耐及技能外，還要求個人包括公道、正直、誠信、仁慈、重義、輕利，清廉等優良品德修養。士人具備文化，執掌文教工作，是教育地方子弟的主力，除了自身有「忠主孝親，敬兄信友，以名節立身，謹修言行」等好品德外，肩負的任務包括「忠孝訓俗，敬奉聖賢典籍，盡心啟發生徒，敬惜字紙，謹修言行……勸止人不孝不睦諸事，引導愚人敬宗睦族，傳人保益身命事」。由於擁有文化，凡跟文化有關之事宜，都會涉及，因此應有相關的行為規範，指示士人知所進退，擇善而行。積極的事，如「講鄉約律法，勸戒愚人，編輯利濟為善書」要多為。積極行為上，應該「不書誣揭，不寫呈稟，不作離婚分別紙。……不詆毀平人，不凌虐鄉愚，不妄圈文字，欺哄無知，不自負才高，輕慢同學，不譏笑人文字，不廢散人書籍」。

鄉紳及士人群體是鄉村的文化教育社會精英，是地方治理及文教的主導者，此群體行為是善是惡，對促進及維繫善良風俗起着重大的示範作用。熊氏對鄉紳及公門制定的德行比其他身份的為多，或可反映熊氏的用心，及凸出其別於其他善書之處。善書所倡議的規範若能發揮作用，有效教化、約束、指引這個族群，加強其德行，成為鄉民行為的楷模，是可以為提升庶民道德，地方善治能夠發揮槓桿作用。

如上文言，熊氏對鄉紳及公門制定的德行比其他身份的為多，可能由於他本人屬士紳階層及曾在朝廷當過官，對士紳及公門有具體的了解及體驗，因此能制定較多的行為規範，相比之下，他對其他身份的認知體驗相對薄弱，因此相關德行的數目較少。雖然如此，熊弘備能為十二類不同身份作規範，反映其精細觀察及大格局思維，令《不費錢功德例》更能適用於不同身份，因此亦成為窺視庶民倫理的好窗口。

結語

勸善書是庶民倫理的具體的文字載體。不管是儒家、道教或佛教信徒，善書的編者都不約而同地融合了儒佛道三教的主要教義：孝悌、忠君、睦鄰、勤儉、忍讓、仁義、施恩回報、棄惡揚善、因果輪迴。再者，功過格中對功德及過錯的認定，都可折射儒道佛三教善惡的觀念。另外，對功及過的量化的表述，亦反映了編者對善行及惡行相對的倫理重要性：功的分數高表示功德大，過的分數低表示過錯的輕微性。除了納入三教融合部分外，勸善書亦經常三教教義並列，但並列不代表彼此能融合無間。事實上，儒家對現世關懷跟佛教的彼岸嚮往明顯地格格不入。另外，儒學之修身、齊家、治國、平天下的淑世情懷，跟道教之歸隱山林、追尋長生不老、逍遙物外的旨趣，分別代表兩個不同的世界觀、人生觀。撇開融貫與否，善書內容的確相容並蓄，三教並列，駁雜多元，卻可吸引不同信仰的人，接近更多信眾，而信眾信手拈來，在善書中隨處找到所需，滿足精神需要，至於是否融貫一致並不是信眾優先關心的地方，關於這點本書第一章已有論述。無論如何，善書是民間社會善惡通書，巨細無遺地記錄社會的善惡對錯行為（條列各種不同的具體善行惡行）及指引行善去惡的方法，是庶民倫理的通鑑。

第七章

明清處世書與庶民倫理

民間流行的格言，蘊藏了豐富的傳統價值文化元素，是了解社會風俗習慣道德倫理價值等的重要文獻。格言能深入民間，代代相傳，歷久不衰，肯定有其原因。格言內容涉面甚廣，舉凡生活大小事，人生之得失禍福，世事之變幻難測，不少流傳千古的格言都不只能揭示社會真相，透析世態炎涼，人情冷暖，且會勸導人尊義識理，敬德崇禮，喚醒人善良一面，激勵人的向上意志，訓示人迎善去惡等，因此能深深打動人心，引發持久不散之共鳴，繼而融入民眾的集體意識深處，牢固地嵌入庶民文化深層結構之內。這些都是格言之長壽秘訣。格言種類繁多，人生的生死、禍福、順逆、吉凶、是非、名利都有顧及。人人熟悉的例子，立身修己類別的，包括「一年之計在於春，一日之計在於寅」、「萬般皆下品，惟有讀書高」、「少壯不努力，老大徒傷悲」。感嘆人情冷暖的，如「人情似紙張張薄」、「久住令人嫌，貧來親也疏」、「人生似鳥同林宿，大限來時各自飛」。洞悉世情的，有「飽暖思淫欲，飢寒起盜心」、「好事不出門，惡事傳千里」。談命說運的，如「命裏有時終須有，命裏無時莫強求」。這些家喻戶曉，婦孺販夫都能唧唧上口的格言，早已經成為現代漢語的一部分。格言經歷千年的篩選、洗滌、提煉，世代相傳深植民間，價值自然不容低估。陳述式格言是經驗的記錄，規範式格言是期望表達或理想訴求，兩者都反映時代的面貌或期望，是民間智慧與倫理的寶庫。

古代的處世書是民間智慧、庶民道德的文字載體，自然是發掘庶民倫理的寶地。本章逐一揭示處世書的主要內容外，用包括仁、義、禮、智、信、忍、讓、樸、檢、虛、靜、慈、戒等德性，生死、禍福、順逆、吉凶、是非、名利、榮辱、貧富、得失等人生面向，及貪、名、利、欲、私、淫、懶等作惡之源等三類大範疇而制定的框架，審視處世文書的倫理元素在框架內的相對位置，以展示處世書倫理與大範疇的聯繫，及它們之間之異同。

第一節 明清社會速寫

處世書教人處世應物，若只講放諸四海而皆準的大道理，就算是對的道理亦會流於空洞，與實際生活有落差，庶民難以實行。事實上，深入民間的處世書，都會感應時代脈動，針對特殊問題而談道說理。因此，世代相傳的處世書格言，都很能反映時代及社會，是時代的產物。約略了解明代及清初社會狀況的幾個側面（酒井忠夫，二〇一〇a），應更深入了解處世書作者格言背後未有明說的大義。

如上章言，明太祖重視基層民眾的教化，頒佈《聖諭六言》，訓導小民「**孝順父母，尊敬長上，和睦鄉里，教訓子弟，各安生理，無入非為**」。規定鄉民定期集合，將聖諭宣讀以傳遞六言之微言大義。另一方面，宣讀六言亦成為明代推行鄉約的特色，聖諭因此深入民間，帝王倡議的倫理成為基層社會道德教育之支柱。明代開國之初，兩浙的富戶都將田業詭寄、投獻到田僕或近親之名下，以逃避傜役。詭寄是指地主將家產分割開來，將之置於親鄰家僕名義之下，或將家業地址寫在不用付税的地段或地方。投獻則是將產業捐獻給有權力的人藉以免税。洪武年間，朝廷為了堵塞此弊，對詭寄投獻予以禁止。

明代中期長江以南地區的土地兼併異常嚴重，鄉官豪族之詭寄投獻的逃避税役之風甚盛。另外，官僚又可利用特權來兼併土地。官僚以下的舉、貢生及生員都享有這種特權。依附在官僚或豪族門下的奸民（衙役，胥吏）、小民、豪奴，亦仿傚大人主子做瞞税逃税的勾當，成為危害社會的「罡煞之悍」。明末清初，劣紳豪族指使惡僕（又稱為鄉蠹或翼虎）

橫行鄉里，欺瞞作弊之歪風相當普遍；鄉紳及富豪土地兼併更趨普遍，導致農民四處流徙，淪為佃戶，這現象在嘉靖加劇，發展到萬曆年更為嚴重，激化日益尖鋭的社會矛盾。正德之後，鄉紳是土地兼併的主要社群，而棄農轉商者人數愈來愈多，中華大地上農本商末的悠久堅固的傳統，但加劇的土地兼併及社會愈趨分化下開始鬆動，捨本逐末潮流開始大範圍地湧現。此時，財富集中在少數人手中，貧富差距擴大，社會矛盾加深，巨賈豪商（多同是地主）成為支配社會的族群。

明代初期，里甲制下的兩大生產族群是自耕農，及鄉居地主，後者擁有土地而用家僕（佃戶）做農作勞動。明代中期，隨着富農的發展及自耕農族群的分解，這個社會結構被打破。農村手工業的發展及農業商品作物的發展，自耕農及佃戶的自主提高。這時亦出現了所謂城居地主的商業地主族群，商業資本進入農村，農民由於受高利貸之累而受制於商業地主。另一方面，佃戶轉變為傭工，經地主僱用做商品作物生產。

明代社會的身份、職業大致包括如下幾類：土豪、富豪、吏書、鄉官、監生、生員、大戶、平人、商賈、僧道、婦人、奴婢、僱工等。擁有這些不同身份或職業的個人，不管其成員自覺或不自覺也好，自然形成了不同的階層或族群。

除了社會結構外，文化商品亦可透視明代社會狀況及民情。日用類書在民間相當普遍，類書是百姓生活各方面的知識技能之專門實用書籍，種類包羅萬有，包括職業、旅遊、經商、訴訟的類書。[1]類書中有關律例詞狀類，告發鄉官的詞狀的語詞如下：「土官勒騙、倚官轄騙、勢官欺騙、持官佔業、倚官霸佔、縱僕欺騙、恃勢毆命、倚官誆騙、恃官隱糧、恃官騙財、土官殺命、陸梁跋扈、藉勢貪淫、逞勢饕橫、勢要殃民」。《三台萬用正宗》卷八《律例門》載有詞訟的格式，其「詞狀體段貫串活套」條就錄有對鄉官的上引的用語（酒井忠夫，二〇一〇a，頁一三二—一三三）。

從類書範本的用辭，可以窺見當時百姓對鄉官的不滿與怨氣，及官僚欺壓平民的狀況。一般而言，日用類書不單是工具實用書，其內容包含了不少的民間倫理經驗點滴，若作適當的整合，可編織成完整的圖像，有助透視明代之民間倫理狀況（魏志遠，二〇一二）。

1 日本學者酒井忠夫等蒐集了不少的中國日用書文獻，刊印了包括下列的集子：一、酒井忠夫監修，阪出祥伸，小川陽一編，二〇〇一，徐筆洞，《新刻搜羅五車合併萬寶全書，萬曆四十二年存仁堂刊本》，《中國日用類書集成》：第九卷，東京：汲古書院。二、酒井忠夫監修，阪出祥伸，小川陽一編，二〇〇一。無名氏，《新刻全補士民備覽便用文林匯錦萬書淵海，萬曆三十八年清白堂刊本》，《中國日用類書集成》：第七卷，東京：汲古書院。三、酒井忠夫監修，阪出祥伸，小川陽一編，二〇〇二。劉子明，《新板全補天下便用文林妙錦萬寶全書，萬曆四十年安正堂劉雙松刊本》，《中國日用類書集成》：第十四卷，東京：汲古書院。

第二節 處世書折射民間倫理

明清時期，民間流行處世書之佼佼者，以《小窗幽記》、《菜根譚》、《圍爐夜話》最為突出，堪稱處世三大奇書。三部奇書的勸世戒民格言，給庶民傳遞既平凡又深刻的應世接物之道，其民間道德教化功能，跟勸善書異曲而同工。三部奇書盛載豐富的民間智慧，對世情善惡的敏鋭觀察，做人處事之警言規勸，兼具有事實記錄及道德規勸的兩重性格。除了三大處世書外，明萬曆年間出版的《增廣賢文》，細述世間的善惡，勉人去惡存善，同是傳世的民間道德教化文書。閱讀三書一文，不單認識撰書士人所觀察到的社會價值及倫理狀況，亦可理解他們的倫理期望或道德價值觀。再者，三書一文作者雖同是文人，但視野並不局限於士人社群的生活圈子，而是廣及庶民社會，基層民眾，庶民的倫理生活的點點滴滴皆被收錄。分析三書一文的倫理素材，不難發現庶民倫理除了易懂易記、駁雜多樣、雅俗混合等特性外，向善、去惡、中庸、和諧、保守、忍讓、禮義、勤儉等美德構成其核心元素，而其功利性、實用性、易行性、貼地性、三教合一等的性格亦同樣明顯。總之，跟善書及其他民間教化文書一樣，三書一文是窺探庶民倫理的重要視窗。由於三書一文的文字簡明易懂，只須直接摘引其例句原文，絕大多數的格言都不必多加詮釋，其寓意亦甚通明。下面依次探討三書一文的倫理紀實及道德期望。

1《菜根譚》

自明代出版以來，《菜根譚》這部處世書一直流行至今。本書作者是明人洪應明，又名還初道人。《菜根譚》以簡易精煉文字，語錄式的表述，談修養、人生、經世、出世等問題，所言的應世接物之道，兼包入世及出世法則，揉合儒家的建功立業，道家的守虛逍遙，佛教的破空去執，儒釋道的三教融合之精義，訓誡世人面對情、慾、貪、私、真、淨、勤、儉、讓、恕時，忌過猶不及，宜執中平衡，守中庸之道，捨棄極端。訓語格言用字淺白簡潔，不必多作字義詮釋，讀者對其微言大義多能心領神會，這亦是其在民間社會久傳不衰的原因之一。今摘引書中有代表性的名句，稍作粗鬆的分類臚列如下：

人生智慧（苦樂，富貴，順逆，榮辱，得失）

○榮與辱共蒂，厭辱何須求榮；生與死同根，貪生不必畏死。

○棲守道德者，寂寞一時；依阿權勢者，淒涼萬古。達人觀物外之物，思身後之身，寧受一時之寂寞，毋取萬古之淒涼。

○一苦一樂相磨練，練極而成福者，其福始久：一疑一信相參勘，勘極而成知者，其知始真。

○富貴是無情之物，看得他重，他害你越大；貧賤是耐久之交，處得他好，他益你深。

○好察非明，能察能不察之謂明；必勝非勇，能勝能不勝之謂勇。

○眾人以順境為樂，而君子樂自逆境中來；眾人以拂意為憂，而君子憂從快意處起。蓋眾人憂樂以情，而君子憂樂以理也。

○事事要留個有餘不盡的意思，便造物不能忌我，鬼神不能損我。若業必求滿，功必求盈者，不生內變，必招外憂。

○貧得者身富而心貧，知足者身貧而心富；居高者形逸而神勞，處下者形勞而神逸。孰得孰失，孰幻孰真，達人當自辨之。

○欲路上事，毋樂其便而姑為染指，一染指便深入萬仞；理路上事，毋憚其難而稍為退步，一退步便遠隔千山。

○情之同處即為性，捨情則性不可見，欲之公處即為理，捨欲則理不可明。故君子不能滅情，惟事平情而已；不能絕欲，惟期寡欲而已。

○君子好名，便起欺人之念；小人好名，猶懷畏人之心。故人而皆好名，則開詐善之門。使人而不好名，則絕為善之路。此譏好名者，當嚴責君子，不當過求於小人也。

○一點不忍的念頭，是生民生物之根芽；一段不為的氣節，是撐天撐地之柱石。故君子於一蟲一蟻不忍傷殘，一縷一絲勿容貪冒，變可為萬物立命、天地立心矣。

○一念錯，便覺百行皆非，防之當如渡海浮囊，勿容一針之罅漏；萬善全，始得一生無愧。修之當如凌雲寶樹，須假眾木以撐持。

立身修己之要

○立業建功，事事要從實地着腳，若少慕聲聞，便成偽果；講道修德，念念要從虛處立基，若稍計功效，便落塵情。

○軀殼的我要看得破，則萬有皆空而其心常虛，虛則義理來居；性命的我要認得真，則萬理皆備而其心常實，實則物欲不入。

○心體光明，暗室中有青天；念頭暗昧，白日下有厲鬼。

○士人有百折不回之真心，才有萬變不窮之妙用。

○心是一顆明珠。以物欲障蔽之，猶明珠而混以泥沙，其洗滌猶易；以情識襯貼之，猶明珠而飾以銀黃，其洗滌最難。故學者不患垢病，而患潔病之難治；不畏事障，而畏理障之難除。

○立身不高一步立，如塵裏振衣、泥中濯足，如何超達？處世不退一步處，如飛而蛾投燭、羝羊觸藩，如何安樂？

○塞得物欲之路，才堪辟道義之門；馳得塵俗之肩，方可挑聖賢之擔。

○真廉無廉名，立名者正所以為貪；大巧無巧術，用術者乃所以為拙。

○作人只是一味率真，蹤跡雖隱還顯；存心若有半毫未淨，事為雖公亦私。

○人生只為欲字所累，便如馬如牛，聽人羈絡，為鷹為犬，任物鞭笞。若果一念清明，淡然無欲，天地也不能轉動我，鬼神也不能役使我，況一切區區事物乎！

○人只一念貪私，便銷剛為柔，塞智為昏，變恩為慘，染潔為污，壞了一生人品。

○以積貨財之心積學問，以求功名之念求道德，以愛妻子之心愛父母，以保爵位之策保國家。

○讀書不見聖賢，如鉛槧傭。居官不愛子民，如衣冠盜。講學不尚躬行，如口頭禪。立業不思種德，如眼前花。

○氣象要高曠，而不可疏狂。心思要縝緘，而不可瑣屑。趣味要沖淡，而不可偏枯。操守要嚴明，而不可激烈。

○己之情欲不可縱，當用逆之之法以制之，其道只在一忍字；人之情欲不可拂，當用順之之法以調之，其道只在一恕字。

○無事常如有事時，提防才可以彌意外之變；有事常如無事時，鎮定方可以消局中之危。

待人應世之道（欲、利、名、私、情、理、公）

○善啟迪人心者，當因其所明而漸通之，毋強開其所閉；善移風化者，當因其所易而漸及之，毋輕矯其所難。

○毋偏信而為奸所欺，毋自任而為氣所使，毋以己之長而形人之短，毋因己之拙而忌人之能。

○人之過誤宜恕，而在己則不可恕；己之困辱宜忍，而在人則不可忍。

○事理因人言而悟者，有悟還有迷，總不如自悟之了了；意興從外境而得者，有得還有失，總不如自得之休休。

○昨日之非不可留，留之則根燼複萌，而塵情終累乎理趣；今日之是不可執，執之則渣滓未化，而理趣反轉為欲根。

○無事便思有閒雜念想否，有事便思有粗浮意氣否，得意便思有驕矜辭色否，失意便思有怨望情懷否。時時檢點，到得從多入少、從有入無處，才是學問的真消息。

○不責人小過，不發人陰私，不念人舊惡，三者可以養德，亦可以遠害。

○市私恩不如扶公議，結新知不如敦舊好，立榮名不如種隱德，尚奇節不如謹庸行。

○處世讓一步為高，退步即進步的張本；待人寬一分是福，利人實利己的根基。

○路徑窄處留一步，與人行；滋味濃的減三分，讓人嗜。此是涉世一極樂法。

○害人之心不可有，防人之心不可無，此戒疏於慮者。寧受人之欺，毋逆人之詐，此警傷於察者。二語並存，精明渾厚矣。

○作人無一點真懇的念頭，便成個花子，事事皆虛；涉世無一段圓活的機趣，便是個木人，處處有礙。

○人情反覆，世路崎嶇。行不去，須知退一步之法；行得去，務加讓三分之功。

○毋偏信而為奸所欺，毋自任而為氣所使，毋以己之長而形人之短，毋因己之拙而忌人之能。

○恩宜自淡而濃，先濃後淡者人忘其惠；威宜自嚴而寬，先寬後嚴者人怨其酷。

○用人不宜刻，刻則思效者去；交友不宜濫，濫則貢諛者來。

○處世而欲人感恩，便為斂怨之道；遇事而為人除害，即是導利之機。

守中庸以待人修己

○憂勤是美德，太苦則無以適性怡情；淡泊是高風，太枯則無以濟人利物。

○儉，美德也，過則為慳吝、為鄙嗇，反傷雅道；讓，懿行也，過則為足恭、為曲禮，多出機心。

值得注意的是，與人交往，應守中庸之道，去惡勸善要恰到好處。在指正他人惡行時，切勿有理不饒人，要顧及受批評者的感受，及接受批評的能力，否則適得其反，製造不必要人際緊張或怨懟。另一方面，導人向善本是好事，但若要求過嚴，無視受教者的理解力及改過力，教化成效會事倍功半。教化手法要拿捏適當，需要同理心及社會歷練。同理心愈強愈容易從對方處境思考及感受，了解對方的感受及想法，配以適度的批判或教導，戒惡誘善才能湊效。

○善啟迪人心者，當因其所明而漸通之，毋強開其所閉；善移風化者，當因其所易而漸及之，毋輕矯其所難。

○攻人之惡毋太嚴，要思其堪受；教人以善毋過高，當使其可從。

待人應世的分寸拿捏得當，不單在批判或教化方面，在施恩與行禮方面亦然。若將恩或禮用盡，下一次的交往就無恩無禮可用。人心貪得無厭，於恩於禮亦然。若不用盡恩及禮，日後仍有恩禮可用。不要將所有的精力才智都消耗殆盡，預留足夠的精力及才智，以應付不可預測的事變。警句中透露了人與人之間的聯繫的重要紐帶：恩與禮。恩禮之施受須進退有度，過份或不足都不利長期維繫人際關係。過份則會用盡，其弊已明。另一方面，有恩不報，受禮不還，犯了不足之弊，亦會折損人際關係。華人對報恩尤其重視，凡受人恩者，必須加倍奉還，所謂「滴水之恩，以湧泉相報」，才合乎報恩之義。總之，報恩的義的不對稱性回報是有別於報禮之義的對稱性回報的。

○待人而留有餘，不盡之恩禮，則可以維繫無厭之人心；禦事而留有餘，不盡之才智，則可以提防不測之事變。

○好醜心太明，則物不契；賢愚心太明，則人不親。士君子須是內精明而外渾厚，使好醜兩得其平，賢愚共受其益，才是生成的德量。

○市恩不如報德之為厚，雪忿不若忍恥為高。要譽不如逃名之為適，矯情不若直節之為真。

○持身不可太皎潔，一切污辱垢穢要茹納的；與人不可太分明，一切善惡賢愚要包容的。

人處事應世，若事事要求太純潔，會適得其反。好事變壞事，善行會折損。要適當地包容劣者或愚者，但不做劣愚，寬厚對待不皎潔的，但不陷於污濁。認識及接受世界是不完美這個事實，能辨識惡但不認同惡，認識不善但不擁抱不善。適當地接納人的缺點與不足，包容人的弱點與錯誤，散開讓開，適當放下十足像道家智慧。

2《小窗幽記》

《小窗幽記》，又名《醉古堂劍掃》，明代作品。關於作者，有多種說法。一說作者是陸紹珩，依另一多人採納的說法，陳繼儒是本書作者。陳繼儒（一五五八—一六三九），字仲醇，號眉公，松江華亭人。《小窗幽記》同樣用格言表達立身處世之道，勸人迎善去惡，其訓誡洋溢着世俗智慧，人生洞見，發人深省，引人沉思。全書分醒、情、峭、靈、素、景、韻、奇、綺、豪、法、倩十二卷。如《菜根譚》一樣，各格言訓誡涵義簡明易懂，不必多作說明。下面按簡單的分類，摘引自其書卷一「集醒」內之格言，以揭示其書之勸人為善之大概。

人生智慧

○一念之善，吉神隨之；一念之惡，厲鬼隨之。

○天下之事，利害常相半；有全利，而無小害者，惟書。

○神人之言微，聖人之言簡，賢人之言明，眾人之言多，小人之言妄。

○棲守道德者，寂寞一時；依阿權變者，淒涼萬古。

○為惡而畏人知，惡中猶有善念；為善而急人知，善處即是惡根。

○以患難心居安樂，以貧賤心居富貴，則無往不泰矣；以淵谷視康莊，以疾病視強健，則無往不安矣。

○議事者身在事外，宜悉利害之情；任事者身居事中，當忘利害之慮。

○商賈不可與言義，彼溺於利；農工不可與言學，彼偏於業；俗儒不可與言道，彼謬於詞。

○士大夫損德處，多由立名心太急。

○山棲是勝事，稍一縈戀，則亦市朝；書畫賞鑒是雅事，稍一貪癡，則亦商賈；詩酒是樂事，少一徇人，則亦地獄；好客是豁達事，一為俗子所撓，則亦苦海。

○行合道義，不卜自吉；行悖道義，縱卜亦凶。人當自卜，不必問卜。

○舌存，常見齒亡，剛強終不勝柔弱；戶朽，未聞樞蠹，偏執豈及圓融。

○隨緣便是遣緣，似舞蝶與飛花共適；順事自然無事，若滿月偕盆水同圓。

○家之富厚者，積田產以遺子孫，子孫未必能保；不如廣積陰功，使天眷其德，或可少延。

立身修己

○誠實以啟人之信我，樂易以使人之親我，虛己以聽人之教我，恭己以取人之敬我，奮發以破人之量我，洞徹以備人之疑我，盡心以報人之托我，堅持以杜人之鄙我。

○休怨我不如人，不如我者常眾；休誇我能勝人，勝如我者更多。

○駟馬難追，吾欲三緘其口；隙駒易過，人當寸惜乎陰。

○暗室貞邪誰見，忽而萬口喧傳；自心善惡炯然，凜於四王考校。

○寧為隨世之庸愚，無為欺世之豪傑。

○沾泥帶水之累，病根在一戀字；隨方逐圓之妙，便宜在一耐字。天下無不好諛之人，故諂之術不窮；世間盡是善毀之輩，故讒之路難塞。

○能受善言，如市人求利，寸積銖累，自成富翁。

○好讀書非求身後之名，但異見異聞，心之所願。是以孜孜搜討，欲罷不能，豈為聲名勞七尺也。

○以儉勝貧，貧忘；以施代侈，侈化；以省去累，累消；以逆煉心，心定。

○平生不作皺眉事，天下應無切齒人。

○積丘山之善，尚未為君子；貪絲毫之利，便陷於小人。

○博覽廣識見，寡交少是非。

○身要嚴重，意要閒定；色要溫雅，氣要和平；語要簡徐，心要光明；量要闊大，志要果毅；機要縝密，事要妥當。

○惟儉可以助廉，惟恕可以成德。

○萬分廉潔，止是小善；一點貪污，便為大惡。

待人處世

○喜傳語者，不可與語。好議事者，不可圖事。甘人之語，多不論其是非；激人之語，多不顧其利害。

○待富貴人，不難有禮，而難有體；待貧賤人，不難有恩，而難有禮。

○大事難事，看擔當；逆境順境，看襟度；臨喜臨怒，看涵養，群行群止，看識見。

○不耕而食，不織而衣，搖唇鼓舌，妄生是非，故知無事之人好為生事。

○智者不與命鬥，不與法鬥，不與理鬥，不與勢鬥。

○先淡後濃，先疏後親，先遠後近，交友道也。

○多躁者，必無沉潛之識；多畏者，必無卓越之見；多欲者，必無慷慨之節；多言者，必無篤實之心；多勇者，必無文學之雅。

○真廉無廉名，立名者，正所以為貪；大巧無巧術，用術者，乃所以為拙。

○處心不可着，着則偏；作事不可盡，盡則窮。

○我爭者，人必爭，雖極力爭之，未必得；我讓者，人必讓，雖極力讓之，未必失。

○勢不可倚盡，言不可道盡，福不可享盡，事不可處盡，意味偏長。

○凡事韜晦，不獨益己，抑且益人；凡事表暴，不獨損人，抑且損己。

○倚勢而凌人者，勢敗而人凌；恃財而侮人者，財散而人侮。此迴圈之道。

○處事不可不斬截，存心不可不寬舒，待己不可不嚴明，與人不可不和氣。

○安詳是處事第一法，謙退是保身第一法，涵容是處人第一法，灑脱是養心第一法。

○人之恩可念不可忘，人之仇可忘不可念。

○怨因德彰，故使人德我，不若德怨之兩忘；仇因恩立，故使人知恩，不若恩仇之俱泯。

○貧賤之人，一無所有，及臨命終時，脱一厭字；富貴之人，無所不有，及臨命終時，帶一戀字。脱一厭字，如釋重負；帶一戀字，如擔枷鎖。

○天欲禍人，必先以微福驕之，要看他會受否；天欲福人，必先以微禍儆之，要看他會救。

○禍莫大於縱己之欲，惡莫大於言人之非。

○天薄我福，吾厚吾德以迓之；天勞我形，吾逸吾心以補之；天阨我遇，吾亨吾道以通之。

3《圍爐夜話》

《圍爐夜話》作者王永彬，清代人，字宜山，人稱宜山先生。書中虛擬農家人藉歲晚休耕清閉，與家人寒夜圍爐聊天，話題廣泛多樣，天南地北，人生喜樂得失，立身應世，都有涉及，後命兒輩將談天記錄成文，名為《圍爐夜話》。全書以「安身立業」為主軸，分為二百二十一則，包括道德、修身、讀書、忠孝、勤儉。作者在序中指全書「皆隨得隨錄，語無倫次且意淺辭蕪，多非信心之論，特以課家人消永夜耳，不足為外人道也」。所謂「語無倫次……意淺辭蕪」的自謙之言，無法掩蓋他對世俗人生的細微觀察，精闢分析，深層反思，書中不少嘉言警句積累了作者個人進德修業的智慧，字字珠璣，發人深省。再者，王永彬深諳儒學之微言大義，藉警句格言向庶民社會傳遞儒學的關懷與旨趣，是儒學世俗化的功臣。

道德之本

○仁字從人，義字從我，講仁講義者，不必遠求。

○天地生人，都有一個良心。苟喪此良心，則人去禽獸不遠矣。

○積善之家必有餘慶，積不善之家必有餘殃。

○常存仁孝心，則天下凡不可為者，皆不忍為，所以孝居百行之先。

○一起邪淫念，則生平極不欲為者，皆不難為，所以淫是萬惡之首。

○忠有愚忠，孝有愚孝，可知忠孝二字不是伶俐人做得來。

○仁有假仁，義有假義，可知仁義二途不無奸險人藏其內。

立身修己

○心能辨是非，處事方能決斷。人不忘廉恥，立身自不卑汚。

○能知往日所行之非，則學日進矣；見世人之可取者多，則德日進矣。

○志不可不高，志不高，則同流合汚，無足有為矣；心不可太大，心太大，則捨近圖遠，難期有成矣。

○人品之不高，總為一利字看不破；學業之不進，總為一懶字丟不開。

○一信字是立身之本，所以人不可無也；一恕字是接物之要，所以終身可行也。

待人處事

○見人行善，多方贊成。見人過舉，多方提醒，此長者待人之道也。

○聞人譽言，加意奮勉，聞人謗語，加意警惕，此君子修己之功也。

○事當難處之時，只讓退一步，便容易處矣；功到將成之候，若放鬆一着，便不能成矣。

○十分不耐煩，乃為人大病；一味學吃虧，是處事良方。

○為善之端無盡，只講一讓字，便人人可行；立身之道何窮，只得一敬字，便事事皆整。

○和平處事，勿矯俗以為高。正直居心，勿機關以為智。

交友、教人

○何者為益友？凡事肯規我之過者是也。

○何者為小人？凡事必徇己之私者是也。

○能結交直道朋友，其人必有令名。

○與朋友交遊，須將他好處留心學來，方能受益。

○友以成德也，人而無友，則孤陋寡聞，德不能成矣。

○學以愈愚也，人而不學，則昏昧無知，愚不能愈矣。

○交朋友增體面，不如交朋友益身心。

○教子弟求顯榮，不如教子弟立品行。

○以直道教人，人即不從，而自反無愧，切勿曲以求榮也；以誠心待人，人或不諒，而歷久自明，不必急於求白也。

君子

○隱微之衍，即幹憲典，所以君子懷刑也。

○技藝之末，無益身心，所以君子務本也。

○義之中有利，而尚義之君子，初非計及於利也。

○利之中有害，而趨利之小人，並不顧其為害也。

學問

○博學篤志，切問近思，此八字，是收放心的工夫。

○富貴有定數，學問則無定數。求一分，便得一分。

○為子孫計長久，除卻讀書耕田。

○為學無間斷，如流水行雲，日進而不已也。

○為學不外靜敬二字。教人先去驕惰二字。

○今人稱諸生曰秀才，稱貢生曰明經，稱舉人曰孝廉。為士者，當顧名思義也。

○看書須放開眼孔。做人要立定腳根。

○心不外馳，氣不外浮，是讀書兩句真訣。

○讀書不下苦功，妄想顯榮，豈有此理？

○讀書無論資性高低，但能勤學好問，凡事思一個所以然，自有義理貫通之日。

○聖賢教人，總是一條正路。若捨此正路，則常行荊棘之中矣。

○觀顏子之若無若虛，為學豈容自足？

○觀山嶽悟其靈奇，觀河海悟其浩瀚，則俯仰間皆文章也。

○對綠竹得其虛心，對黃華得其晚節。

○對松柏得其本性，對芝蘭得其幽芳，則遊覽處皆師友也。

○耕所以養生，讀所以明道，此耕讀之本原也。

貧賤富貴

○貧賤非辱，貧賤而諂求於人者為辱。

○富貴非榮，富貴而利濟於世者為榮。

○貧無可奈，惟求儉。拙亦何妨，只要勤。

○受多少苦辛，才能足食足衣，以貽後世。

○為子孫計長久，除卻讀書耕田。

○恐別無生活，總期克勤克儉，毋負先人。

○蓮朝開而暮合，至不能合，則將落矣。

○富貴而無收斂意者，尚其鑒之。
○草春榮而冬枯，至於極枯，則又生矣。
○困窮而有振興志者，亦如是也。
○忍疼易，忍癢難；能耐富貴、安閒散、忍癢者，必有道之士也。
○富不肯讀書，貴不肯積德，錯過可惜也。
○家縱貧寒，也須留讀書種子。人雖富貴，不可忘力穡艱辛。

以古為鑑

○孔子何以惡鄉願，只為他似忠似廉，無非假面孔。
○孔子何以棄鄙夫，只因他患得患失，盡是俗心腸。
○貧如顏子，其樂不因以改，可知境遇不足困人也。
○顏子之不校，孟子之自反，是賢人處橫逆之方。
○子貢之無諂，原思之坐弦，是賢人守貧窮之法。
○郭林宗為人倫之鑒，多在細微處留心。
○王彥方化鄉里之風，是從德義中立腳。
○古之克孝者多矣，獨稱虞舜為大孝，蓋能為其難也。
○古之有才者眾矣，獨稱周公為美才，蓋能本於德也。
○魯如曾子，於道獨得其傳，可知資性不足限人也。
○讀論語公子荊一章，富者可以為法。

○讀論語齊景公一章，貧者可以自興。
○東坡志林有云：人生耐貧賤易，耐富貴難；安勤苦易，安閒散難。
○陶侃運甓官齋，其精勤可企而及也。
○謝安圍別墅，其鎮定非學而能也。

4《增廣賢文》

除了三大處世書外，明代萬曆年間出現的童蒙書《增廣賢文》（又名《昔時賢文》、《古今賢文》），亦是民間流行的倫理教化書。《增廣賢文》作者不詳，現時流行的版本是明清兩代文人對原版多所損益而成，稱《增廣昔時賢文》，通稱《增廣賢文》。《增廣賢文》蒐集從古到今的道德格言、諺語，滿載民間倫理智慧，用意是勸戒人迎善去惡，跟勸善書的旨趣大同小異。然而，賢文有不少警語，揭示世態炎涼，人情冷暖，使人多所警惕。例如：「貧居鬧市無人問，富在深山有遠親」；「有酒有肉多兄弟，急難何曾見一人」；「不信但看筵中酒，杯杯先勸有錢人」；「衙門八字開，有理無錢莫進來」；都表述金錢對親情、友情、司法等的侵害與扭曲。賢文又有警句規勸世人要知人之明，不要輕信表面，「畫虎畫皮難畫骨，知人知面不知心」；處世要審慎，防人之心不可無：「逢人且說三分話，未可全拋一片心」。表述人情陰暗面：「入山不怕傷人虎，只怕人情兩面刀」。及「人情似紙張張薄，世事如棋局局新」。這些警句現已成為華人社會家喻戶曉之處世格言。下面摘錄的其他警句，可粗略分類為規勸，世態、報應、持家，同樣烱爍着世俗智慧：

勸善，勸學，勸勤，勸儉

○一寸光陰一寸金，寸金難買寸光陰。
○黑髮不知勤學早，轉眼便是白頭翁。
○欲昌和順須為善，要振家聲在讀書。
○少壯不努力，老大徒傷悲。疏懶人沒吃，勤儉糧滿倉。
○勸君莫將油炒菜，留與兒孫夜讀書。
○書中自有千鐘粟，書中自有顏如玉。
○好學者則庶民之子為公卿，不好學者則公卿之子為庶民。
○積錢積穀不如積德，買田買地不如買書。
○有田不耕倉廩虛，有書不讀子孫愚。
○世上萬般皆下品，思量唯有讀書高。
○君子愛財，取之有道。
○萬惡淫為首，百善孝當先。
○千經萬典，孝義為先。
○忘恩負義，禽獸之徒。
○慈不掌兵，義不掌財。
○一毫之惡，勸人莫作。一毫之善，與人方便。
○人不勸不善，鐘不打不鳴。
○莫怨自己窮，窮要窮得乾淨；莫羨他人富，富要富得清高。

○錢財如糞土，仁義值千金。

世態炎涼

○十年寒窗無人問，一舉成名天下知。
○人生似鳥同林宿，大難來時各自飛。
○久住令人賤，頻來親也疏。
○相見易得好，久住難為人。
○人善被人欺，馬善被人騎。
○無錢休入眾，遭難莫尋親。
○八字衙門向南開，有理無錢莫進來。
○欲求天下事，須用世間財。
○相識滿天下，知心能幾人。
○山中有直樹，世上無直人。

持家

○養兒防老，積穀防饑。
○當家才知鹽米貴，養子方知父母恩。
○常將有日思無日，莫把無時當有時。
○人親財不親，財利要分清。

○父母恩深終有別，夫妻義重也分離。

師友

○道吾好者是吾賊，道吾惡者是吾師。

○三人同行，必有我師。擇其善者而從之，其不善者而改之。

○一日為師，終生為父。

處世

○寧可人負我，切莫我負人。

○來說是非者，便是是非人。

○遠水難救近火，遠親不如近鄰。

○明知山有虎，莫向虎山行。

○路不行不到，事不為不成。

除了傳遞勸善的正能量外，賢文亦承載了不少負面及消極的元素。第一，有些警句鼓吹了迂腐、犬儒、鄉願，消極之處事態度，例如：

○是非終日有，不聽自然無。

○是非只為多開口，煩惱皆因強出頭。

○忍得一時之氣，免得百日之憂。
○近來學得烏龜法，得縮頭時且縮頭。
○忍一句，息一怒，饒一着，退一步。

此外，賢文跟其他民間倫理一樣，深受時代所限，將民間的迷信孬想等都一併承傳下來，報應信仰就是其中之一。以下是代表性的例句：

○善惡到頭終有報，只盼來早與來遲。
○善有善報，惡有惡報。不是不報，時候未到。
○種麻得麻，種豆得豆。
○天眼恢恢，疏而不漏。
○人惡人怕天不怕，人善人欺天不欺。
○人有善願，天必佑之。
○人間私語，天聞若雷。
○暗室虧心，神目如電。
○作善鬼神欽，作惡遭天遣。
○虧人是禍，饒人是福，天眼恢恢，報應甚速。
○善必壽老，惡必早亡。

報應信仰可能令無權無勢的民眾面對社會的不公不義，惡人橫行時的不滿與無助的一種自我安慰的心理反應：現實世界惡人作惡得逞，橫行無道，但仍可全身而退，名利雙收，幸好天網恢恢，疏而不漏，惡人縱使在今世得不到應有的懲罰，但最終難逃報應，死後必得到懲罰。報應信仰讓人們面對正義的得不到伸張，不義橫行帶來的挫折得到心理上補償，主觀上的滿足，同時反映人們對現實不公不義的糾正的渴望，對正義能最後伸張的心理訴求。但這類滿足只算一種自我催眠，自我安慰，焦點的轉移，對不滿及挫敗感可能會帶來短暫的紓緩，但客觀世界如昔未變，不公不義依舊。不正視不公不義的人、事、體制，不分析了解不公不義之成因，根本無助於正義的伸張及維護，反而助長鄉愿歪風，阿Q劣習，窒礙實事求是精神的開拓，輕忽社會固疾弊病，延誤改革，造就不公不義成為永續之惡。

其次，賢文亦收納了宿命的消極思想，代表的名句如：

○命裏有時終須有，命裏無時莫強求。
○萬事不由人計較，一生都是命安排。
○莫怨天來莫怨人，五行八字命生成。
○人無橫財不富，馬無夜草不肥。

第三節　處世書與中華倫理

賢文內容上跟三書是同屬民間教化勸喻文書，不同的只是名稱而已，因此應被視為處世書。上文陳述過四書之倫理內容後，以下的兩個表是將四書納入文首提及的倫理框架下，檢視它們跟中華倫理的基本元素的關連，繼而揭示它們彼此之間之同異。

表一：四大處世書倫理元素比較

	《菜根譚》	《小窗幽記》	《圍爐夜話》	《增廣賢文》
仁、義、禮、智、信、廉、勇、誠、德	○心體光明，暗室中有青天 ○念頭暗昧，白日下有厲鬼 ○塞得物欲之路，才堪辟道義之門 ○馳得塵俗之肩，方可挑聖賢之擔 ○以積貨財之心積學問 ○以求功名之念求道德 ○遇欺詐的人，以誠心感動之 ○德者才之主，才者德之奴	○行合道義，不卜自吉 ○行悖道義，縱蔔亦凶 ○交友須帶三分俠氣 ○智者不與命鬥，不與法鬥，不與理鬥，不與勢鬥 ○寧為隨世之庸愚，無為欺世之豪傑 ○萬分廉潔，止是小善 ○一點貪污，便為大惡	○仁字從人，義字從我，講仁講義者，不必遠求 ○心能辨是非，處事方能決斷 ○能知往日所行之非，則學日進矣 ○一信字是立身之本，人不可無也 ○以誠心待人，人或不諒，而歷久自明，不必急於求白也	○錢財如糞土，仁義值千金 ○人將禮義為先，樹將花果為園 ○教子教孫須教義 ○千里送鵝毛，禮輕情義重 ○明知山有虎，莫向虎山行 ○人而無信，不知其可也 ○智者千慮，必有一失 ○不經一事，不長一智 ○官吏清廉如修行，書差方便如行善
謙、讓、忍	○讓，懿行也，過則為足恭、為曲禮，多出機心 ○處世讓一步為高，退步即進步的張本	○我爭者，人必爭，雖極力爭之，未必得；我讓者，人必讓，雖極力讓之，未必失。	○和平處事，勿矯俗以為高 ○為善之端無盡，只講一讓字，便人人可行 ○事當難處之時，只讓退一步，便容易處矣	○忍得一時之氣，免得百日之憂 ○近來學得烏龜法，得縮頭時且縮頭
恕、寬	○不責人小過，不發人陰私，不念人舊惡 ○人之過誤宜恕，而在己則不可恕 ○待人寬一分是福	○量寬足以得人 ○惟恕可以成德	○恕字是接物之要，終身可行也	○責人之心責己，恕己之心恕人 ○殺人可恕，情理不容

恩、報	○市恩不如報德之為厚 ○恩宜自淡而濃，先濃後淡者人忘其惠	○人之恩可念不可忘，人之仇可忘不可念		○忘恩負義，禽獸之徒 ○善惡到頭終有報，只盼來早與來遲 ○種麻得麻，種豆得豆 ○以直報怨，知恩報恩
勤、儉	○憂勤是美德 ○儉，美德也，過則為慳吝、為鄙嗇，反傷雅道	○以儉勝貧，貧忘 ○惟儉可以助廉 ○隙駒易過，人當寸惜乎陰。	○勤儉為最高家道 ○貧無可奈，惟求儉 ○拙亦何妨，只要勤	○黑髮不知勤學早，轉眼便是白頭翁 ○少壯不努力，老大徒傷悲
忠、孝	○以愛妻子之心愛父母，以保爵位之策保國家 ○父慈子孝	○豪傑向簡淡中求，神仙從忠孝上起 ○富貴之家，常有窮親戚來往，便是忠厚 ○忠孝吾家之寶，經史吾家之田	○忠有愚忠，孝有愚孝，可知忠孝二字不是伶俐人做得來 ○常存仁孝心，則天下凡不可為者，皆不忍為	○百善孝當先 ○千經萬典，孝義為先
虛、實、剛、柔	○講道修德，念念要從虛處立基 ○軀殼的我要看得破，則萬有皆空而其心常虛	○舌存，常見齒亡，剛強終不勝柔弱 ○凡事韜晦，不獨益己，抑且益人；凡事表暴，不獨損人，抑且損己	○今人稱諸生曰秀才，稱貢生曰明經，稱舉人曰孝廉 ○為士者，當顧名思義也	○畫虎畫皮難畫骨，知人知面不知心 ○相識滿天下，知心能幾人

表一：四大處世書倫理元素比較（續）

	《菜根譚》	《小窗幽記》	《圍爐夜話》	《增廣賢文》
善、惡	○一念過差，足喪生平之善 ○教人以善毋過高，當使其可從 ○為惡而畏人知，惡中猶有善路 ○為善而急人知，善處即是惡根 ○無善而致人譽，不如無惡而致人毀	○為惡而畏人知，惡中猶有善念；為善而急人知，善處即是惡根	○積善之家必有餘慶，積不善之家必有餘殃	○一毫之惡，勸人莫作。一毫之善，與人方便 ○人不勸不善，鐘不打不鳴 ○人惡人怕天不怕，人善人欺天不欺 ○善惡隨人作，禍福自己招
榮、辱	○榮與辱共蒂，厭辱何須求榮 ○生與死同根，貪生不必畏死	○是非不到釣魚處，榮辱常隨騎馬人 ○榮寵旁邊辱等待，不必揚揚 ○隱逸林中無榮辱，道義路上無炎涼	○貧賤非辱，貧賤而諂求於人者為辱 ○富貴非榮，富貴而利濟於世者為榮	○知足常足，終身不辱 ○得寵思辱，居安思危 ○人怕不是福，人欺不是辱
利、害	○始以勢利害人，終以勢利自斃	○天下之事，利害常相半；有全利，而無小害者，惟書	○名利之不宜得者竟得之，福終為禍	○禍與福同門，利與害同城 ○求財恨不多，財多害自己

情、理	○情之同處即為性，捨情則性不可見，欲之公處即為理，捨欲則理不可明 ○人情反覆，世路崎嶇	○不近人情，舉世皆畏途；不察物情，一生俱夢境 ○人情好謙，我以謙處反勝 ○以理聽言，則中有主	○凡事思一個所以然，自有義理貫通之日 ○敦倫者，當即物窮理也	○入山不怕傷人虎，只怕人情兩面刀
苦、樂	○一苦一樂相磨練，練極而成福者，其福始久	○以患難心居安樂 ○達人撒手懸崖，俗子沉身苦海 ○以樂天知命為西方	○貧如顏子，其樂不因以改，可知境遇不足困人也	○思量挑擔苦，空手做是福 ○莫道坐中安樂少，須知世上苦情多 ○良藥苦口利於病，忠言逆耳利於行
貧、富	○富貴是無情之物，看得他重，他害你越大；貧賤是耐久之交，處得他好，他益你深	○以貧賤心居富貴 ○困窮背後福跟隨，何須戚戚	○人生耐貧賤易，耐富貴難 ○家縱貧寒，也須留讀書種子 ○人雖富貴，不可忘力穡艱辛	○人無橫財不富 ○禮義生於富足 ○莫怨自己窮，窮要窮得乾淨；莫羨他人富，富要富得清高
禍、福、順、逆	○福莫福於少事，禍莫禍於多心 ○居逆境中，周身皆針砭藥石，砥節礪行而不覺 ○處順境中，眼前盡兵刃戈矛，銷膏靡骨而不知	○天薄我福，吾厚吾德以迓之 ○天欲禍人，必先以微福驕之，要看他會受否 ○天欲福人，必先以微禍儆之，要看他會救 ○大事難事看擔當，逆境順境看襟度	○顏子之不校，孟子之自反，是賢人處橫逆之方	○虧人是禍，饒人是福 ○命裡有時終須有，命裡無時莫強求 ○萬事不由人計較，一生都是命安排

表二：四大處世書的惡之源比較

	《菜根譚》	《小窗幽記》	《圍爐夜話》	《增廣賢文》
貪	○人只一念貪私，便銷剛為柔，塞智為昏，變恩為慘，染潔為污，壞了一生人品	○真廉無廉名，立名者，正所以為貪 ○積丘山之善，尚未為君子 ○貪絲毫之利，便陷於小人		○貪愛沉溺即苦海，利欲熾燃是火坑
欲	○塞得物欲之路，才堪辟道義之門 ○己之情欲不可縱 ○人生只為欲字所累	○禍莫大於縱己之欲 ○以道窒欲，則心自清 ○多欲者，必無慷慨之節	○飲食男女，人之大欲存焉 ○人皆欲貴也 ○人皆欲富也 ○人皆欲多積財	○欲求天下事，須用世間財。 ○飽暖思淫欲，饑寒起盜心 ○欲多傷神，財多累心 ○欲不可縱，縱欲成災
名	○君子好名，便起欺人之念 ○使人而不好名，則絕為善之路 ○士君子濟人利物……不宜居其名 ○以求功名之念求道德	○好讀書非求身後之名，但異見異聞，心之所願。是以孜孜搜討，欲罷不能，豈為聲名勞七尺也 ○士大夫損德處，多由立名心太急	○名利之不宜得者竟得之，福終為禍 ○做人要好聲名 ○為士者，當顧名思義也	○十年窗下無人問，一舉成名天下知 ○人過留名，雁過留聲 ○自古敗名因敗事

利	淫	私	懶
○利人是利己的根基 ○士君子濟人利物，宜居其實	○色後思淫，則男女之見盡絕	○市私恩不如扶公議 ○泡沫人生，名利虛幻 ○利人實利己的根基	
○商賈不可與言義，彼溺於利 ○積丘山之善，尚未為君子 ○貪絲毫之利，便陷於小人	○醉可睡，不可淫 ○歌舞叢中，淫欲身幾時得度 ○奇曲雅樂，所以禁淫也	○節義傲青雲，文章高白雪。若不以德性陶鎔之，終為血氣之私，技能之末	○懶可臥，不可風
○欲利己，便是害己 ○人品之不高，總為一利字看不破 ○見小利，不能立大功	○一起邪淫念，則生平極不欲為者，皆不難為，所以淫是萬惡之首	○何者為小人？凡事必徇己之私者是也 ○存私心，不能謀公事	○學業之不進，總為一懶字丟不開
○貧居鬧市無人問，富在深山有遠親 ○有酒有肉多兄弟，急難何曾見一人	○萬惡淫為首 ○傾家二字淫與賭，守家二字勤與儉 ○飽暖思淫欲，饑寒起盜心 ○世間痛恨事，最毒淫婦心	○毋施小惠而傷大體，毋借公論而快私情	○少壯不努力，老大徒傷悲 ○疏懶人沒吃，勤儉糧滿倉

上表大致展示了四書跟倫理大範疇之聯繫，及四書之間的同異。同異取決於書與書之間在同一範疇內是否有格言，意思是，兩書在某一大範疇下若有相關的格言或戒語，表示兩書有同一範疇的倫理勸言戒語。例如，大範疇是仁，若兩書都有與仁相關的格言，縱使兩格言的文字表述不同，兩書即具有與仁有關的倫理。就異者而言；若虛是大範疇，一書有相關格言，而另一書無相關格言，表示兩書在與虛有關的倫理上有差異。整體而言，四書倫理元素之間有很大的重疊，同多於異。四書共同的主軸是立身修己、待人應世、迎善去惡。四者內容同是大傳統的傳承及應用，互異之處主要來自文字表達的不同。

另一方面，處世書不是教條式地說教，只講抽象之大道理，卻輕視行善的具體處境，處世書格言突出之處，是呈現了善與惡之間的辯證動態關係，善若不適當地行，可轉化成惡，惡若適當地抑可轉變為善，如「攻人之惡毋太嚴，要思其堪受；教人以善毋過高，當使其可從。」及對中庸之道的倡議，如：「待人而留有餘，不盡之恩禮，則可以維繫無厭之人心；禦事而留有餘，不盡之才智，則可以提防不測之事變」，「好醜心太明，則物不契；賢愚心太明，則人不親。士君子須是內精明而外渾厚，使好醜兩得其平，賢愚共受其益，才是生成的德量」，旨在提醒人行善要審時度勢，兼顧不同的環境及人事等特殊因素，制定倫理回應，忌用一刀切或教條式反應，才可避免將好事弄壞，善行折損。健康的庶民倫理，是極需要處世書這類批判守中的精神。

再者，報應信仰是明顯共有的內容，代表名句如：

○善惡到頭終有報，只盼來早與來遲。

○善有善報，惡有惡報。不是不報，時候未到。

○種麻得麻，種豆得豆。天眼恢恢，疏而不漏。

雖然如此，對某一議題，不同作者的重視程度有別，有作者根本隻字不提。賢文對人情冷暖，世態炎涼方面的名句數量是遠超出其他的處世書的，例如：

○十年寒窗無人問，一舉成名天下知。

○人生似鳥同林宿，大難來時各自飛。

○久住令人賤，頻來親也疏。

○八字衙門向南開，有理無錢莫進來。

○欲求天下事，須用世間財。

這些人人耳熟能詳的警世語，不經意地呈現了俗世的真實面。相比大多數只講社會或人性光明面之理想主義作者，作者的現實主義冷靜地揭露世情的陰暗，警惕世人社會存在偏差的倫理狀況，比照於主流的隱惡揚善的傳統，其價值亦不容低估。

值得注意的是，四書對包括貪、欲、名、利等不善之行都有顧及，然而對荒淫之惡着墨不多。四書有淫字的述句只有一兩筆，如「萬惡淫為首」，或「一起邪淫念，則生平極不欲為者，皆不難為」。就足以表達行淫惡果之嚴重。再者，既然邪淫是萬惡之首，但對其論說卻寥寥無幾。這與善書對淫的論述與警戒，尤其是《十戒功過格》對淫的細緻分類及例子

（見第六章），對比是強烈的。

處世書對待淫亂，明顯有別於善書。善書對淫戒有很多細緻的規制。此外，家族的家法族規中亦有很多禁止淫行的嚴厲規矩。其次，家族在家法族規以忠貞禮節來訓誡及約束婦女，並對違反者所制定懲罰之嚴之多，亦足以反映荒淫事並不罕見。總之，善書及族規都間接印證淫行在社會上是相當普遍的。古代男女之交雖受封建禮教多所約束，但淫亂的事禁之不絕，且經常發生。另外，處世書之輕談荒淫，跟善書（尤以《不費錢功德例》為例）之將淫行全面的禁戒亦成另一鮮明對比。兩者同屬民間教化文書，處世書與善書在勸戒淫行上的處理為何有如此大的差別，是值得探討的。

勸學是四書所共通的議題，反映了社會對讀書的重視。然而，古代社會多數的士子讀書，主要為了在科舉中考取功名，有濃厚的功利成份，只有少數士人是為了增知廣聞而學習。「古之學者為己，今之學者為人」似乎是明代士人求學的寫照。在數量上，《圍爐夜話》及賢文談論讀書比其餘兩書較多，但兩者勸學的動機似不盡同。前者多言讀書求博學篤志，彰顯為學之真義及功夫，後者多重讀書為了中舉入仕，以光耀宗族為目標。

《圍爐夜話》的佳句如：

○博學篤志，切問近思。

○學問則無定數。求一分，便得一分。

○為學無間斷，如流水行雲，日進而不已也。

○為學不外靜敬二字，教人先去驕惰二字。

○看書須放開眼孔。
○心不外馳，氣不外浮，是讀書兩句真訣。
○讀書無論資性高低，但能勤學好問，凡事思一個所以然，自有義理貫通之日。
○聖賢教人，總是一條正路。
○觀顏子之若無若虛，為學豈容自足？
○耕所以養生，讀所以明道。

對照之下，賢文以下有關讀書的勸語，掩不住濃烈的功利味：

○書中自有千鐘粟，書中自有顏如玉。
○好學者則庶民之子為公卿，不好學者則公卿之子為庶民。
○積錢積穀不如積德，買田買地不如買書。
○有田不耕倉廩虛，有書不讀子孫愚。
○世上萬般皆下品，思量唯有讀書高。
○欲昌和順須為善，要振家聲在讀書。

根據賢文，讀書主要是為了振興家業，獲取功名利祿，而不是個人識見的擴展，人格之提升。因此，賢文似更能捕捉庶民倫理之功利的一面！

《圍爐夜話》及賢文之間的差異，原因有二。一，不同作者各有不同的個人際遇，學問修養、倫理取向有異，及所處的階層之高低不同，例如同是士人，一個仕途得意，富貴顯達，家業興隆的入仕高層士人，跟一個命途多舛，仕途坎坷，家族窮困的低層士人，加上信仰的不同：理想主義跟現實主義，儒學跟道佛信仰，都會導致作者對社會的觀察及期望的差異，就算大處是相同的，卻難免有不同的偏重。再者，作者所處的地域文化之不同也許會導致差異，原因是不同地域的社會在傳承及吸納大傳統方面出現差異，導致出現在不同地域的社會價值與倫理的差異。大傳統轉化為小傳統過程中，負責傳遞大傳統的士人對大傳統不同的解讀或不同的偏重，都會產生差異。值得注意的是，主導小傳統的構建主要是士人族群，士人族群是大傳統世俗化，平民化的主要推手。總之，在建構庶民倫理上，士人扮演了關鍵的角色。

結語

處世書究竟與大傳統有何關係？大傳統是道德倫理的本源，小傳統是大傳統對民間的延伸。處世書是小傳統的文書載體，經編撰者之對大傳統的詮釋，向民間傳遞其微言大義，執行庶民道德教化。如前所言，大傳統是國家或社會的道德倫理價值的頂層精英版的話，小傳統就是其倫理道德價值的基層平民版。小傳統是大傳統頂層精英價值及道德向下層社會的延伸或滲透的產品，這個延伸或滲透經歷過大傳統的世俗化或庶民化，過程包含上層價值道德倫理的簡易化及通俗化，滲透到教育文化水準低的庶民階層，讓庶民吸納及孕育成為自己之世界觀、人生觀、善惡觀、倫理觀，以助立德修身，行善去惡，打造穩定的倫理秩序，保障權力結構永續不變。

帝制中華的大傳統的倫理殿堂的主要支柱是儒學、道教、佛教，及三教合一的元素。儒家元素包括了仁、義、禮、智、信、忠、孝、恕、廉、讓、忍、勤、儉、報等核心道德。道家元素包括了無為、虛、謙、讓、靜、柔、樸、儉等中心元素。佛家元素如輪迴、福報、業積、慈、悲、儉、勤、去執、貪、嗔、癡、戒、定、慧等基本素材，及三教元素交相互影而產生的混合體，經不同解讀或表達形式小傳統，被傳承、吸納及使用。處世書的士人作者或編者，不僅是小傳統的構建者、陳述者、演繹者、詮釋者、傳播者，同時是大傳統的簡易化及通俗化的執行者。

處世書這類民間教化書，盛載着民間倫理及生活的記錄，對百姓從德向善之期望，編者勸善戒惡的倡議，都是歷史的產物，受時代的限制，難免有正面及負面元素。有些道德過時落後，窒礙性情，有些則能揭示人生恒理，提撕德性。因此，在閱讀這些年代久遠的民間倫理道德時，切忌視之為放諸四海而皆準的真理，應以客觀的理性態度來理解，既不妄加批判或否定，亦不全幅擁抱或肯定，應採取冷靜的旁觀者的視角，細觀古人的善惡對錯觀念與實踐，才能取得一幅清晰的民間倫理圖像。

第八章

關公崇拜與庶民倫理

數民間信仰，關公崇拜是其佼佼者。關公崇拜（或關帝崇拜）源遠流長，歷史久遠，關帝廟遍及中華大地，信眾無數，跨越階層、身份、世代、行業、財富、城鄉，上至帝王將相、貴族官宦、鄉紳士商，下至販夫走卒、市井匠人，都奉關公為其個人或家族或行業的守護神。民間信仰的基層是民眾的價值與倫理，關公信仰（或關帝信仰）盛載着厚重的民間價值與倫理，是發掘庶民倫理不容忽視的素材。

在民間信仰中，關公信仰佔有獨特的地位及發展軌跡，從其起源、普及、提升的過程，見證了歷代帝王的御許，儒釋道三大教的加持，及民間文人的推廣，關羽從一名血肉之軀的武將，逐漸演變成眾人慕拜的神靈，升格為萬眾期望及尊崇的價值的象徵。中華文化中有兩名聖人，一文一武，孔子是文聖人，關公是武聖人。關羽地位之崇高，無一武夫可與之比肩。關公崇拜到清代達至顛峰，關帝廟遍及大小村落，「縣縣有文廟，村村有武廟」，若反映當時真相，表示關帝廟數目多過祭祀孔子的廟宇。按此推算，清末民初若以全國三十省計，每省一百縣，全國約有孔廟三千，若每縣平均有一百村計，則全國的關帝廟就三十萬之多（張正明，馬偉，二〇〇六）。單從關帝廟的數目，可知關公崇拜比孔子崇拜或儒教崇拜的分佈更為廣泛，更深入民間。按中華文化神道設教的傳統，神格化的關公成為民眾道德信仰的來源，關公人格內涵之倫理成為庶民倫理的主要支柱。因此，研究關公信仰或關公崇拜肯定有助於揭示基層社會的庶民倫理。

第一節 關公信仰之演化

按陳壽《三國志．關羽傳》的記載，關羽，字雲長，本字長生。生於河東郡解縣，即今山西省城市境內。《三國志．關羽傳》，記述關羽水淹七軍、擒于禁、斬龐德，被劉備封為「前將軍」。官渡之戰前，曹操東征，大敗劉備，關羽被俘，曹操封關羽為偏將軍，並賜「漢壽亭侯」爵位，誘其歸降。關羽不從，仍忠心於劉備，其後出走，重返劉備陣營，劉命其鎮守荊州，孫權攻打荊州，關羽因輕敵失荊州，敗走麥城，建安二十四年（西元二一九年）在當陽被殺，死後被追謚為「壯繆侯」。歷史上的關羽並不是三頭六臂之神人，而是有七情六慾的凡人，有缺點的武夫而已，其後關羽在民間的地位逐漸提升，百姓尊稱為「關公」，以示崇敬。關羽在民間不斷被尊貴化被神格化，經歷了相當複雜的過程，涉及多種因素：民間傳説、帝王追封、宗教納入、藝人推廣、善書推動等。總之，關公崇拜的形成過程，跟其他民俗信仰形成的軌跡十分相似。

1 關羽神格化

關羽地位的提升，坊間有多種傳説。一説是跟孫權有關。孫權殺害關羽後，因怕關羽鬼魂前來報復，便以諸侯之禮埋葬關羽。關羽死後，有連串的怪事發生，擒殺他的吳國將軍呂蒙不久即病逝。孫權奪回的荊州，當年又出現瘟疫。第一座關廟是建在湖北當陽的玉泉山，那時是南北朝南陳光大年間（五六七－五六八年），即關羽死後近三百五十年。關羽戰敗於當陽，在鄰近的遠安臨沮被擒殺。傳說，關羽鬼靈凶殘狠毒，令人生畏。古人祭祀，既祭善神，亦祭惡鬼。關羽在當時被視為厲鬼，祭祀的是為了防其作祟。唐代，關羽凶鬼祭祀已從州地區擴散到其他地域。至隋代，關羽神話及顯靈傳説逐漸冒現。隋文帝開皇九年（五八九年），關羽家鄉山西解縣始建關羽家廟，之後別的地方的關廟陸續出現。關羽的形象介乎神鬼之間，有些記載將關羽描繪成惡鬼，跟現代正面的形象大相逕庭。至宋代，關公信仰才廣泛地流傳於民間。

民間宗教是關公信仰的推手，道教將關羽事蹟納入勸善書之內。明清善書流行於民間，關公信仰因此得到進一步的普及並深入社會，關公信仰所包含的倫理在庶民社會中發揮潤物細無聲的教化功能，是以士人為主體的正統儒家倫理教化者所無法企及的（游子安，二〇一〇）。

2 民間多面神

關羽是民間的多面神，隨着時間轉移，被尊奉為不同的神祇。關羽早期被奉為水神、財神，因水及財都是庶民生活中的不可或缺的元素，關羽無疑代表百姓為滿足實際需求的訴求對象。古代中國是農業社會，生存全靠大自然，風調雨順，五穀豐收是農民的最大的願望。農民用豐富的想像，將關羽奉為水神為了滿足他們的求水的慾望。傳説，關羽跟水的連結來自關羽的大刀，農民認為關羽磨刀必用水，自然會帶來甘露，解決農民耕作用水之困。事實上，湖北民間就有關羽磨刀降雨之傳說。關羽磨刀借水之傳說，其後產生了單刀會節日，節日在農曆五月十三日舉行，象徵農作物需要雨水的時刻。關羽逐漸演變為滿足民眾求雨祈望的神靈。除了奉關羽為水神外，老百姓亦將關羽奉為財神、漕運神、科舉神及不同行業的保護神，民眾求家族人丁興旺、消災、除病，族人和睦都求助於關羽，在在印證了關羽被民眾視為各種慾望需求的照顧者、守護人，似乎民眾一生的大小事都能受到的關老爺的眷顧與保護。

追求財富是人之常情，關公崇拜跟民眾求財的慾望亦有緊密的連結。自宋代以來，經濟活躍，城市商業旺盛，錢財流通頻仍，商品消費發達，人們追求財富。誰來保護人民對財富的追求擁有？財神於是應運而生，而關羽又成了民眾財富的保護者，大約在明清時期被奉為財神，掌管民間的財富。關羽跟財富有何關連？傳說，關羽在年青時曾做過小買賣，跟錢財一早有接觸。另一方面，根據《三國演義》，關羽被俘在曹營時，曾發明一套簡單易用的會計法，將曹操償賜給他的日常支出及贈予的禮物，都一筆一筆清楚記錄在賬簿本子上，離開時悉數奉還給曹操。聞說關羽的記賬法後來被商人廣為採用，成為商業記賬的習慣。其他的行業亦供奉關羽為其保護神或祖師爺。

3 杜撰傳説

帝制中華的統治者慣用君權神授之説，證明其統治權的正當性。歷代帝王常杜撰傳説，稱其政權獲關羽顯靈之助，粉飾其政權的合法性。關羽以戰神身份顯靈之説其後相繼出現：

明太祖朱元璋在南京修建祭祀神靈廟宇時尚未有關廟，關羽顯靈告知太祖，其與陳友亮鄱陽之戰是獲其陰兵十萬襄助才能戰勝。明成祖驅逐蒙古兵，明英宗時福建佃農鄧茂七聚眾起義，其後被鎮壓，武宗正德年間河北劉六劉七兄弟發動農民起義，被剿平，嘉靖、隆慶年間掃蕩東南沿海倭寇，明末李自成農民大起義等，都獲關羽神靈之助。清代關羽顯靈助清廷之傳説比明代有過之而無不及。滿人從入關追剿農民軍，平定三藩之亂，鎮壓山東王倫起義，甘肅蘇四十起義，湘西苗民起義，嘉慶元年川陝白蓮教起義，京師，河南天理教起義，及咸豐同治期間太平天國，捻軍起義等，無不假托有關羽顯靈佑助清軍以平亂（文廷海，二〇〇二）。

4 帝王的加持

帝制下，君主對臣民的褒貶足以定其榮辱生死，王權對鬼神的倡導或壓抑亦同樣可左右其地位之高低。關羽地位的不斷提升，主要是歷朝帝王的推崇及封贈的結果（見附錄二）。宋代以來，關羽不斷受到帝王的追封，地位愈顯尊貴，大力促進及深化民間的關公崇拜。宋代君王多信奉道教，喜對民間鬼神加封晉爵。自宋哲宗起，關羽就獲得帝王的各種封贈，先由侯被追封為公，再由公封為王，身份越加顯赫。北宋時，徽宗大幅提升了關羽的地位，對關羽作了數次的追封，崇寧元年（一一〇二年）追封關羽為「忠惠公」，崇寧三年（一一〇四年）封關羽為「崇寧真君」，大觀二年（一一〇八年），加封他為「武安王」，宣和五年（一一二三年）再封為「義勇武安王」。[1] 徽宗所處年代，金人經常入侵宋土，宋王朝兵力無法抗敵，徽宗借追封關羽，在封號中加「忠」、「義」等字眼，目的是將關羽打造成忠義的楷模，教化民眾，激勵國人忠義之心，團結一致，抵禦外侮，保衛國土。自徽宗的追封，關羽就跟忠義捆綁在一起，關羽成為忠義的化身，而忠義便成為關公信仰的核心內容。至南宋，帝王對關羽的追封仍然繼續。高宗於建炎二年（一一二八年），加封關羽為「壯繆義勇武安王」。孝宗淳熙十四年（一一八七年），關羽又被加封為「壯繆義勇武安英濟王」。在忠義大德之上，宋代君王加上勇德，關羽在華人世界中牢不可破的忠義勇形象，在宋代大致上成型。

元朝皇帝雖為了籠絡漢人，依循漢俗，對關羽尊崇有加，在對關羽封號上用了心思，圖獲取人心。天曆元年（一三二八年），元文宗加封關羽為「顯靈義勇武安英濟王」。對關羽的加封的國家行為，明清兩代比起宋元，有過之而無不及，關羽的神格到清代進入頂峰，關羽造神運動圓滿達成。明太祖朱元璋驅逐蒙古外族，收回漢土後，建立大明王朝。王朝初建，戰亂剛息、經濟凋零、民生困苦、百廢待興、秩序散弛。王朝急需恢復典章制度，重建國家倫理秩序，加強民眾之教化，關羽自然是可資利用的教化資源。在「孝治天下」的治國藍圖下，太祖借助關羽的忠義民俗符號，奉為教化之楷模，教化平民百姓必孝必忠，以保障朱家王朝的永續不衰。洪武元年（一三六八年），太祖恢復關羽原來封號「壽亭侯」。太祖後，武宗正德四年（一五〇九年），關羽被賜忠武廟。世宗嘉靖十年（一五三一年），仍稱關羽為「漢將軍壽亭侯」。媲美宋徽宗，神宗對關羽亦有數次的封賜，但動作比徽宗大。萬曆十年（一五八二年），神宗封關羽為「協天大帝」，這次以「帝」號賜封關羽，超出了歷代帝王對關羽的追封位階。萬曆十八年（一五九〇年），神宗又封關羽為「協天護國忠義帝」。萬曆四十二年（一六一四年），神宗再加封關羽為「三界伏魔大帝神威遠震天尊關聖帝君」。另一項令關羽地位日益提升的政治動作，是朝廷將關羽的祭祀由從祀升格為專祀。

滿人滅明後入主中原，為了加強對漢人的統治，調和漢滿民族之矛盾，採取以漢治漢的政策，沿用漢人慣用之風俗，消滅彼此之間的隔閡。關公崇拜自然是可用的風俗，而追封關羽便成首選的之國家行為。事實上，清世祖以降，帝王對關羽的追封比前朝帝王更為變本加厲。清末，光緒皇帝更以二十六字作為關羽的封號，對關羽封賜達至頂峰。

清世祖順治九年（一六五二年），關羽被封為「忠義神武關聖大帝」。雍正三年（一七二五年），世宗第一次封關公祖輩三代，曾祖為「光昭公」，祖為「裕昌公」，父為「成忠公」；授關公在河南洛陽的後裔為世襲五經博士；又加封關公為「山西關夫子」。雍正四年（一七二六年），世宗授關公在山西解州後裔世襲五經博士。雍正十年（一七三二年），又授湖北當陽關公後裔世襲五經博士。高宗乾隆二十五年（一七六〇年），關羽被易謚「壯繆」為「神勇」；乾隆三十三年（一七六八年），關羽被加封「忠義神武靈佑關聖大帝」。乾隆四十一年（一七七六年），關羽又被易謚「神勇侯」為「忠義侯」。仁宗嘉慶十九年（一八一四年），關羽被加封「忠義神武靈佑仁勇關聖大帝」。宣宗道光八年（一八二八年），關羽被加封「忠義神武靈佑仁勇威顯關聖大帝」。文宗咸豐四年（一八五四年），關羽被加封「忠義神

1 孔子歿後，至唐朝時被追封為文宣王。

武靈佑仁勇威顯護國保民關聖大帝」。咸豐五年（一八五五年），關羽被加封為「忠義神武靈佑仁勇顯威護國保民精誠綏靖關聖大帝」。穆宗同治九年（一八七〇年），關羽再被加封「忠義神武靈佑仁勇顯威護國保民精誠綏靖翊贊關聖大帝」。德宗光緒五年（一八七九年），關羽又被加封「忠義神武靈佑仁勇威顯護國保民精誠綏靖翊贊宣德關聖大帝」。封號的二十六字極盡讚美之詞，是關公歷朝歷代被賜封號之頂峰。

除追封謚號之外，清代君主將關羽的祭祀升為官祭（王成，二〇〇七）。自雍正三年起（一七二五年）朝廷在北京對關羽的祭祀由一年一大祭改為三大祭。翌年，朝廷頒佈祭祀的規格：五月十三日祭祀用牛、羊、豬各一頭，果五盤，帛一匹；春秋兩季的祭祀跟祭祀孔子的規格一樣。至咸豐三年（一八五三年），祭祀包括了行禮三跪九叩、樂六奏、舞八佾，跟帝王廟儀無異。總言之，自宋到清，帝王的追封對關羽崇拜在民間的傳播上推波助瀾，成功地將關公信仰廣泛深植民間，成為庶民倫理信仰的主要構成。

配合明清的文藝及宗教發展，關公信仰在民間得到廣泛流傳、鞏固、深化，關公所代表的倫理深入民間，成為庶民日常生活不可分割的精神元素。

5 宗教的吸納

關公信仰深入民間，跟儒釋道三教有密切的關係。佛教及道教很早就懂得利用關羽在民間的尊貴地位而壯大自己。佛教是外來宗教，為了融入中土，關羽被選為最佳橋樑，於是將關羽吸納入佛門神譜中，將之奉為護法伽藍，實現了佛教中土化。據宋人張商英記載，智顗大師當時在建玉泉精舍時，關羽顯靈請求受戒，智顗大師應允關羽所求，玉泉寺建成後關羽便成為寺院伽藍。關羽跟佛教的連結由此開始。元代，元世祖封關羽為伽藍神，確立關羽在佛教中的地位。

跟佛教採用的方式相仿，道教將關羽列入道教神將族譜之內。依道教傳說，張天師請關羽於解池斬殺蚩尤，關羽被納入為道教護法神。明萬曆二十三年，解州道士張通源奏請皇帝朱翊鈞，賜解州關帝廟神靈為英烈。萬曆四十二年（一六一四年），關羽被加封「三界伏魔大帝神威遠震天尊關聖帝君」。關羽被尊稱為帝，位階還在道教始祖老子之上。明清時期，道教信徒編製了大量經讖和善書，奉關羽為萬能神。

儒教如何跟關公建立連結？跟佛道不同，儒學不談鬼神，不談彼岸極樂世界，不求長生不老，少談因果報應，儒門信眾敬祖尊族，重人倫綱常，嚮安身立命，內聖外王。儒學不是一般的宗教，而是世俗的意識形態，若稱之為儒教，旨在凸顯其為世俗的宗教。儒教經君王及儒生的推波助瀾，成為上至帝王貴族，士宦官家；下至黎民百姓、販夫走卒世界觀、價值觀、人生觀、倫理觀等的主流及正統的國家意識形態，主宰他們的信仰、行為、生活。深入民間的關公信仰得到民眾的尊崇，正統意識形態跟關公信仰若沾不上邊，無法沾到關羽之光，便跟老百姓產生隔膜，拉開了距離。

事實上，儒學跟關羽建立關連是遲於佛道二教的，一直到小説《三國演義》的出現，關羽才以儒將身份面世。作者羅貫中（一三一五—一三八五）塑造的關羽愛「青史對青燈」，青史是指《春秋》，愛讀《春秋》的武將當然是儒將。經此一筆，關羽頓成了儒家信徒。然而，這些小説情節純屬虛構，正史陳壽《三國志》未有談及關羽讀《春秋》之事。究竟關羽讀《春秋》這個流傳甚廣的陳述有何根據？根據譚運長分析（二〇一〇），《三國志》之〈呂蒙傳〉提供了可信的線索。該傳提及呂蒙讀《春秋左氏傳》，但未有提關羽讀《春秋》，其後史家裴松之注釋〈呂蒙傳〉時引用了《江表傳》，論關羽時有「斯人長而好學，讀左傳略皆上」之文字。《江表傳》是記載當時東吳所在地的人與事，作者虞溥乃鄱陽太守，非專職史官，寫傳時可能參考了當地民間傳說。重要的是，虞溥並沒有說關羽讀《春秋》，只轉述呂蒙的話。這個間接又間接的引述，意外地產生了關羽讀《春秋》的傳說，而儒者見機不可失，從中獲利，將關羽收納入儒門，壯大聲勢之餘，拉近了儒學與平民的距離，販夫走卒亦可親近儒學，令儒學不再只屬於帝王將相士宦等社會精英的專有信仰，而能擴展到庶民社會成為平民的信仰。跟關公建立關連，對儒學的世俗化及推廣有極大的幫助。

6 民間雜劇小說

關羽崇拜廣泛流傳於民間，除了帝王的封謚外，民間的藝術活動亦發揮了關鍵作用。其中以宋元之雜劇及小說的影響力尤其大。事實上，關羽傳奇的一生無疑是民間小說及劇作絕佳的素材，經過藝術家的加工改造，關羽的有缺陷的英雄形象變得更鮮活，更有血有肉，更能深入民心，更能接近民眾，讓平民百姓能親近、認同、愛慕、痛惜、尊崇、膜拜。

元代雜劇中，關羽為主題的有十六七種。其中關漢卿的《關大王獨赴單刀會》和《關張雙赴西蜀夢》等，更是膾炙人口之作。另一方面，元劇打造的關羽藝術形象：美髯公、重棗臉、丹鳳眼、臥蠶眉、九尺軀、赤兔馬、青龍偃刀，已成為關羽的英武神勇的品牌，歷久不衰。元劇成功地把關羽化妝成忠肝義膽的英雄，對漢室有忠，於兄弟有義，不受利誘，不懼強權，頂天立地。元劇塑造關羽之「高、大、全」形象，廣受官家、士人、庶民的愛戴及崇敬。

《三國志通俗演義》（後人稱之《三國演義》）創作於元明之交，是羅貫中以宋元的三國故事為基礎而作的章回小說。小說初期是手抄本，刻本版在明代中葉才出現，明末又有多次改寫翻刻，版本繁多，但對關羽的描寫卻大同小異，凸顯關羽忠義品格是其共同主軸。羅貫中用不同的情節，描寫關羽降漢不降曹，身在曹營心在漢，當知悉劉備去向即向曹操封金掛印請辭，關羽財賄不足以動其心，爵位不足以移其志，曹操雖用盡方法收降關羽不果仍多次以義士稱之，其他如千里走單騎，華容義釋曹操等情節，關羽義薄情天的高大形象由此被完美地定型，關羽就是忠義的化身，關羽倫理的核心就是忠義。另外，在神道設教的傳統下，關公崇拜所代表的忠義倫理自然用作庶民的倫理教化。《三國演義》成書之時，關羽之造神運動早已開展多年，關帝廟紛紛在各地建成，關公崇拜已遍及城鄉。

帝王的封賜給關羽的尊貴神聖不斷加分，由侯而王而帝，轉人為神；那小說家劇作家的作品則把關公神帶回民間，活化其高大的形象，但仍為民眾可親近可依靠的守護神。

第二節 關羽之忠義倫理

《三國演義》內描寫關羽的諸多精彩情節，著名的如關羽降漢不降曹、辭曹歸劉、身在曹營心在漢、千里走單騎、過五關斬六將，凸出關羽忠義的人格特質。就忠而言，評論家常用如「忠心耿耿」、「徹底一忠」、「忠貫千古」、「義不負心」、「忠不顧死」，描述關羽對劉備的忠心。忠分兩種：忠君的忠、忠友之忠。忠君之義是上下之倫理、等級之倫理；忠友之義是橫向之倫理、平等的倫理。對關羽而言，劉備亦君亦友。關羽以「義不降曹」、「辭曹歸漢」、「千里走單騎」體現對劉備君友之忠，上下右左的忠。人與人之間的至忠，莫過於此。

就義而言，《三國演義》中在華容道上釋放曹操的情節，是最佳展示關羽重義的德性。如上所言，義在中華倫理中佔有崇高的地位。義者，宜也，義是合宜的意思。然而，義字包含多重意義，是個多義字。跟「義」字有關的詞很多，如「忠義」、「孝義」、「節義」、「恩義」、「情義」、「仁義」、「道義」、「正義」、「俠義」、「義氣」、「結義」、「聚義」等，含義都不盡相同。儒家經典中經常出現「義」字。《論語》有「君子喻於義，小人喻於利」，「君子無適也，無莫也，義之與比」。孟子見梁惠王曉以治國之道，勸「何必曰利，亦有仁義而已矣」。董仲舒有名言：「正其宜不謀其利，明其道而不謀其功」。韓非子從人倫關係界定「義」：「義者，君臣上下之事，父子貴賤之差，知交朋友之接也，親疏內外之分也。臣事君宜，下懷上宜，子事父宜，賤敬貴宜，知交朋友之相助也宜，親者內而疏者外宜。」（《韓非子．解老》）

唐代韓愈曾說「行而宜之謂之義」。宋代以後影響最大的解釋是「結義」的「義」，義即

「約為兄弟」。人與人之間非血緣的結合，就是義。清初毛宗崗在《讀〈三國志〉法》中指「三國有三奇，可稱三絕：諸葛孔明一絕也，關雲長一絕也，曹操亦一絕也」。孔明智絕，曹操奸絕，關公義絕，毛宗崗對「義」的詮釋別具洞見：「青史對青燈，則極其儒雅；赤心若赤面，則極其英靈。秉燭達旦，人傳其大節；單刀赴會，世服其神威。獨行千里，報主之志堅；義釋華容，酬恩之義重。做事如青天白日，待人如霽月光風。心則趙汴焚香，告帝之心而磊落過之；意則阮籍白眼傲物之意，而嚴正過之，是古今來名將第一奇人」。[2]

「大義參天」、「義薄雲天」是描寫關羽的品德的常用語，而在各地關帝廟的對聯亦不約而同頌讚關羽的忠義。山西運城解州關帝廟的對聯：「青燈觀青史着眼在春秋二字，赤面表赤心滿腔存漢鼎三分」；湖北當陽市玉泉山關廟，河南省許昌市關帝廟：「赤面秉赤心，騎赤兔追風，馳驅時無忘赤帝；青燈觀青史，仗青龍偃月，隱微處不愧青天」。其他著名的關帝廟對聯，如：「大義秉春秋，輔漢精忠懸日月；威靈存宇宙，幹霄正氣壯山河。」（湖南湘潭關聖殿聯）；「作聖有何奇，認真忠義兩個字；慕公無別法，熟讀春秋一部書。」（湖北省陽新市關帝廟）；「志在春秋功在漢，心同日月義同天」（臺北市，行天宮于右任手書；香港長洲關公忠義亭）。

2 毛宗崗《讀〈三國志〉法》，百度文庫，下載日期：二〇一七年四月八日。https://wenku.baidu.com/view/9f7854bcf84b-9d528ea7a65.html

第三節 羅貫中筆下的關羽

忠、義，在傳統中華倫理中佔有崇高地位。羅貫中的《三國演義》對關羽人格的藝術加工，使關羽的忠義表現淋漓盡致，關羽就是忠義的化身！要具體認識關羽忠義品德的藝術表述，最宜直接細讀《三國演義》的相關情節。

關羽之忠義之品格，在《三國演義》的二十五回及二十六回中展露無遺。第二十五回寫關羽被曹軍圍困，本想以死以明其忠義，張遼直斥其非，痛陳其三罪，勸其投降曹營，關羽提出三個要求（三約），作為降曹的條件。三約盡顯關羽對劉備的忠之德性。第二十六回述陳震帶劉備信找到關羽，關羽得悉劉備去向，即回書劉備，並向曹操請辭，欲直奔劉營，遭曹避而不見，但未改關羽歸劉之心，留書謝辭曹操。第五十回講關羽依孔明之計，早在華容道上埋下重兵，等待曹操。曹操中伏，成為關羽囊中物，生死懸於關羽一念。關羽難忘舊日被禁曹營時曹操之恩情，離曹營留下辭別書有言：「新恩雖厚，舊義難忘。茲特奉書告辭，伏惟照察。其有餘恩未報，願以俟之異日」。這回華容放曹，肯定是兑現承諾，回報曹操不殺及厚待之恩。關羽自知義放曹操之舉有違軍令，但勇於承擔後果，接受軍法制裁。論者多以此役為關羽義行之最佳寫照。另外，華容道上釋放曹操不單展現關羽重義之品格，同時凸顯其對曹營敗將之不忍之心，仁心乃儒者稱道之大德，無怪關羽被推崇為儒將。

關羽不惜違反軍令，義釋曹操於華容道，凸顯關羽不忘舊恩重義的美德，有關情節分別摘錄如下（羅貫中，一九七〇）：

第二十五回 屯土山關公約三事 救白馬曹操解重圍

○……公曰：「吾仗忠義而死，安得為天下笑？」
○遼曰：「兄今即死，其罪有三。」
○公曰：「汝且說我那三罪？」
○遼曰：「當初劉使君與兄結義之時，誓同生死；今使君方敗，而兄即戰死，倘使君復出，欲求兄相助，而不可復得，豈不負當年之盟誓乎？其罪一也。劉使君以家眷付託於兄，兄今戰死，二夫人無所倚賴，負卻使君依託之重：其罪二也。兄武藝超羣，兼通經史，不思共使君匡扶漢室，徒欲赴湯蹈火，以成匹夫之勇，安得為義：其罪三也。——兄有此三罪，弟不得不告。」
○公沉吟曰：「汝說我有三罪，欲我如何？」
○遼曰：「今四面皆曹公之兵，兄若不降，則必死；徒死無益，不若且降曹公；卻打聽劉使君音信，知何處，即往投之。一者可以保二夫人，二者不背桃園之約，三者可留有用之身。有此三便，兄宜詳之。」
○公曰：「兄言三便，吾有三約。若丞相能從，我即當卸甲；如其不允，吾寧受三罪而死。」
○遼曰：「丞相寬洪大量，何所不容？願聞三事。」
○公曰：「一者，吾與皇叔設誓，共扶漢室，吾今只降漢帝，不降曹操；二者，二嫂處請給皇叔俸祿養贍，一應上下人等，皆不許到門；三者，但知劉皇叔

去向，不管千里萬里，便當辭去：三者缺一，斷不肯降。望文遠急急回報。」（頁二〇〇）

（曹操對關羽的厚禮絲毫不能動搖關羽對劉備的忠心）

○忽一日，操請關公宴。臨散，送公出府，見公馬瘦，操曰：「公馬因何瘦？」

○關公曰：「賤軀頗重，馬不能載，因此常瘦。」操令左右備一馬來。須臾牽至。那馬身如火炭，狀甚雄偉。

○操指曰：「公識此馬否？」

○公曰：「莫非呂布所騎赤馬乎？」

○操曰：「然也。」遂並鞍轡送與關公。關公再拜稱謝。

○操不悅曰：「吾累送美女金帛，公未嘗下拜；今吾贈馬，乃喜而再拜，何賤人貴畜耶？」

○關公曰：「吾知此馬日行千里，今幸得之，若知兄長下落，可一日而見面矣。」操愕然而悔。關公辭去。……

○操問遼曰：「吾待雲長不薄，而彼常懷去心，何也？」

○遼曰：「容某探其情。」

○次日，往見關公。禮畢，遼曰：「我薦兄在丞相處，不曾落後？」

○公曰：「深感丞相厚意；只是吾身雖在此，心念皇叔，未嘗去懷。」

○遼曰：「兄言差矣：處世不分輕重，非丈夫也。玄德待兄，未必過於丞相，兄何故只懷去志？」

○公曰：「吾固知曹公待吾甚厚；奈吾受劉皇叔厚恩，誓以共死，不可背之。吾終不留此。要必立效以報曹公，然後去耳。」

○遼曰：「倘玄德已棄世，公何所歸乎？」

○公曰：「願從於地下。」

○遼知公終不可留，乃告退，回見曹操，具以實告。

○操歎曰：「事主不忘其本，乃天下之義士也！」（頁二〇三）

第二十六回 袁本初敗兵折將 關雲長掛印封金

○關公看書畢，大哭曰：「某非不欲尋兄，奈不知所在也。安肯圖富貴而背舊盟乎？」

○震曰：「玄德望公甚切，公既不背舊盟，宜速往見。」

○關公曰：「人生天地間，無終始者，非君子也。吾來時明白，去時不可不明白。吾今作書，煩公先達知兄長，容某辭卻曹操，奉二嫂來相見。」

○震曰：「倘曹操不允，為之奈何？」

○公曰：「吾寧死，豈肯久留於此！」

○震曰：「公速作回書，免致劉使君懸望。」關公寫書答云：

○竊聞義不負心，忠不顧死。羽自幼讀書，粗知禮義，觀羊角哀、左伯桃之事，未嘗不三歎而流涕也。前守下邳，內無積粟，外無援兵；欲即效死，奈有二嫂之重，未敢斷首捐軀，致負所託；故爾暫且羈身，冀圖後會。近至汝南，方知兄信；即當面辭曹公，奉二嫂歸。羽但懷異心，神人共戮。披肝瀝膽，筆楮難窮。瞻拜有期，伏惟照鑒！

○陳震得書自回。關公入內告知二嫂，隨即至相府，拜辭曹操。操知來意，乃懸迴避牌於門。關公怏怏而回，命舊日跟隨人役，收拾車馬，早晚伺候；分付宅中，所有原賜之物，盡皆留下，分毫不可帶去。次日再往相府辭謝，門首又掛迴避牌。關公一連去了數次，皆不得見；乃往張遼家相探，欲言其事，遼亦託疾不出。

○關公思曰：「此曹丞相不容我去之意。我去志已決，豈可復留？」即寫書一封，辭謝曹操。書略曰：「羽少事皇叔，誓同生死；皇天后土，實聞斯言。前者下邳失守，所請三事，已蒙恩諾。今探知故主見在袁紹軍中，回思昔日之盟，豈容違背？新恩雖厚，舊義難忘。茲特奉書告辭，伏惟照察。其有餘恩未報，願以俟之異日。」（頁二一一）

第五十回　諸葛亮智算華容　關雲長義釋曹操

○言未畢。一聲礮響，兩邊五百校刀手擺開，為首大將關雲長，提青龍刀，跨赤兔馬，截住去路。操軍見了，亡魂喪膽，面面相覷。

○操曰：「既到此處，只得決一死戰！」

○眾將曰：「人縱然不怯，馬力已乏，安能復戰？」

○程昱曰：「某素知雲長傲上而不忍下，欺強而不凌弱；恩怨分明，信義素著。丞相昔日有恩於彼，今只親自告之，可脫此難。」

○操從其說，即縱馬向前，欠身謂雲長曰：「將軍別來無恙！」

○雲長亦欠身答曰：「關某奉軍師將令，等候丞相多時。」

○操曰：「曹操兵敗勢危，到此無路，望將軍以昔日之情為重。」

○雲長曰：「昔日關某雖蒙丞相厚恩，然已斬顏良，誅文醜，解白馬之危，以奉報矣。今日之事，豈敢以私廢公？」

○操曰：「五關斬將之時，還能記否？大丈夫以信義為重。將軍深明春秋，豈不知庾公之斯追子濯孺子之事乎？」

○雲長是個義重如山之人，想起當日曹操許多恩義，與後來五關斬將之事，如何不動心？又見曹軍惶惶皆欲垂淚，一發心中不忍。於是把馬頭勒回，謂眾軍曰：「四散擺開。」這個分明是放曹操的意思。操見雲長回馬，便和眾將一齊衝將過去。雲長回身時，曹操已與眾將過去了。雲長大喝一聲，眾軍皆下馬，哭拜於地。雲長愈加不忍。正猶豫間，張遼驟馬而至，雲長見了，又動故舊之情；長歎一聲，並皆放去。（頁四〇〇）

○關雲長放了曹操，引軍自回。此時諸路軍馬，皆得馬匹、器械、錢糧，已回

○夏口；獨雲長不獲一人一騎，空身回見玄德。孔明正與玄德作賀，忽報雲長至。孔明忙離坐席，執盃相迎曰：「且喜將軍立此蓋世之功，與普天下除大害。合宜遠慶賀。」

○雲長默然。孔明曰：「將軍莫非因吾等不曾遠接，故而不樂？」回顧左右曰：「汝等緣何不先報？」

○雲長曰：「關某特來請死。」

○孔明曰：「莫非曹操不曾投華容道上來？」

○雲長曰：「是從那裏來。關某無能，因此被他走脫。」

○孔明曰：「拏得甚將士來？」

○雲長曰：「皆不曾拏。」

○孔明曰：「此是雲長想曹操昔日之恩，故意放了。但既有軍令狀在此，不得不按軍法。」遂叱武士推出斬之。（頁四〇二）

關公信仰內含的倫理元素是多元的，除了忠義外，關公也具備如仁、禮、智、信、勇等儒家美德。但整體而言，諸多美德中，忠義仍是最能定義關公人格特質的倫理元素。

第四節 山西商人的關公崇拜

明清晉商及徽商同是最具影響力的商幫，各有各自的價值領袖或行業神。徽商供奉朱子，晉商崇拜關羽。朱子乃南宋鴻儒，儒學的集大成者，得到朝廷肯定，其《四書集注》成為科舉考試的必讀書，令朱熹的影響力一時無兩。關羽經羅貫中之描繪，成為忠義勇之象徵，又説關羽喜讀《春秋》，深明春秋大義，成為儒將乃順理成章之事。關羽除了是很多行業的行業神外，特別是山西商幫的神祇。關公是山西人，山西商人供奉關公除了鄉緣關係外，是關羽所代表的忠義品德。商人逐利，以利害義，見利忘義，司空見慣，關羽所代表的義正好是良好道德規範，約束商人經營，防止他們唯利是圖，以利傷義。依關公重義的倫理規範，以義制利，信義為上，利從義來等經營倫理原則應運而生，忠義不單規範及指引晉商群體的行為，同時亦將他們團結一起，同舟共濟，成為一幫馳騁於明清兩代的顯赫商幫。晉商家中商號都供奉關公，而在各地蓋建的會館中都為關羽修殿蓋宇，藉由關公神靈之力對商人行為的監督及指引（崔俊霞，薛勇民，二〇一三；張惠芝，一九九八）。

山西商幫的關公崇拜留下的足跡，在山東省聊城山陝會館仍歷歷可見。聊城山陝會館，是山西陝西商人聯手建設，落成於清代乾隆年間。會館其實是座關帝廟，聊城人都慣稱山陝會館稱「關帝廟」。筆者二〇一五年親訪山陝會館，是二〇一一年晉商的田野調查的後續。山陝會館位於城南，運河西岸，該區在清代商業繁榮，商賈雲集。會館佔地三千多平方米，長七十七米，寬四十三米，建築古色古香，館內滿佈精美雕刻繪畫，館前山門柱子上刻有楹聯，上聯：「本是豪傑作為只此心無愧聖賢洵足配東國夫子」；下聯是：「何必仙佛功德惟其氣充塞天地早已成西方至人」。都是歌頌關羽的贊詞。館內有戲樓、鐘樓、鼓樓，春秋閣位於會館最後面。會館主體建築是關帝大殿，殿前石柱四根，分別有歌頌關羽的楹聯，內柱對聯：「偉烈壯古今，浩氣丹心，漢代一時真君子；至誠參天地，英文雄武，晉國千秋大丈夫」。外柱對聯：「非必殺身成仁，問我輩誰全節義；漫說通經致用，笑書生空讀春秋」。簷廊正中懸有匾額「大義參天」四字，殿內置關聖帝君神像。從山陝會館內的對聯匾額及其主要設施，足以透視關公崇拜在山西商人的重要地位。

關公崇拜的效應可見諸商幫的實際行為。根據河南南陽旗山陝會館的石碑記，雍正年間有些商號改換戥秤，大小不一，造成混亂，商人於是齊集會館關帝廟，商議有關準則，決定秤為十六兩，戥依天平為則，公議後個別商人不能私下更換戥秤，違者罰戲三台，如不遵者，舉秤稟究官治（張正明，馬偉，二〇〇六）。

第五節 關公信仰與關帝善書

關公信仰在民間廣泛流傳，與基層民眾建立連結的另一途徑，是以關帝扶乩[3]成經文的《覺世經》。《覺世經》是關帝善書中最具代表及流傳最廣的一部，經文短短六百餘字，內涵豐富的儒學哲理，經文首句：「人生在世，貴盡忠孝節義之事」，已彰顯主流儒學本色。《覺世經》除文字版外，也有繪圖解說、歌謠、講說、演戲等表述，非文字表述比較適用於文盲農民族群，經由說書人或戲團遊走大村小村，關帝善書得以有效地在廣大偏遠地區傳播。清末的義學、家塾蒙學的教材，其中有《覺世經》。此外，誦讀《覺世經》也納入祭祀關帝的禮儀之內。

如上所言，《覺世經》內含儒學之忠孝節義之道，並細數善行惡行，提醒世人行善福報，作惡禍臨的報應論。摘引有關倫理經文如下：[4]

○人生在世，貴盡忠孝節義等事。

○敬天地，禮神明，奉祖先，孝父母，守王法，重師尊。

3 扶乩，又稱扶箕、扶鸞、降筆、請仙等等，是道教信徒與神溝通的儀式。扶乩儀式中，有人扮演被神明附身的鸞生，鸞生身上會出現代表神諭的文字，信徒藉此與了解神的意旨。

4 《覺世經》，http://www.boder.idv.tw/ks.htm，下載日期：二〇一七年四月八日。全文見附錄一。

○愛兄弟、信朋友、睦宗族、和鄉鄰、別夫婦、教子孫。

善行：

○廣積陰功、救難濟急、恤孤憐貧、創修廟宇。
○印造經文、捨藥施茶、戒殺放生、造橋修路、矜孤拔困。
○重粟惜福、排難解釋、捐資成美、垂訓教人、冤仇解釋。
○鬥秤公平、親近有德、遠避凶人、隱惡揚善、利物利人。

惡行：

○若存惡心、不行善事、淫人妻女、破人婚姻、壞人名節。
○嫉人技能、謀人財產、唆人爭訟、損人利己。
○謗聖毀賢、滅像欺神、宰殺牛犬。
○恃勢凌善、倚富欺貧、離人骨肉、間人兄弟。
○不信正道、姦盜邪淫、好尚奢詐、不重勤儉、輕棄五穀。
○不報有恩、瞞心昧己、大門小秤、假立邪教、引誘愚人。
○詭說升天、歛財行淫、明瞞暗騙。
○背地謀害、不存天理、不順人心、不信報應、引人作惡。
○近報在身、遠報子孫。
○神明鑒察、毫髮不紊。

○善惡兩途、禍福攸分。

○行善福報、作惡禍臨。

關帝善書所編織的庶民倫理，對基層民眾應能發揮約束、警戒、訓導的教化功能。

第六節　關公信仰在解州

古代中國，寺廟是民眾的信仰中心，是民眾生活中重要部分。寺廟因此反映民眾的信仰及祈求，精神需求等。中國各地都有關帝廟，反映關公信仰的普遍性。有千年歷史的解州關帝廟，位於今山西省運城市鹽湖區解州鎮，解州是關羽故里，解州關廟所承載的關公信仰，應別具獨特深義，非其他方可比。[5]

根據一項有關關公信仰的田野調查（閆愛萍，二〇一〇），關羽故里解州民眾心中的關公信仰，內容包括祈雨、求財、驅瘟，都跟民生有密切關係。茲簡述之：解州流傳至今之傳説，一説關羽乃天上草龍投胎轉世的，一説他是天上管司雨水的神。解州民眾自古務農為生，該區南向中條，北臨鹽池，耕地不足，每年春夏常遇乾旱，民眾必到關廟求雨，而十之八九都靈驗。近年該區只有解州鎮及常平村保留了關帝廟，每年祈雨時節，村民齊到關帝廟祈雨，傳説相當靈驗，雨後村民演戲答謝神恩。解州由於貧困，公共衛生環境欠佳，經常發生瘟疫，民眾便抬關帝像巡遊，祈求驅除疫患。另外，解州的大小商人都供奉關公為財神，每月初一十五都前往關帝廟進香，家中亦設置關帝神像，燒香供奉。歲時節日，關公的生日民眾便齊赴關廟拜祭。此外，民眾在升學、醫療、生育等方面的祈求，都期盼關帝之佑助。由於關公信仰駁雜多元，民眾對關公信仰有不同的理解。關公信仰的解讀者大致分為兩大類。第一類是受過教育的人仕，包括幹部、關帝廟的工作人員及商人等，他們從文化精英對關公研究所累積的文化資源，獲取及形成關公信仰的內容。另一類是文化水平較低的基層民眾，他們的關公信仰來自世世代代口耳相傳之傳說，視關公是當地的先祖，稱之為「好人」。解州民眾把關公視為人多於將之奉為神，與其他地區的民眾將關公奉為神有明顯的差異。

5 筆者於二〇一一年到山西運城進行關公文化的田野調查，走訪了解州關帝廟及關公故里常平村關公祖廟。

結語

經歷長期的文化歷史昇華及累積，關公信仰被打造成一座多元駁雜的信仰體系，精英及民眾的精神家園，裏面充斥着中華文化的主流價值、倫理、信仰，以及社會頂層、中層、基層所追求的慾望及對善的願望。人世間所缺乏的真善美，未達到的理想或目的，都可在關公信仰中尋索及獲取。信仰者從關公信仰豐富的內涵中，各取所需，以滿足各自的精神需要。帝王及統治精英重視關公信仰中代表的忠，忠君忠上；商賈行販推崇其誠信，奉之為行業保護神；儒學士人折服於其行仁踐義，知史識禮；江湖人物尊崇關公的義氣，為兄弟兩肋插刀；百姓敬仰其勇武忠義，鋤強扶弱。事實上，關公在百姓心中是有求必應之萬能神，近似流行於香港的黃大仙神。關公信仰深入華人社會，歷久不衰，可能正由於關老爺有求必應的特質。[6]

6 黃大仙是香港人崇拜的道教神仙。座落在九龍黃大仙區的黃大仙祠，信眾絡繹不絕，全年香火鼎盛，其信仰核心是普濟勸善，有求必應。

附錄一

《關聖帝覺世真經》（參見 http://www.boder.idv.tw/ks.htm）

○帝君曰：人生在世，貴盡忠孝節義等事。

○方於人道無愧，可立身於天地之間。若不盡忠孝節義等事。

○身雖在世，其心已死，是謂偷生。凡人心即神。

○神即心，無愧心，無愧神。若是欺心，便是欺神。

○故君子三畏四知，以慎其獨，勿謂暗室可欺。

○屋漏可愧。一動一靜，神明鑒察。十目十手，理所必至。

○況報應昭昭，不爽毫髮。淫為萬惡首，孝為百行原。

○但有逆理於心有愧者，勿謂有利而行之。

○凡有合理於心無愧者，勿謂無利而不行。

○若負吾教，請試吾刀。

○敬天地、禮神明、奉祖先、孝父母、守王法、重師尊。

○愛兄弟、信朋友、睦宗族、和鄉鄰、別夫婦、教子孫。

○時行方便、廣積陰功、救難濟急、恤孤憐貧、創修廟宇。

○印造經文、捨藥施茶、戒殺放生、造橋修路、矜孤拔困。
○重粟惜福、排難解釋、捐資成美、垂訓教人、冤仇解釋。
○鬥秤公平、親近有德、遠避凶人、隱惡揚善、利物利人。
○回心向道、改過自新、滿腔仁慈、惡念不存、一切善事。
○信心奉行、人雖不見，神已早聞、加福增壽、添子益孫。
○災消病滅、禍患不侵、人物咸寧、吉星照臨、若存惡心。
○不行善事、淫人妻女、破人婚姻、壞人名節、嫉人技能。
○謀人財產、唆人爭訟、損人利己、肥家潤身、恨天怨地。
○罵雨呵風、謗聖毀賢、滅像欺神、宰殺牛犬、汙穢字紙。
○恃勢凌善、倚富欺貧、離人骨肉、間人兄弟、不信正道。
○姦盜邪淫、好尚奢詐、不重勤儉、輕棄五穀、不報有恩。
○瞞心昧己、大鬥小秤、假立邪教、引誘愚人、詭說升天。
○歛財行淫、明瞞暗騙、橫言曲語、白日咒詛、背地謀害。
○不存天理、不順人心、不信報應、引人作惡、不修片善。
○行諸惡事、官司口舌、水火盜賊、惡毒瘟疫、生敗產蠢。
○殺身亡家、男盜女淫、近報在身、遠報子孫、神明鑒察。
○毫髮不紊、善惡兩途、禍福攸分、行善福報、作惡禍臨。
○我作斯語、願人奉行、言雖淺近、大益身心、戲侮吾言。
○斬首分形、有能持誦、消凶聚慶、求子得子、求壽得壽。

○富貴功名、皆能有成、凡有所求、如意而獲、萬禍雪消。

○千祥雲集、諸如此福、惟善可致、吾本無私、惟佑善人。

○眾善奉行，毋怠厥志。

○關聖帝君覺世經全文終

（註：讀誦時「吾」及「我」字應讀作「帝」字）

附錄二

歷代皇朝對關羽封賜簡表

朝代	爵位	時間	封號
東漢	侯	景耀三年（260）	壯繆侯
北宋	公	崇寧元年（1102）	忠惠公
		崇寧三年（1104）	崇寧真君
	王	大觀二年（1108）	胎烈武安王
		宣和五年（1123）	義勇武安王
南宋		建炎二年（1128）	壯繆義勇武安王
		淳熙十四年（1187）	壯繆義勇武安英濟王
元		天曆元年（1328）	顯靈義勇武安英濟王

○明	○帝	○萬曆十年（1582） ○萬曆十八年（1590） ○萬曆二十二年（1594） ○萬曆四十二年（1614）	○協天大帝 ○協天護國忠義帝 ○神宗朱翊鈞把關羽進爵為帝 ○三界伏魔大帝神威遠鎮天尊關聖大帝
○清		○順治九年（1652）	○忠義神武關聖大帝
		○乾隆二十五年（1760） ○乾隆三十三年（1768） ○乾隆四十一年（1776）	○易諡「壯繆」為「神勇」 ○忠義神武靈佑關聖大帝 ○易諡「神勇侯」為「忠義侯」
		○嘉慶十九年（1814） ○道光八年（1828） ○咸豐四年（1854） ○咸豐五年（1855） ○同治九年（1870） ○光緒五年（1879）	○忠義神武靈佑仁勇關聖大帝 ○忠義神武靈佑仁勇威顯關聖大帝 ○忠義神武靈佑仁勇威顯護國保民關聖大帝 ○忠義神武靈佑仁勇威顯護國保民精誠綏靖關聖大帝 ○忠義神武靈佑仁勇顯威護國保民精誠綏靖翊贊關聖大帝 ○忠義神武靈佑仁勇威顯護國保民精誠綏靖翊贊宣德關聖大帝

參考書目

第一章

方立天：《中國佛教與傳統文化》。北京：中國人民大學出版社，二〇一〇。

王有英：〈勸善書中的教化意蘊——諸惡莫作，眾善奉行〉，《中國俗文化研究》（第三輯）（第三卷第三期），二〇〇五，頁二一〇—二一九。

王秀麗等：《元代的一百個老百姓》。北京：中國文史出版社，二〇〇九。

王春瑜主編：《中國的脊樑》（叢書，共七卷）。北京：中國文史出版社，二〇〇九。

王　笛：〈晚清長江上游地區公共領域的發展〉，《歷史研究》（第一期），一九九六，頁五—十六。

王笛著，李德英等譯：《街頭文化：成都公共空間、下層民眾與地方政治，一八七〇—一九三〇》。北京：中國人民大學出版社，二〇〇六a。

王　笛：〈近代中國大眾文化研究敘事方法的思考〉。《史學月刊》（第五期），二〇〇六b。

王　雅：〈當代中國日常生活倫理的建構：以重建儒家倫理與日常生活的聯繫為起點〉，《遼寧大學學報（哲學社會科學版）》（第三十六卷第一期），二〇〇八，頁十一—十六。

包筠雅著，杜正貞、張林譯：《功過格——明清社會的道德秩序》。杭州：浙江人民出版社，一九九九。

白庚勝：《安徽黃山市・休寧縣卷》。《中國民間故事全書》。合肥：黃山書社，二〇一二。

任繼愈編：《中國道教史》（上下卷・增訂本）。北京：中國社會科學出版社，二〇〇一。

沈重、尚田：《漢代的一百個老百姓》。北京：中國文史出版社，二〇〇九。

肖群忠：〈開拓中國傳統道德俗文化研究的新領域〉，《西北師範大學學報》，（第二期），一九八九，頁六四—六八。

肖群忠：〈生活倫理論〉，《中國人民大學學報》（第一期），二〇〇六，頁四四—五〇。

胡樸安：《中華全國風俗志》（上下冊）。上海：上海科學技術出版社，二〇一一。

唐凱麟編：《中華民族道德生活史研究》。北京：金城出版社，二〇〇八。

唐凱麟編：《中華民族道德生活史》（共八卷）。上海：東方出版中心，二〇一五。

袁嘯波編：《民間勸善書》。上海：上海古籍出版社，一九九五。

梁漱溟：《中國文化要義》。上海：上海人民出版社，二〇一一。

郭清香：〈倫理生活研究：倫理學研究範式的轉換〉，《江海學刊》（第三期），二〇〇六，頁六二—六七。

黃　松：《齊魯文化》。瀋陽：遼寧教育出版社，一九九一。

曾憲義，馬小紅：《禮與法：中國傳統法律與文化總論》。北京：中國人民大學出版社，二〇〇六。

費孝通：《鄉土中國》。北京：三聯書店，一九八五。

賀　賓：〈論民間倫理的特徵〉，《中州學刊》（第二期），二〇〇六a，頁一二一—一二五。

賀　賓：〈論民間倫理的功能〉，《信陽師範學院學報（哲學社會科學版）》（第廿六卷第三期），二〇〇六b，頁三三—三七。

賀賓、曹月如：〈民間倫理研究論要〉，《甘肅理論學刊》（第六期），總二〇八期，二〇一一，頁八〇—八四。

葛承雍：《中國古代等級社會》。西安：陝西人民出版社，一九九二。

葛劍雄：〈葛劍雄談地域文化〉，二〇〇八。原發佈時間：二〇〇八年十一月十九日，來源：http://depart.zzti.edu.cn。
轉引自 https://yuyencia.wordpress.com/2017/02/13/ 葛劍雄談地域文化。（下載日期：二〇一七年十二月二十日）。

董迎建：《隋唐五代的一百個老百姓》。北京：中國文史出版社，二〇〇九a。

董迎建：《宋代的一百個老百姓》。北京：中國文史出版社，二〇〇九b。

文史知識編輯部編：《道教與傳統文化》。北京：中華書局，二〇〇五。

劉澤華、汪茂和、王蘭仲：《專制權力與中國社會》。香港：中華書局，一九八八。

范麗珠：〈善作為中國的宗教倫理〉，《甘肅理論學刊》（第六期），二〇〇七，頁廿九—三四。

蔣維喬：《中國佛教史》。上海：上海古籍出版社，二〇一一。

鄧占雲：《明代的一百個老百姓》。北京：中國文史出版社，二〇〇九a。

鄧占雲：《清代的一百個老百姓》。北京：中國文史出版社，二〇〇九b。

劉新成：〈日常生活史：一個新的研究領域〉，《光明日報》，二〇〇六年二月廿四日。

瞿同祖：《中國封建社會》。臺北：萬年青年書店，一九七一。

魏志遠：〈道德與實用：從日用類書看明朝中後期的民間倫理思想〉，《廣西大學學報（哲學社會科學版）》（第三四卷第六期），二〇一二，頁一〇九—一一三。

羅飛雁：〈論民間倫理思想的悖論性——以徽州民間故事為中心〉，《黃山學院學報》（第十八卷第六期），二〇一六，頁四六—五一。

英文文獻

Redfield R.（1947），The Folk Society, *American Journal of Sociology* 52（4），pp. 293—308.

Redfield R.（1956），*Peasant Society and Culture* Chicago: University of Chicago Press.

第二章

王劉慧珍：《傳統的中國族規》，一九五九。紐約：J. J. Augustine。（Wang Liu, Hui—Chien, 1959, *The Traditional Chinese Clan Rules*, New York: J. J. Augustine.）本書原版為英文版。

王衛平：〈從普遍福利到周貧濟困——範氏義莊社會保障功能的演變〉，載張希清，范國強主編（二〇〇九）。《范仲淹研究文集》（五）。北京：北京大學出版社，二〇〇九。網路版：二〇一二年三月十九日。http://www.zgfanzhongyan.net/fan/news/research/14。（下載日期：二〇一七年八月二十日）。

安國樓：〈從鄭氏規範看家族教育〉，《台灣源流》（第廿五期），二〇〇五，頁二四—五十。http://tao.wordpedia.com/pdf_down.aspx?filename=JO00000395_25_34-50。（下載日期：二〇一七年八月二十日）。

徐國利：〈民國時期基層社會傳統職業觀的革新與保守——以民國徽州家譜的族規家訓所見職業觀為例〉，《民國檔案》（第一期），二〇一二，頁八五—九二。

陳　瑞：〈明清時期徽州族譜的控制功能〉，《安徽大學學報（哲學社會科學版）》（第三十一卷第一期），二〇〇七a，頁九九－一〇五。
陳　瑞：〈明清時期徽州家族內部的社會秩序控制〉，《安徽大學學報（人文社會科學版）》（第三十五卷第二期），二〇〇七b，頁一四九－一五二。
陳延斌：〈論司馬光的家訓及教化特色〉，《南京師大學報（社會科學版）》（第四期），二〇〇一，頁廿四－廿九。
唐力行：《徽州宗族社會》。合肥：安徽人民出版社，二〇〇五。
費成康編：《中國的家法族規》。上海：上海社會科學出版社，一九九八。
趙華富：《徽州宗族研究》。合肥：安徽大學出版社，二〇〇四。
鄒　怡：〈徽州佃僕制研究綜述〉。《安徽史學》（第一期），二〇〇六，頁四九－六五。

第三章

卞　利：《明清徽州社會研究》。合肥：安徽大學出版社，二〇〇四a。
卞　利：〈明清徽州鄉（村）規民約論綱〉，《中國農史》（第四期），二〇〇四b，頁九七－一〇四。
王日根：〈論明清鄉約屬性與職能的變遷〉，《廈門大學學報》（總第一五六期），二〇〇三，頁六九－七六。
王陽明：〈南贛鄉約〉。載吳光、錢明、董平、姚延福編校：《王陽明全集》。上海：上海古籍出版社，一九九五a，頁五九九－六〇四。
王陽明：〈仰南安贛州印行告諭牌〉。載吳光、錢明、董平、姚延福編校：《王陽明全集》。上海：上海古籍出版社，一九九五b，頁五六六。
王陽明：〈告諭新民〉。載吳光、錢明、董平、姚延福編校：《王陽明全集》。上海：上海古籍出版社，一九九五c，頁五三八－五三九。
王陽明：〈申喻十家牌法〉。載吳光、錢明、董平、姚延福編校：《王陽明全集》。上海：上海古籍出版社，一九九五d，頁六〇八－六一〇。
王廣義：〈論清代東北地區「鄉約」與社會控制〉。《史學集刊》（第五期），二〇〇九，頁一〇七－一一六。

王雅克、李建軍、陳華森：〈王陽明南贛鄉約的基層社會治理〉。《貴州社會科學》（第六期），二〇一六，頁廿二—廿七。
牛銘實：《中國歷代鄉規民約》。北京：中國社會出版社，二〇一六。
寺田浩明：〈明清時期法秩序中「約」的性質〉，刊於滋賀秀三［等］著；王亞新、梁治平編；王亞新、范愉、陳少峰合譯：《明清時期的民事審判與民間契約》。北京：法律出版社，一九九八。
朱鴻林：〈二十世紀的明清鄉約研究〉。《歷史人類學學刊》（第二卷一期），二〇〇四，頁一七五—一九六。
朱鴻林：《致君與化俗：明代經筵鄉約研究文選》。香港：三聯書店，二〇一三。
朱鴻林：〈一道德，同風俗：鄉約的理想與實踐〉。《讀書》（十），二〇一六，頁四八—五七。
吳曉玲、張楊：〈論鄉規民約的發展及其演變〉。《廣西社會科學》（第八期），二〇一二，頁七五—七八。
汪毅夫：〈鄉約、習慣法與閩南鄉土社會〉。《福州大學學報（哲學社會科學版）》（第六期），二〇〇九，頁五—十。
古開弼：〈我國歷代保護自然生態與資源的民間規約及其形成機制——以南方各少數民族的民間規約為例〉。《北京林業大學學報（社會科學版）》（第一期），二〇〇五，頁四〇—四八。
周揚波：〈宋代鄉約推行狀況〉。《浙江大學學報（人文社會科學版）》（第三十五卷第五期），二〇〇五，頁一〇六—一一〇。
金　根：〈傳統鄉規民約的價值，經驗與啟示——基於南贛鄉約文本分析的視角〉。《中國農業大學學報（社會科學版）》（第三十一卷第四期），二〇一四，頁八四—八九。
金瀅坤：〈論唐五代宋元的社條與鄉約（二）以呂氏鄉約，龍祠鄉社義約為中心〉。《敦煌研究》（總第一〇七期），二〇〇八，頁六九—七六。
金瀅坤：〈論唐五代宋元的社條與鄉約（一）〉。載劉進寶主編：《轉型期的敦煌學》。上海：上海古籍出版社，二〇〇七。
陳俊民：《藍田呂氏鄉約輯校》。北京：中華書局，一九九三。
秦富平：〈明清鄉約研究述評〉。《山西大學學報（哲學社會科學版）》（第廿九卷第三期）二〇〇六，頁廿四—廿七。
楊一凡、劉篤才編：《中國古代民間規約》（一—四冊）。北京：社會科學文獻出版社，二〇一七。
楊明、韓玉勝：〈呂氏鄉約鄉村道德教化思想探析〉。《東南大學學報（哲學社會科學版）》（第十五卷第五期）二〇一三，頁廿九—三三。

楊亮軍：〈宋代基層社會治理——以藍田呂氏鄉約為中心〉。《甘肅社會科學》（第四期），二〇一五，頁一五六—一五九。

楊亮軍：〈明代國家權力與鄉約的調適和融通——以黃佐泰泉鄉禮為中心〉。《蘭州大學學報（社會科學版）》（第四十四卷第三期），二〇一六，頁八七—九四。

楊開道：《中國鄉約制度》。北京：商務印書館，二〇一五。

楊建宏：〈《呂氏鄉約》與宋代民間社會控制〉。《湖南師範大學社會科學學報》（第三十四卷第五期），二〇〇五，頁一二六—一二九。

劉篤才：〈中國古代民間規約引論〉。《法學研究》（第一期），二〇〇六，頁一三五—一四七。

劉篤才：〈再論中國古代民間規約——以工商業規約為中心〉。《北方法學》（第三卷），總第十四期，二〇〇六，頁一三九—一四四。

張德美：〈論鄉約職役化〉。《中國史研究》（第九十五輯），二〇一五年四月，頁二三九—二五三。
http://www-2.knu.ac.kr/~china/CHR/chr2015/chr95pdf/chr95-11ZhangDM.pdf

胡慶鈞：〈從藍田鄉約到呈貢鄉約〉。《雲南社會科學》（第三期），二〇〇一，頁四一—四五。

程鵬飛：〈王陽明知行合一與南贛鄉約〉。《貴州文史叢刊》，二〇〇〇，頁十一—十四。

曹國慶：〈王守仁的心學思想與他鄉約模式〉。《社會科學戰線（中國哲學）》（第六期），一九九四，頁七六—八四。

曹國慶：〈明代鄉約推行的特點〉。《中國文化研究》（〇一期），一九九七，頁十七—廿三。

黃志繁：〈鄉約與保甲：以明代贛南為中心的分析〉。《中國社會經濟史研究》（二〇〇二年第二期），頁三—八。

常建華：〈明代江浙贛地區的宗族鄉約化〉。《史林》（第五期），二〇〇四，頁三五—四一。

常建華：《明代宗族研究》。上海：上海人民出版社，二〇〇五。

常建華：〈清代宗族保甲鄉約化的開端——雍正朝族正制出現過程新考〉。《河北學刊》（第廿八卷第六期），二〇〇八，頁六五—七一。

常建華：〈明後期社會風與士大夫家族移風易俗——以山東青州邢玠家族為例〉。《安徽大學學報（哲學社會科學版）》（第四期），二〇一二，頁一—九。

張中秋：〈鄉約的諸屬性及其文化原理認識〉。《南京大學學報（哲學人文科學社會科學）》（第五期），二〇〇四，頁五一—五七。

韓玉勝：〈宋明鄉約——鄉村道德教化展開的歷史邏輯〉。《倫理學研究》（第二期），二〇一四，頁三六—四十。

趙平略：〈南贛鄉約社會治理思想的得與失〉。《江南大學學報（人文社會科學版）》（第十三卷第五期）二〇一四，頁十三—十六。

黃　熹：〈鄉約的命運及其啟示——呂氏鄉約到南贛鄉約〉。《江淮論壇》（第六期），二〇一六，頁廿四—廿九。

欒淳鈺、付洪：〈中國傳統鄉約的現代審視〉。《理論學刊》（第二期），總第二六四期，二〇一六，頁一五一—一五八。

程時用：〈《泰泉鄉禮》思想體系研究〉。《西南科技大學學報哲學社會科學版》（第三十二卷第三期），二〇一五，頁四二—四六，五六。

段自成：〈論鄉約行政組織化背景下的鄉約與官府的關係〉。《泰山學院學報》。（第三十一卷第五期），二〇〇九，頁七五—八二。

段自成：〈略論晚清東北鄉約〉。《史學月刊》（第八期），二〇〇八，頁六六—七一。

段自成：〈略論清代北方鄉約行政組織化的消極影響〉。《中州學刊》（第四期），二〇〇九，頁一七一—一七四。

段自成：〈清代北方推廣鄉約的社會原因探析〉。《鄭州大學學報（哲學社會科學版）》（第四期），二〇〇八，頁九七—一〇〇。

酒井忠夫著，劉岳兵、何英鶯譯：《中國善書研究》（上卷）。南京：江蘇人民出版社，二〇一〇a。

衷海燕：〈明代中葉鄉約與社區治理——吉安府鄉約的個案研究〉。《華南農業大學學報（社會科學版）》（第三期），二〇〇四，頁一二一—一二八。

董建輝：〈鄉規不等於鄉規民約〉。《廈門大學學報（哲學社會科學版）》（第二期），二〇〇六，頁五一—五八。

董建輝：《明清鄉約：理論演進與實踐發展》。廈門：廈門大學出版社，二〇〇八。

祁曉慶：〈儒學教化中的民間結社——以社條、鄉約為中心的考察〉。《社會科學家》（第四期），二〇一〇，頁一四六—一四九。

孟憲實：《敦煌：民間結社研究》。北京：北京大學出版社，二〇〇九。

寧可、郝春文：《敦煌社邑文書輯校》。南京：江蘇古籍出版社，一九九七。

英文文獻

Hauf, K. (1996). The community covenant in sixteenth century Ji'an prefecture, Jiangxi. *Late Imperial China* 17(2), pp. 1—50.

第四章

乜小紅：《中國古代契約發展簡史》。北京：中華書局，二〇一七。

山本達郎、池田溫：*Tun-huang and Turfan documents concerning social and economic history* Vol. 3. Contracts: B, Plates. 東京：東洋文庫，一九八六。

山本達郎、池田溫：*Tun—huang and Turfan documents concerning social and economic history* Vol. 3. Contracts: A, Introduction and Texts. 東京：東洋文庫，一九八七。

支果、李曜曜：〈論傳統契約中的契約理念——以四川自貢鹽業契約為例〉。《四川理工學院學報（社會科學版）》。（第廿三卷第六期），二〇〇八，頁五—十。

王振宗：〈清代前期徽州民間的日常生活——以婺源民間日用類書《目錄十六條》為例〉。載胡曉真、王鴻泰主編：《日常生活的論述與實踐》。臺北：允晨文化，二〇一一。網上文章：www.ihp.sinica.edu.tw/~wensi/active/download/active03/wzz.doc。（下載日期：二〇一八年四月二十日）。

王雪梅：〈清末民初契約自由在自貢鹽業契約中的體現〉。《四川師範大學學報（社會科學版）》。（第三十五卷第六期），二〇〇八，頁一三三—一三八。

田　濤：《千年契約》。北京：法律出版社，二〇一二。

佚　名：〈古人如何恪守誠信：簡述古代如何訂契約〉。《光明日報》。二〇一四年三月十日。http://rufodao.qq.com/a/20140310/013166.htm。（下載日期：二〇一八年四月十日）。

吳斌、支果、曾凡英：《中國鹽業契約論——以四川近代自貢鹽業契約為中心》。四川：西南交通大學出版社，二〇〇七。

李明曉：〈湖北江陵鳳凰山十號漢墓出土木牘《中反（從月）共侍約》集釋〉。簡帛（Bamboo and silk manuscript）網頁（西南大學文獻所），二〇一〇。http://www.bsm.org.cn/show_article.php?id=1253。（下載日期：二〇一八年三月十八日）。

孟憲實：《敦煌民間結社研究》。北京：北京大學出版社，二〇〇九，頁廿一—廿二。

林興龍：〈東漢《侍廷里父老僤買田約束石券》相關問題研究〉。《雲南師範大學學報：哲學社會科學版》（第三十九卷第四期），二〇〇七，頁六七—七十。

阿　風：〈中國歷史中的契約〉，二〇一六。轉載自「中國古代史研究網」http://lishisuo.cass.cn/zsyj/zsyj_shsyjs/201604/t20160416_2969853.shtml。（下載日期：二〇一八年二月二十日）。

孫瑞、陳蘭蘭：〈漢代簡牘中所見私人契約〉。《學習與探索》（第四期），總第一六五期，二〇〇六，頁一六六—一七〇。

徐　文：《自貢鹽業契約研究》，二〇一四。西南政法大學博士論文。http://cdmd.cnki.com.cn/Article/CDMD-10652-1015535514.htm。（下載日期：二〇一八年三月二十日）。

郝春文：《中古時期社邑研究》。台灣：新文豐出版社，一九九五。

張傳璽：《中國歷代契約會編考釋》（上、下冊）。北京：北京大學出版社，一九九五。

梁　聰：《清代清水江下游村寨社會的契約規範與秩序——以文鬥苗寨契約文化為中心的研究》。北京：人民出版社，二〇〇八。

郭效勤、張振國：〈中國傳統立約意識的文本分析〉。《河北師範大學學報——哲學社會科學版》（第三十一卷第四期），二〇〇八，頁一五〇—一五五。

彭久松：《中國契約股份制》。成都：成都科技大學出版社，一九九四。

隆奕、姚茗川：〈論中國古代契約制度的發展〉。《哈爾濱學院學院》（第三十五卷第五期），二〇一四，頁六三—六七。

馮學偉：〈契約文書之於古人生活的意義〉。《法制與社會發展》（總第九十七期），二〇一一，頁三八—四四。

黃盛璋：〈江陵鳳凰山漢墓簡牘及其在歷史地理研究上的價值〉。《文物》（第六期），一九七四，頁六六—七七。

黃盛璋：〈關於《中舨共侍約》牘文的辨正〉。《江漢考古》（第二期），一九九一，頁六六—七〇。

楊國楨：《明清土地契約文書研究》（修訂版）。北京：中國人民大學出版社，二〇〇九。

寧可、郝春文：《敦煌社邑文書輯校》。南京：江蘇古籍出版社，一九九七。

寧可、郝春文：〈北朝至隋、唐、五代間的女人結社〉。《北京師範大學學報》（第五期），一九九〇，頁十六—十九。

翟海峰、張振國：〈傳統契約的致命缺陷：非自願性與不平等性〉。《河北學刊》（第廿八卷第六期），二〇〇八，頁一七三—一七七。

劉志松：〈徽州傳統民間契約觀念及其遺存——以田藏徽州民間契約及對徽州六縣的田野調查為基礎〉。《甘肅政法學院學報》（總第九十七期），二〇〇八，頁五七—六二。

劉雲生：《中國古代契約思想史》。北京：法律出版社，二〇一二。

劉道勝：〈明清徽州民間契約關係的維繫〉。《安徽師範大學學報——人文社會科學版》（第三十五卷第二期），二〇〇七，頁一四三—一四八。

霍存福：〈中國古代契約精神的內涵及其現代價值——敬畏契約。尊重契約。與對契約的制度性安排之理解〉。《吉林大學社會科學學報》（第五期），二〇〇八，頁五七—六四。

謝桂華、李均明、朱國炤：《居延漢簡釋文合校》。北京：文物出版社，一九八七。

韓　冰：〈中國傳統契約制度新探——以契約自由觀念為視角的解讀〉。《河南省政法管理幹部學院學報》（總第一〇九期），二〇〇八，頁六二—六五。

韓森（Hansen, Valerie）著，魯西奇譯：《傳統中國日常生活中的協商：中古契約研究》（*Negotiating daily life in traditional China: how ordinary people used contracts*, 600—1400）。南京：江蘇人民出版社，二〇〇九。

英文文獻

Dyer, Svetlanan Rimsky-Korsakoff, (1983). *Grammatical analysis of the Lao Ch'i-ta with an English translation of the Chinese text Canberra:* Faculty of Asian Studies, Australian National University.

第五章

于洋林：〈論禪宗《百丈清規》〉。《湖南工業職業技術學院學報》（第十卷第四期），二〇一〇，頁七〇—七一。

（明）元本：《幻住庵清規》。電子佛典集成，X63n1248，中華電子佛典協會。http://buddhism.lib.ntu.edu.tw/FULLTEXT/sutra/10thousand/X63n1248.pdf。（下載日期：二〇一七年二月四日）。

王大偉：〈論宋元清規中所見茶湯禮的形成〉。《世界宗教研究》（第五期），二〇一〇，頁廿六—三三。

王大偉：〈論宋元禪宗清規中的香禮〉。《社會科學研究》（第一期），二〇一三a，頁十三—一三五。

王大偉：〈論禪宗對神聖性戒律與世俗性清規的需求〉。《重慶師範大學學報（哲學社會科學版）》（第三期），二〇一三b，頁五三—五七。

王月清：〈禪宗戒律思想初探〉。《南京大學學報（哲學，人文科學，社會科學）》（總一三七期），二〇〇〇，頁一〇〇—一〇八。

王永會：〈禪宗清規與中國佛教寺院僧團管理制度〉。《四川大學學報（哲學社會科學版）》（總第一一二期），二〇〇一，頁一三八—一四四。

百丈懷海：《百丈叢林清規証義記》。佛陀教育基金會網路版。淨念書院 https://jnbooks.cn/category/32。file:///C:/Users/PKI/Downloads/ 百丈叢林清規證義記 %20CH622-01-01.pdf。（下載日期：二〇一八年六月二十日）。

吳之清：〈六和敬：佛教僧團的建制原則〉。《文史哲》（總三一八期），二〇一一，頁二〇〇—二〇一。

李天保：〈《敕修百丈清規》的成書及其價值〉。《圖書與情報》（第四期），二〇〇九，頁一五〇—一五三，一六〇。

李繼武：〈《百丈清規》之研究〉。刊於德輝編，李繼武校點：《敕修百丈清規》。鄭州：中州古籍出版社，二〇一一，頁二五三—三五六。

李繼武：〈論《敕修百丈清規》的法律屬性與法律關係〉。《陝西師範大學學報（哲學社會科學版）》（第四十一卷第五期），二〇一二。

（宋）妙喜，竹庵：《禪林寶訓》。CBETA 電子佛典集成。中華電子佛典協會。ccbs.ntu.edu.tw/BDLM/sutra/html/T48/T48n2022.htm。（下載日期：二〇一七年二月四日）。

（宋）宗賾：《禪苑清規》。《卍新纂續藏經》Vol. 63, No. 1245：中華電子佛典協會：二〇〇九年五月九日。https://www.suttaworld.org/Collection_of_Buddhist/Successive.../X63n1245.pdf。（下載日期：二〇一七年二月十四日）。

張家成：〈略論中國禪院茶禮與佛教制度中國化之關係〉。《漢傳佛教研究的過去現在未來》。宜蘭：佛光大學佛教研究中心，二〇一五，頁二七五—二八八。www.fgu.edu.tw/~cbs/pdf/2013 論文集 /q21.pdf。（下載日期：二〇一七年四月六日）。

郭　文：〈論宋以後禪門清規的禮法化及其影響〉。《江南大學學報（人文社會科學版）》（第十四卷第六期），二〇一五，頁十四—十八。

黃　奎：〈科學視角中的禪宗清規〉。《佛教研究》，二〇〇五，頁二二一—二三二。

黃　奎：《中國禪宗清規》。北京：宗教文化出版社，二〇〇九。

劉小平：〈《百丈清規》唐代佛教寺院經濟〉。《江西社會科學》（第二期），二〇〇九，頁一二七—一三一。

（元）德輝編，李繼武校點：《敕修百丈清規》。鄭州：中州古籍出版社，二〇一一。

歐陽鎮：〈禪宗興盛及禪林清規〉。《江西社會科學》（第二期），一九九五，頁一二七—一三一。

鄭炳林、魏迎春：〈晚唐五代敦煌佛教教團的戒律和清規〉。《敦煌學輯刊》（第二期），總第四十六期，二〇〇四，頁廿六—四〇。
駱海飛：〈叢林制度的倫理思想——以古清規序，《禪苑清規》，敕修百丈清規》為例〉。《佛教文化》（總第廿二期），二〇一三，頁二七六—三八五。

第六章

王公偉：〈自知錄與晚明三教合一〉。《佛法春秋》（總第八十期），二〇〇五，頁四一—四四。
王衛平、馬麗：〈袁黃勸善思想與明清江南地區的慈善事業〉。《安徽史學》（第五期），二〇〇六，頁三九—五十。
包筠雅著，杜正貞、張林譯：《功過格——明清社會的道德秩序》。杭州：浙江人民出版社，一九九九。
包筠雅：〈明末清初的善書與社會意識形態變遷的關係〉。《近代中國史研究通訊》（十六期），一九九三，頁三〇—四〇。
安　榮：〈道教勸善書中的倫理思想及其教育方法〉。《中國道教》（第三期），二〇〇六，頁廿二—廿五。
朱新屋：〈20世紀以來中國善書研究的回顧與展望〉。《西華師範大學學報（哲學社會科學版）》（第一期），二〇一四，頁五七—六七。
吳春香：〈論明代三教融合對道教的影響〉。《黑龍江史志》（十九），總第二一二期，二〇〇九，頁五四—五六。
吳　震：〈明末清初道德勸善思想溯源〉。《復旦學報（社會科學版）》（第六期），二〇〇八，頁六六—七五。
吳　震：〈雲起社與十七世紀福建鄉紳的勸善活動〉。《雲南大學學報（社會科學版）》（第五期），二〇一二，頁四一—五四。
李為香：〈明末清初善書風行現象解析〉。《東北師大學報（哲學社會科學版）》（總第二三三期），二〇〇八，頁四〇—四四。
李雅雯：〈由道入佛¾¾《自知錄》功過格研究〉。《成大宗教與文化學報》（第一期），二〇〇一，頁一八三—一九八。
汪家熔：〈善書：古代秩序的規範〉。《出版科學》（第四期），二〇〇七，頁七九—八四。
汪維真：〈明代善惡報應觀念的強化與社會調控〉。《江漢論壇》，二〇〇五，頁一〇六—一〇九。
肖群忠：〈了凡四訓的民間倫理思想研究〉。《雲南民族大學學報（哲學社會科學版）》（第一期），二〇〇四，頁十九—廿三。
于國慶：〈道教善書「以德養生」思想略論〉。《宗教學研究》（第四期），二〇一四，頁五六—六十。

姜　生：〈道教善書思想對明清商業倫理的影響——以《太上感應篇集注》為例〉。《理論學刊》（第十一期），二〇〇四，頁一〇八—一一〇。

段玉明：〈《太上感應篇》：宗教文本與社會互動的典範〉。《雲南社會科學》（第二期），二〇〇四，頁六七—七二。

段玉明：〈佛教勸善理念研究〉。《雲南社會科學》（第五期），二〇〇五，頁七七—八一。

酒井忠夫著，劉岳兵、何英鶯譯：《中國善書研究》（上卷）。南京：江蘇人民出版社，二〇一〇a。

酒井忠夫著，孫雪梅譯：《中國善書研究》（下卷）。南京：江蘇人民出版社，二〇一〇b。

馬　麗：〈淺談明末清初的功過格與不費錢功德例〉。《蘇州職業大學學報》（第一期），二〇〇四，頁四三—四五。

陳宏謀：《五種遺規》。北京：中國華僑出版社，二〇一二。

陳時龍：〈聖諭的演繹〉。《安徽師範大學學報（人文社會科學版）》。（第五期四十三卷），二〇一五，頁六一一—六二一。

陳　霞：〈十戒功過格及其倫理思想特色〉。《宗教學研究》（第四期），一九九六，頁三六—四〇。

陳　霞：《道教勸善書研究》。成都：巴蜀書社，一九九九。

陳寶良：〈明代儒佛道的合流及其世俗化〉。《浙江學刊》（第二期），二〇〇二，頁一五三—一五九。

雲棲袾宏：《自知錄》。載於《蓮池大師全集》（第二冊）。臺北：中華佛教文化館影印，一九八三。

游子安：《勸化金箴——清代善書研究》。天津：天津人民出版社，一九九九。

游子安：〈從宣講聖諭到説善書——近代勸善方式之傳承〉。《文化遺產》（第二期），二〇〇八，頁四九—五八。

范麗珠：〈「善」作為中國的宗教倫理〉。《甘肅理論學刊》（第六期），二〇〇七，頁廿九—三四。

鄭志明：《中國善書與宗教》。臺北：台灣學生書局，一九八八。

鄭志明：〈民間善書的形成與教化——以《太上感應篇》為例〉。《鵝湖月刊》（十期），二〇一一，頁十九—三三。

藍法典：〈價值的倒懸與歸正——從《御制大誥》到《南贛鄉約》的思想史考察〉。載於陳明，朱漢民主編：《原道》（第三十三輯）。湖南大學出版社，二〇一七。

英文文獻

Brokaw, C. J. (1991). *The Ledgers of Merit and Demerit: Social Change and Moral Order in Late Imperial China.* Princeton: Princeton University Press.

Brokaw, C. J. (1984). *Determining One's Own Fate: the Ledgers of Merit and Demerit in Sixteenth and Seventeenth Century China,* Ph.D. Dissertation, Harvard University.

Brokaw, C. J. (1987). Yuan Huang (1533—1606) and the Ledgers of Merit and Demerit, *Harvard Journal of Asiatic Studies* 47(1), p.137—195.

Wolf, A. P. (1999). *Religion and Ritual in Chinese Society*, Stanford: Stanford University Press.

Yang, C.K. (1961). *Religion in Chinese society: A Study of Contemporary Social Functions of Religion and Some of Their Historical Factors* Berkeley: University of California Press.

第七章

王永彬：《圍爐夜話》。北京：中華書局，二〇一五。

吳春香：〈論明代三教融合對道教的影響〉。《黑龍江史志》（十九），總第二一二期，二〇〇九，頁五四—五六。

洪應明：《菜根譚》。北京：中華書局，二〇一六。

酒井忠夫著，劉岳兵、何英鶯合譯：《中國善書研究》（上卷）。南京：江蘇人民出版社，二〇一〇a。

陳寶良：〈明代儒佛道的合流及其世俗化〉。《浙江學刊》（第二期），二〇〇二，頁一五三—一五九。

陳繼儒：《小窗幽記》。北京：中華書局，二〇一三。

張齊明譯：《增廣賢文》。北京：中華書局，二〇一三。

魏志遠：〈道德與實用：從日用類書看明朝中後期的民間倫理思想〉。《廣西大學學報（哲學社會科學版）》（第三十四卷第六期），二〇一二，頁一〇九—一一三。

以上處世書均有網路版：

王永彬：《圍爐夜話》。古詩文網。https://www.gushiwen.org/guwen/weilu.aspx。（下載日期：二〇一八年二月十日）

洪應明：《菜根譚》http://www.millionbook.net/gd/h/hongyingming/000/001.htm。（下載日期：二〇一八年二月十日）

陳繼儒：《小窗幽記》。古詩文網。https://www.gushiwen.org/guwen/weilu.aspx。（下載日期：二〇一八年二月十日）

《增廣賢文》。中國哲學書電子化計劃（七卷）https://ctext.org/wiki.pl?if=gb&chapter=512065（下載日期：二〇一八年二月十日）

第八章

文廷海：〈論明清時期關羽現象的演變和發展〉。《四川師範學院學報（哲學社會科學版）》（第六期），一九九九，頁三十一—三八。

文廷海：〈論明清時期世俗社會的關帝崇信〉。《西南民族學院學報（哲學社會科學版）》（總廿三卷第十一期），二〇〇二，頁一九五—二〇〇。

王　成：〈皇權政治背景下的奇特景觀：忠文化與關羽崇拜〉。《山東大學學報》（第五期），二〇〇七，頁一二二—一二五。

玄　武：《解謎關雲長》（下）。臺北：知本家文化事業，二〇一二。

向柏松：〈關羽崇拜中的大傳統及小傳統〉。《中南民族大學學報（人文社會科學版）》（第三十二卷第六期），二〇一二，頁一三三—一三七。

李惠明：〈試論關羽神聖化的歷史過程〉。《上海師範大學學報》（第四期），一九九六，頁一〇〇—一〇三。

胡小偉：《關公崇拜溯源》（上下冊）。太原：北嶽文藝出版社，二〇〇九。

崔俊霞、薛勇民：〈以關公信仰為載體的明清時期晉商精神探析〉。《雲南財經大學學報》（第五期），二〇一三，頁一五六—一六〇。

張正明、馬偉：《話説晉商》。北京：中華工商聯合出版社，二〇〇六。

張惠芝：〈關羽之忠義與儒家誠學〉。《山西大學學報（哲學社會科學版）》（第三十七卷第一期），一九九八，頁八五—九〇。

閆愛萍：〈地方文化系統中的關帝信仰——山西解州關帝廟廟會及關帝信仰調查研究〉。《山西師大學報（社會科學版）》（第三十七卷第二期），二〇一〇，頁六八—七二。

陳　壽：〈關羽傳〉。《三國志》。中國哲學書電子化計劃 https://ctext.org/text.pl?node=603534&if=gb。（下載日期：二〇一七年一月四日）

游子安：〈敷化宇內：清代以來關帝善事及其信仰的傳播〉。《中國文化研究所學報》（第五期），二〇一〇，頁二一九—二五三。
趙波、侯學金、裴根長：《關公文化大透視》。北京：中國社會科學出版社，二〇〇一。
劉志軍：〈對於關公信仰的人類學分析〉。《民族研究》（第四期），二〇〇三，頁六一—六九。
劉緒端：〈關公信仰初探〉。劉緒端神學網站 http://www.chinesetheology.com/SLau/GuanGongBelief.htm。（下載日期：二〇一七年四月二十日）
顏清祥：《從關羽到關帝》。臺北：遠流出版有限公司，二〇〇六。
羅貫中：《三國演義》（上冊）。香港：中華書局，一九七〇。
譚運長：《說關公》。上海：上海文化出版社，二〇一〇，頁一〇八—一〇九。

索引

二劃

三劃

四劃

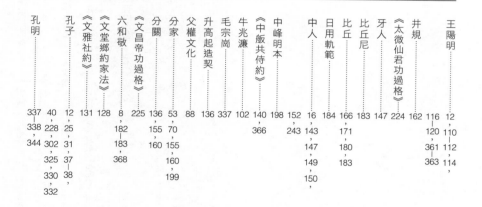

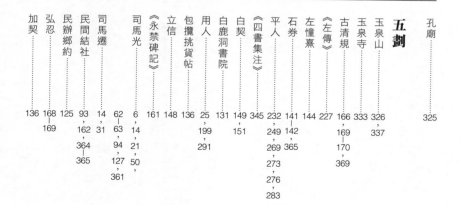

五劃

六劃

七劃

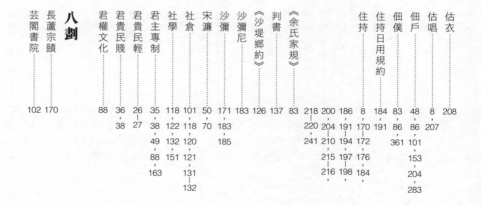

八劃

九劃

十劃

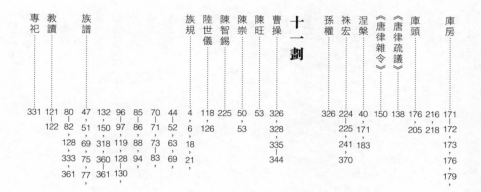

十一劃

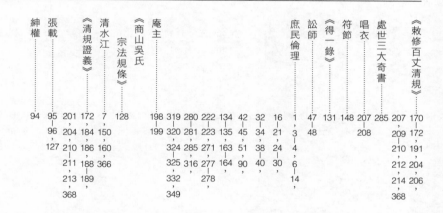

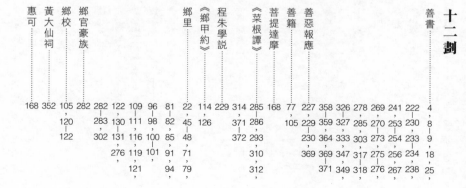

十二劃

十三劃

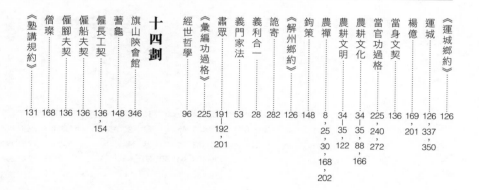

十四劃

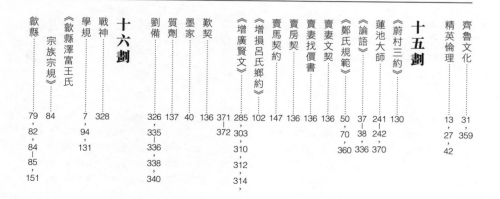

十五劃

十六劃

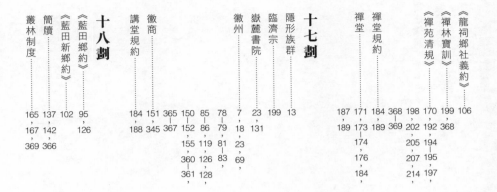

十七劃

十八劃

十九劃

二十劃

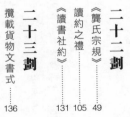

二十二劃

二十三劃

帝制中華之庶民倫理

葉保強 著

責任編輯　黃杰華
裝幀設計　黃希欣
排　　版　周　榮
印　　務　劉漢舉

出版
中華書局（香港）有限公司
香港北角英皇道四九九號北角工業大廈一樓B
電話：（852）2137 2338
傳真：（852）2713 8202
電子郵件：info@chunghwabook.com.hk
網址：http://www.chunghwabook.com.hk

發行
香港聯合書刊物流有限公司
香港新界大埔汀麗路三十六號
中華商務印刷大廈三字樓
電話：（852）2150 2100
傳真：（852）2407 3062
電子郵件：info@suplogistics.com.hk

印刷
美雅印刷製本有限公司
香港觀塘榮業街六號海濱工業大廈四樓A室

版次
二〇一九年十二月初版

規格
十六開（230mm×170mm）

ISBN
978-988-8674-05-3